LES GUIDES DU BOIS

# FINITIONS

*Albert Jackson et David Day*

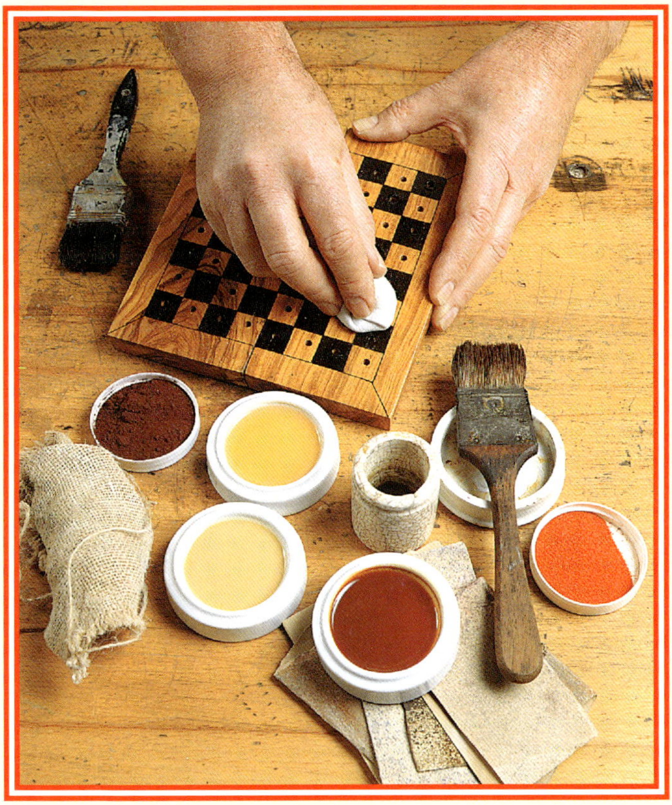

# LES GUIDES DU BOIS
# FINITIONS

LA MAISON RUSTIQUE

Titre de l'ouvrage original :
*Good Wood Finishes*
Publié par HarperCollins Publishers, Londres.
Ouvrage conçu par Inklink, Greenwich, Londres



Imprimé à Singapour

ISBN 2-7066-0534-0
N° d'édition : FX053402

**Traduit de l'anglais par Isabelle Taudière**

Maquette : Simon Jennings
Illustrations : Robin Harris et David Day
Photographies de studio : Ben Jennings, Paul Chave
et Neil Waving
Maquette de couverture et adaptation graphique :
Thomas Gravemaker, Studio X-Act, Paris

Photographie de couverture réalisée grâce au matériel
fourni par la Sté Les Frères Nordin à Paris

# TABLE DES MATIÈRES

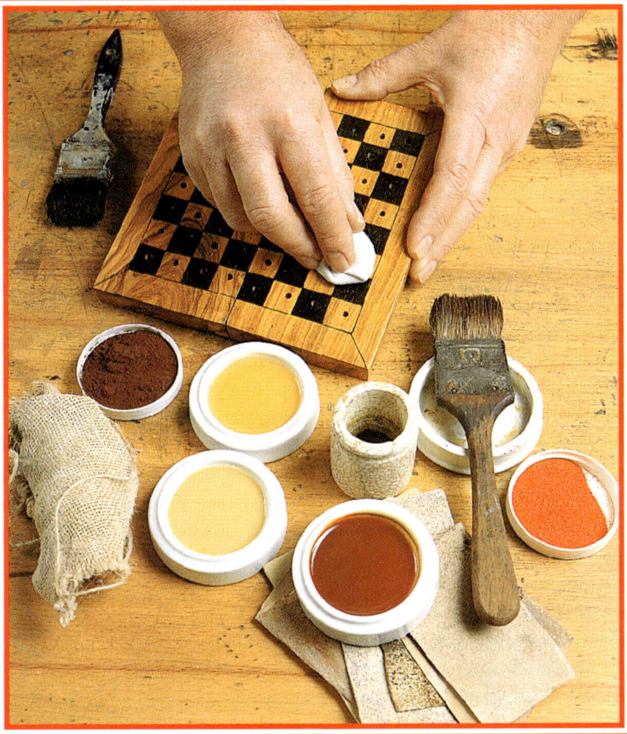

# *Introduction*

La finition est certainement l'étape la plus gratifiante dans un projet d'ébénisterie. Le plaisir est grand de voir peu à peu un vernis ou une simple encaustique révéler la splendeur d'un bois qui, hier encore, semblait si terne. Les finitions les plus prestigieuses exigent un bon tour de main, et l'on préfèrera confier la réfection d'un meuble de valeur à un spécialiste. Mais l'art de la finition n'est pas pour autant l'apanage des professionnels et, si la perle rare

dénichée dans une brocante
ou oubliée dans un grenier est
en piteux état, laissez-vous tenter
par l'aventure. Armé de patience,
de rigueur et de quelques techniques
simples, vous parviendrez à donner
à une pièce insignifiante un cachet
insoupçonné, à effacer sur un meuble
ancien les marques du temps
et à lui rendre l'éclat de sa jeunesse.

# REMERCIEMENTS

**Conseillers techniques**
*Les auteurs tiennent à remercier, pour leurs précieux conseils et leur aide :*

**Ronnie Rustin**, chimiste de formation, dirige la société Rustins Ltd., qui propose des produits de finition novateurs. Mais il est aussi et surtout un artisan chevronné, et les techniques traditionnelles et modernes de finition des bois n'ont pas de secret pour lui. Sa participation nous a été très précieuse dans l'élaboration de cet ouvrage.

**Tim Bizley**, de Touchstone Design, est spécialiste du faux bois et du faux marbre. Il possède plus de douze ans d'expérience dans la décoration et la réalisation de fresques et appartient à l'Association britannique des architectes et décorateurs d'intérieur. Il nous a prodigué de judicieux conseils sur les techniques d'imitation des bois et a réalisé tous les travaux illustrés dans le chapitre consacré au faux bois.

**Ébénistes d'art**
*Les auteurs et l'éditeur remercient également les personnes et sociétés dont les noms suivent, qui les ont autorisés à reproduire des illustrations de leurs œuvres :*

John Hunnex, page 91 (cg) – Stewart Linford, pages 90, 122 – Paul Mathews, page 73 – Wendy Maruyama, page 77 – Derek Pearce, page 65 (h) – Hugh Scriven, page 39 – Wales & Wales, page 40 – Richard Williams, page 91 (bd) – Raymond Winkler, page 65 (bg)

**Documentation et matériel**
*Les auteurs et l'éditeur sont reconnaisants envers les personnes et organismes qui ont gracieusement prêté leur matériel pour illustrer ce livre :*

*Abrasifs* (CSM Trade Supplies)
*Produits de finition* (Foxell & James, Langlows Products Division, Palace Chemicals Ltd., Liberon, E. Parsons & Sons Ltd., Ronseal Ltd., Rustins Ltd.)
*Outillage pour faux bois* (A. S. Handover Ltd.)
*Vernis au tampon* (A. F. Suter & Co. Ltd., Wm. Zinsser & Co. Inc.)
*Matériel de pulvérisation* (Clarke International)

# CRÉDITS PHOTOGRAPHIQUES

*Toutes les photographies de studio illustrant cet ouvrage ont été réalisées par Ben Jennings, à l'exception des suivantes :*
Neil Waving, pages 18, 21, 22, 24 (bd), 53, 81
Paul Chave pages 10, 32, 45, 60, 76, 80

*Les auteurs et les éditeurs remercient les personnes et organismes qui les ont autorisés à reproduire leurs clichés :*
Robert Bosch Ltd. (p. 23) – Clarke International (p. 82) – Cuprinol Ltd. (p. 62, 64 cg, bd) – David Day (p. 63 h) – John Hunnex (p. 91 cg) – Langlows Products Division, Palace Chemicals Ltd. (p. 96) – Derek Saint-Romain, Stewart Linford Furniture (p. 90, 122) – Hellena Cleary, London Guildhall University (p. 103 c, bd, bg) – Alan Marshall (p. 34) – Wendy Maruyama, Cary Okazaki Studios (p. 77) – Paul Mathews, Buckinghamshire College (p. 73) – Derek Pearce (p. 65 h) – Ronseal Ltd. (p. 52, 91 hd) – Sadolin UK Ltd (p. 47, 64 hd) – Hugh Scriven, Shrewsbury (p. 39) – A. F. Suter & Co. Ltd. (p. 51) – Michael Hemsley FBIPP, Wales & Wales (p. 40) – Richard Williams, Buckinghamshire College (p. 91 bd) – Raymond Winkler, Buckinghamshire College (p. 65 bg) – Shona Wood (p.63 b)

*Ils expriment également toute leur gratitude aux personnes suivantes, qui ont mis à disposition leurs archives photographiques :*
Peter Cornish et Philip Hussey, Buckinghamshire College – John Cross, London Guildhall University.

**Légende des crédits photographiques** :
h = haut ; b = bas ; g = gauche ; d = droite ; hg = haut gauche ; hc : haut centre ; hd = haut droit ; cg = centre gauche ; c = centre ; cd = centre droit ; bg = bas gauche ; bc = bas centre ; bd = bas droit.

# PRÉPARATION DU SUPPORT

CHAPITRE 1

Avant de recevoir son habillage définitif, le bois doit être impeccablement préparé car, loin de masquer les imperfections, la finition les fera ressortir sans aucune complaisance. Réparez systématiquement les supports abîmés et traquez les moindres défauts en inspectant la surface en lumière frisante et en l'effleurant de la main. Après un ponçage soigné, votre ouvrage se prêtera à toutes vos fantaisies.

# MASTICAGE

Bien que les bois d'œuvre fassent l'objet d'une sélection extrêmement rigoureuse, il est rare qu'un lot de planches neuves soit irréprochable. Les pièces anciennes accuseront pour leur part des signes d'usure, voire de mauvais traitements ! Dans un cas comme dans l'autre, attachez-vous en premier lieu à reboucher les petites fentes, fissures et trous de vers ; au besoin, reconstituez la matière sur les éclats et les cavités les plus profondes. Après un léger ponçage, il ne paraîtra plus rien de votre intervention. Vous trouverez dans le commerce toute une gamme de produits adaptés à chacune de ces réparations. Veillez néanmoins à choisir un reboucheur assorti à votre essence et compatible avec la finition envisagée.

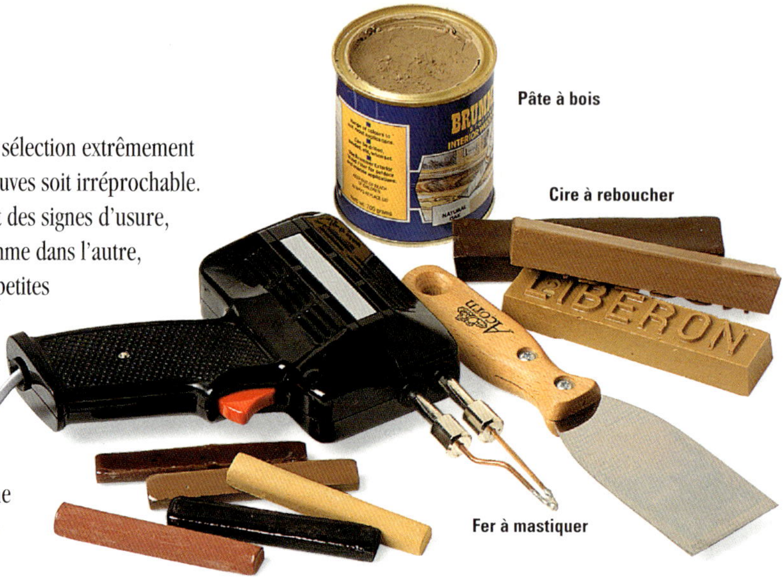


**Bois à peindre**
Rebouchez les supports destinés à être peints à l'aide d'une pâte à bois prête à l'emploi ou artisanale. Un mastic cellulosique fera l'affaire pour les piqûres et les petites fissures. Présenté sous forme de pâte ou de poudre à diluer dans l'eau, ce produit s'utilise et se ponce de la même façon que la pâte à bois.

**Pâte à bois ou bois synthétique ?**
Très simple à confectionner à partir de sciure de bois et de colle, la pâte à bois est idéale pour colmater les fentes et les petits éclats. On trouve dans le commerce un large éventail de pâtes conditionnées en tubes ou en pots, dans les teintes de bois les plus courantes. Formulées pour usage extérieur ou pour boiseries intérieures, les pâtes à bois sont des produits mono-composant. Bien qu'elles aient tendance à se rétracter au séchage, elles conservent une certaine souplesse ; elles réagissent par conséquent très bien aux mouvements de retrait et de gonflement et se poncent, se rabotent et se percent de la même façon que le bois véritable.

Le bois synthétique est additionné d'un durcisseur qui, au séchage, lui confère une plus grande résistance. C'est par conséquent un matériau tout indiqué pour les grosses réparations, telles que la reconstitution d'un chant, d'un coin ou d'une moulure. Évitez d'appliquer trop de produit car les surépaisseurs s'éliminent difficilement au ponçage.

**Conservation des produits**
Rebouchez les pots immédiatement après avoir prélevé la quantité dont vous avez besoin. Pour assouplir un mastic à l'eau qui aurait durci, réchauffez-le au bain-marie pendant quelques minutes ou posez-le sur un radiateur.

## PÂTE À BOIS ARTISANALE

*On l'obtient en mélangeant de la sciure (ou de la poussière résultant d'un ponçage) et de la colle PVA jusqu'à obtention d'une pâte épaisse. Si vous envisagez une mise en teinte ou un vernis, limitez la quantité de colle ou remplacez-la par un produit compatible. Pour obtenir la tonalité exacte, récupérez les résidus de ponçage de votre pièce. A défaut, utilisez des colorants universels ou des pigments en poudre pour teinter le mélange dans la masse.*

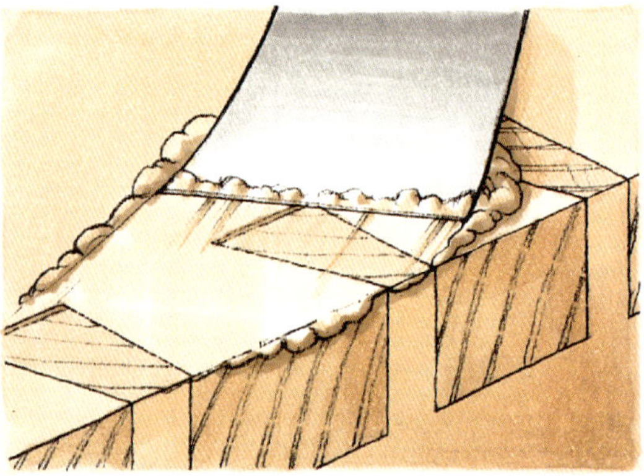

**Camoufler le bois de bout**
Sur certains ouvrages, la présence d'assemblages faisant alterner bois de fil et bois de bout nuit à l'esthétique d'ensemble. La pâte à bois est tout indiquée pour masquer l'alternance du fil et, au besoin, consolider un assemblage affaibli.

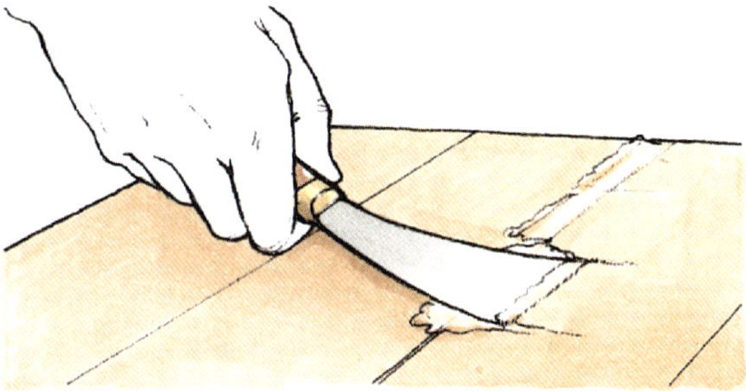

**Masticage**
Sur un bois propre et sec, remplissez de pâte à bois les cavités à l'aide d'un couteau à mastiquer. Laissez sécher, puis égalisez au papier abrasif. Pour colmater les fissures, procédez par petites passes perpendiculaires au fil, puis éliminez le surplus en repassant la lame longitudinalement. Rebouchez les trous par étapes, en laissant sécher entre chaque application.

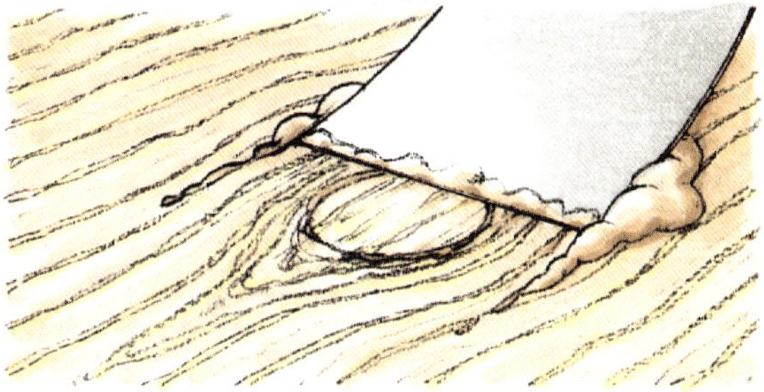

**Inserts de bois massif pour trous importants**
Lorsque la colle est sèche, colmatez les interstices éventuels à la pâte à bois.

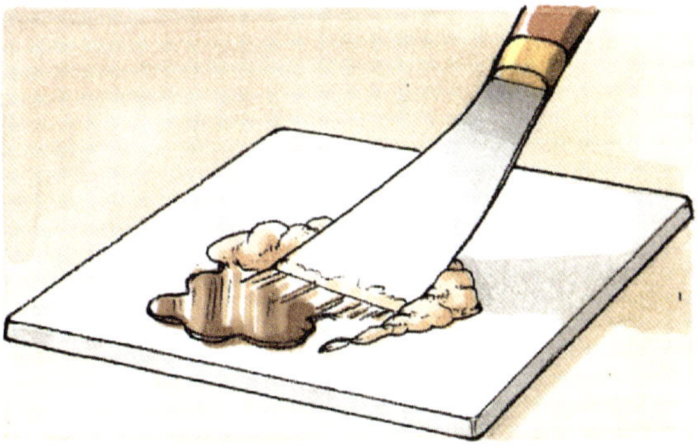

**Raccords de teinte**
Pour un raccord de teinte parfait, appliquez la finition envisagée sur une chute de même essence que votre pièce. Sur un carreau de céramique blanche, étendez une noix de mastic reprenant la tonalité la plus claire de votre ouvrage. Versez quelques gouttes de teinte à bois compatible et homogénéisez le mélange au couteau à mastiquer. Au besoin, foncez la teinte afin d'obtenir une nuance un peu plus soutenue que votre échantillon, car le mastic éclaircira en séchant.

Cette technique vaut également pour les pigments en poudre, auxquels on additionnera une goutte de solvant compatible pour assouplir la pâte.

## BÂTONS DE REBOUCHAGE

*Les bâtons de gomme-laque sont utilisés à chaud pour colmater les trous et reconstituer des moulures. Proposée dans différents tons de bois, la gomme-laque est compatible avec presque tous les produits de finition, mais inhibe l'action durcissante du catalyseur des vernis polyesters et polyuréthanes.*

*Les bâtons de cire, à base de cire de carnauba, de pigments et de résines, servent au remplissage des trous de vers. Si, dans la gamme de tons du commerce, vous ne trouvez pas votre bonheur, faites fondre au fer à souder des échantillons de plusieurs tonalités et mélangez-les jusqu'à obtention de la nuance recherchée. Appliquée sur un bois nu, la cire réagit relativement bien sous un vernis classique ou une encaustique, mais ne convient pas aux vernis polyesters ou polyuréthanes.*

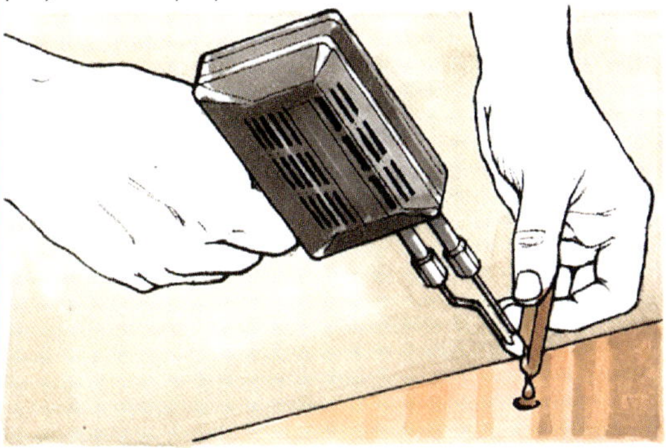

**Rebouchage à la gomme-laque...**
Avec une lame de couteau chauffée ou la panne d'un fer à mastiquer, faites fondre le bâton de gomme-laque au-dessus du trou à reboucher. Avant qu'elle ne fige, faites-la pénétrer du bout d'un ciseau à bois humide. Laissez sécher, puis affleurez avec le tranchant du ciseau et égrenez au papier abrasif très fin.

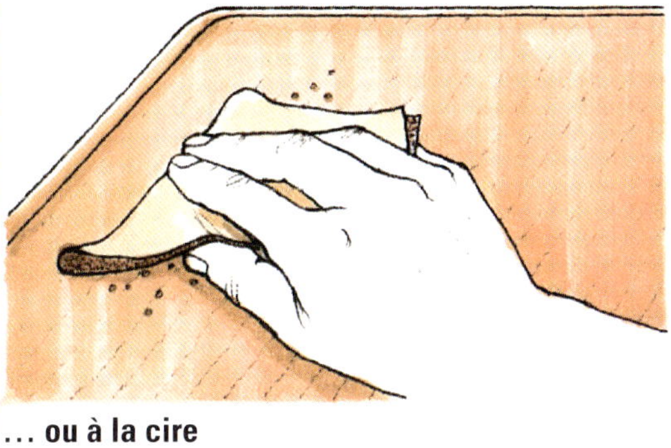

**... ou à la cire**
Faites ramollir un petit morceau de cire sur un radiateur et colmatez les trous à l'aide d'un petit scalpel. Laissez durcir, puis raclez le surplus avec une carte en plastique. Repliez sur l'envers un carré de papier abrasif et polissez la réparation.

# INSERTS ET FLIPOTS

Les fentes larges s'accomodent mieux d'une lamelle de bois ou de placage que d'un masticage qui, à terme, risque de se désolidariser du support. De même, les réparations profondes imposent la mise en place d'un insert. Pour se fondre plus discrètement au veinage du bois d'origine, il sera découpé en losange ou en rond plutôt qu'en carré ou rectangle.

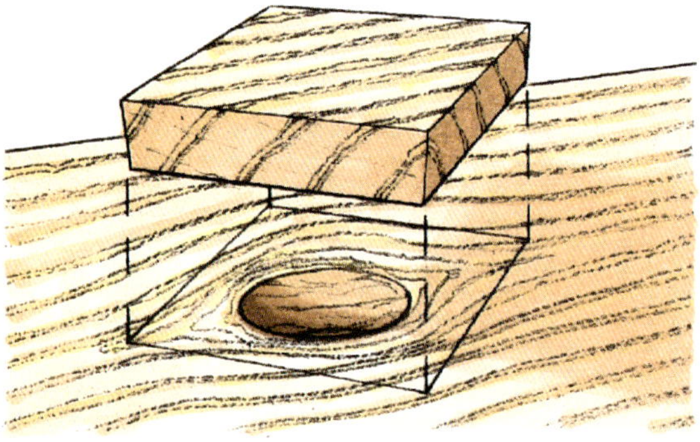

**1 Découpez un insert** en losange dans un bois de même essence que le support, puis façonnez sur ses quatre chants un très léger biseau orienté vers le bas, afin de faciliter sa mise en place.

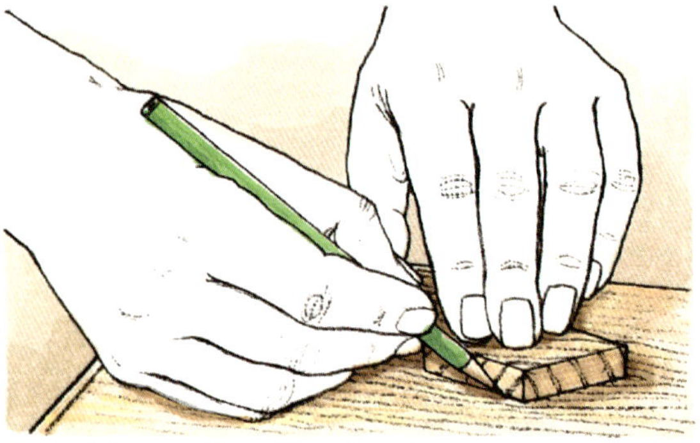

**2 Positionnez l'insert** sur l'emplacement attaqué et reportez au crayon ses contours sur le support. Creusez ou percez le logement en veillant à faire correspondre le biseautage des parois à celui des chants de l'insert.

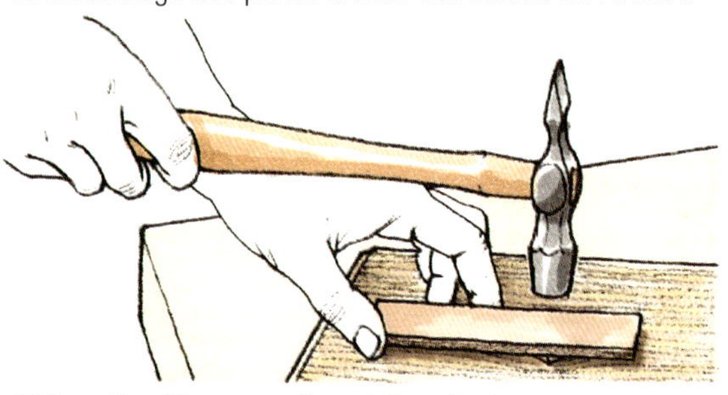

**3 Encollez l'insert** et introduisez-le dans son logement en respectant le sens du fil. Ressuyez l'excès de colle au chiffon humide. Laissez sécher et arasez proprement.

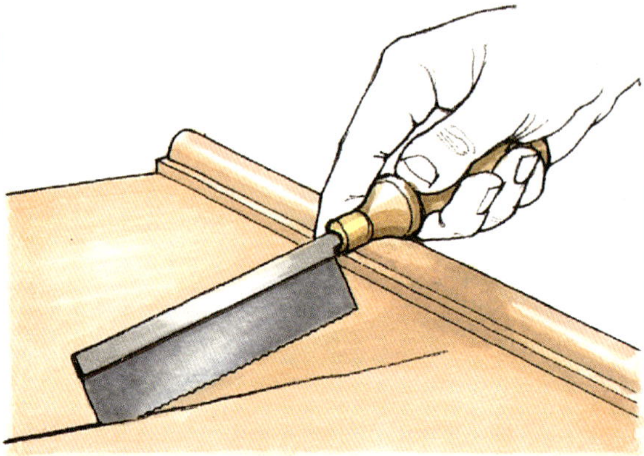

**Lamelle de placage**
Une fissure étroite dans le sens du fil ne menace pas la stabilité du support, mais il est plus sage de la combler au plus tôt. Élargissez la fente avec la pointe d'une scie à lame fine, jusqu'à ce que vous puissiez y introduire une lamelle de placage encollée. Retirez l'excès de colle au chiffon. Laissez sécher, puis poncezla lamelle à fleur du support.

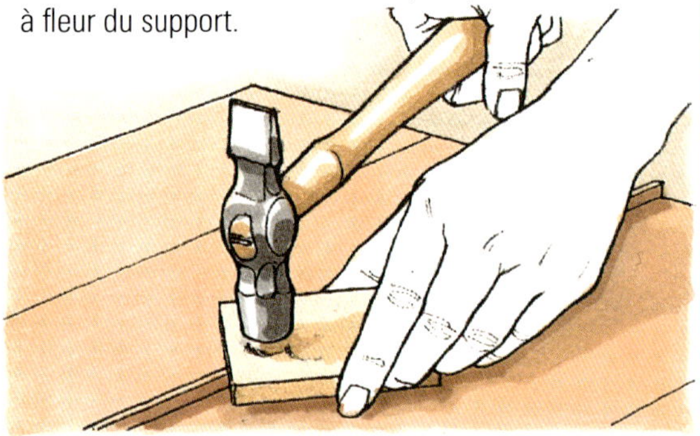

**Flipot de bois massif**
Il sert à colmater les fentes larges et les interstices des assemblages : découpez une lamelle étroite dans un bois de même essence et limez-en les bords pour qu'elle corresponde exactement à la largeur de la fente. Nettoyez la fente au grattoir et insérez le flipot encollé en l'enfonçant à l'aide d'un maillet. Lorsque la colle est sèche, égalisez la surface au rabot.

## INSERTS RONDS

*Pour une réparation profonde (ou pour boucher le trou des vis noyées), remplacez le bois attaqué par un insert rond découpé à l'emporte-pièce dans un échantillon de même essence. Ces outils existent en plusieurs diamètres, correspondant au calibre des fraises.*

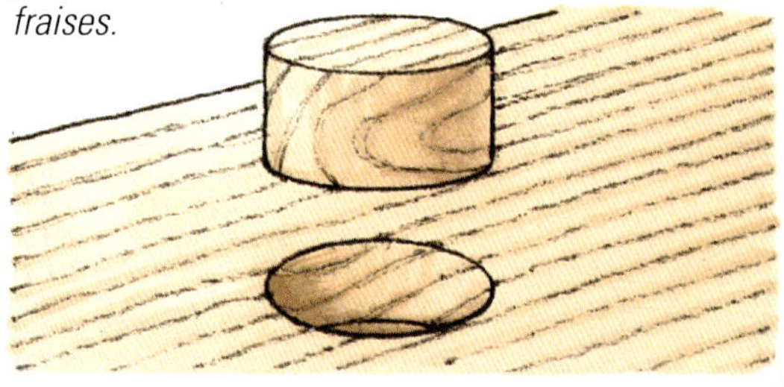

# RETOUCHES

Les rebouchages à la pâte à bois ou à la gomme-laque et la pose d'inserts et de flipots passent rarement inaperçus : le raccord de veinage ou de couleur doit dans bien des cas être rattrapé par un maquillage discret.

Sans chercher à reproduire parfaitement le dessin du fil, exécutez au pinceau fin un raccord en trompe-l'œil. Si le bois présente déjà quelques irrégularités d'aspect, profitez de l'aubaine pour donner à votre réparation les apparences d'un nœud. Votre "maquillage" passera ainsi plus facilement pour un accident de la nature.

Le plus simple consiste à utiliser une peinture à l'huile extra-fine diluée dans un peu de white spirit. Une couleur préparée à partir de pigments en poudre et de vernis gomme-laque incolore donne toutefois des résultats plus convaincants. C'est d'ailleurs la technique qu'emploient les professionnels. Si le vernis est trop épais, diluez-le à l'alcool dénaturé. Pour mieux apprécier la teinte, mélangez les couleurs sur une palette de céramique blanche ou de verre.

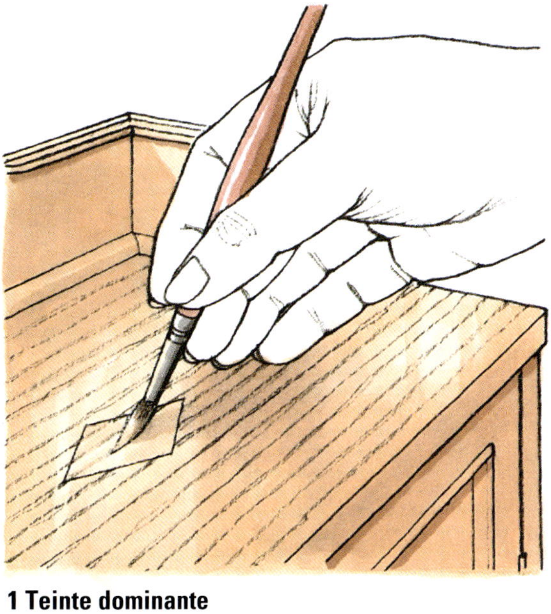

**1 Teinte dominante**
A l'aide d'un pinceau fin, mélangez les pigments et le vernis incolore pour obtenir une couleur proche de la teinte claire dominante de l'ouvrage. Enduisez de fond dur la face apparente de l'insert, puis camouflez-le en ébauchant au pinceau le dessin du veinage. Prolongez le trait pour fondre la retouche au support d'origine.

## ENFONCEMENTS

*Un coup de marteau malheureux ou la mâchoire d'un serre-joint a creusé une marque sur votre ouvrage ? Un masticage vous obligerait à effectuer un raccord de couleur. Humidifiez tout simplement le bois à l'eau ou à la vapeur pour le faire gonfler et relever la fibre.*

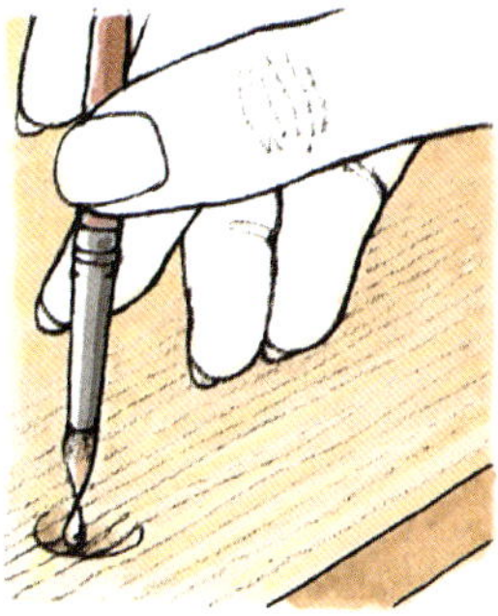

**Relever la fibre à l'eau...**
Du bout d'un pinceau fin, versez quelques gouttes d'eau chaude sur la partie enfoncée. Laissez gonfler la fibre du bois et, au besoin, rajoutez un peu d'eau jusqu'à disparition de la trace.

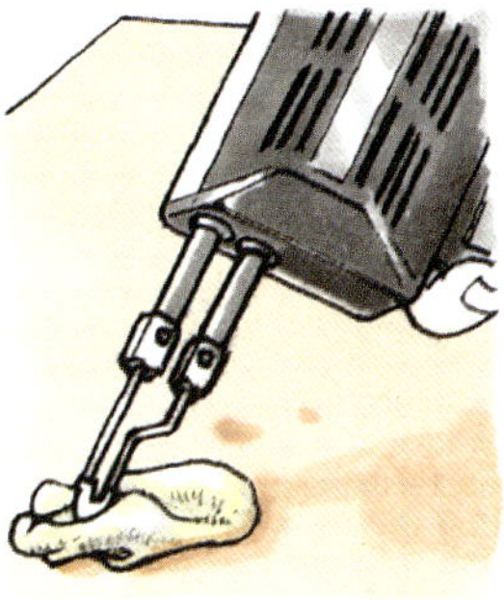

**...ou à la vapeur**
Si la marque persiste, couvrez-la d'un chiffon humide et posez la panne d'un fer à mastiquer sur le chiffon. Lorsque la vapeur dégagée a parfaitement relevé la fibre, laissez sécher et poncez à main légère.

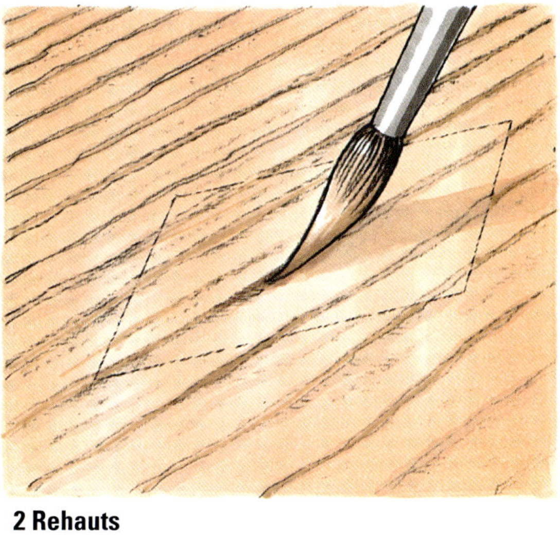

**2 Rehauts**
Pour plus de véracité, accentuez le maillage du dessin en striant légèrement les lignes pour en fondre les contours. Laissez sécher le vernis, puis protégez-le d'une ou deux couches de finition. S'il s'agit de vernis au tampon, appliquez-le très délicatement pour éviter d'enlever la couleur.

# PLACAGES ABIMÉS

Il arrive qu'avec le temps, les placages se décollent par endroits de leur support et laissent apparaître des cloches ou des boursouflures. Ces minces feuilles de bois sont également très vulnérables aux chocs, notamment sur les angles et les rebords, qui s'écaillent facilement. La réfection d'un meuble plaqué commence nécessairement par l'élimination de ces petits défauts.

Cette étape est presque toujours indispensable sur le mobilier ancien qui n'a pas toujours été traité avec ménagement.

**Placage boursouflé**
Les cloches proviennent généralement d'un encollage irrégulier du support avant la pose du placage. Certaines sont visibles à l'œil, mais d'autres sont plus insidieuses. Pour les détecter, passez la main sur le bois et tapotez la surface du bout de l'ongle : un son creux trahit la présence d'une cloche.

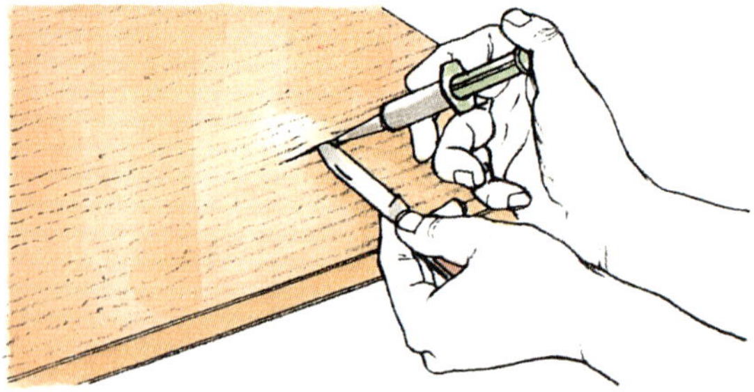

**1 Humidifiez la cloche,** puis incisez-la au scalpel sur toute sa longueur et dans le sens du fil. Injectez de la colle à bois vinylique sous le placage à l'aide d'une lame de couteau ou, mieux, d'une seringue.

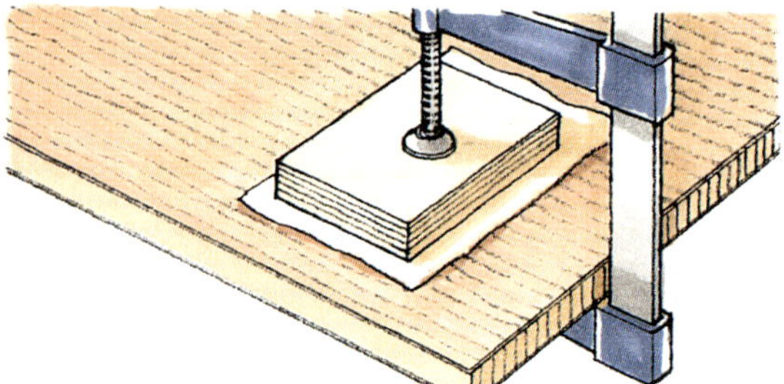

**2 Appuyez délicatement** de part et d'autre de l'entaille pour chasser l'excédent d'air et de colle ; ressuyez au chiffon humide. Protégez la réparation d'une feuille de polyéthylène et serrez l'ensemble sous une cale et un serre-joint. Laissez sécher et éliminez les résidus de colle au papier abrasif ou au racloir.

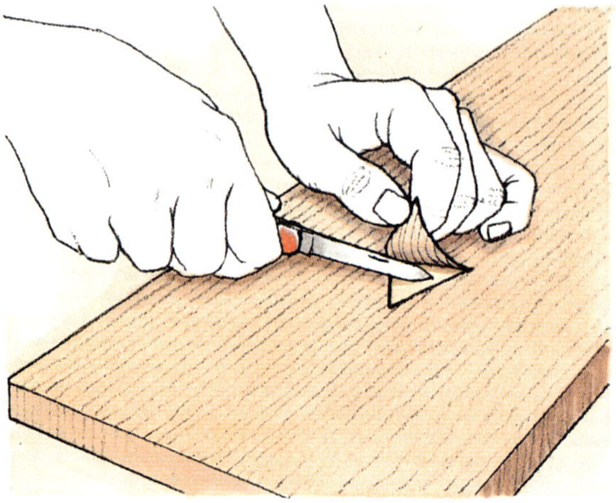

**Impuretés**
Les cloches peuvent également être dues à des particules de poussière ou de sciure infiltrées entre le placage et le support. Pour les résorber, humidifiez-les et découpez une entaille en V autour de la partie abîmée. Soulevez délicatement le placage et retirez les impuretés au scalpel. Réencollez le support et mettez la réparation sous presse.

## PLACAGES ANCIENS

*Avant l'apparition des adhésifs modernes, les ébénistes fixaient les placages à la colle animale. Ce produit traditionnel reste adapté au placage, mais présente l'inconvénient d'être soluble à l'eau ; ainsi, à la moindre infiltration d'humidité, des cloches se forment. Pour les résorber, il suffit d'assouplir la colle au fer tiède et de repasser légèrement la surface.*

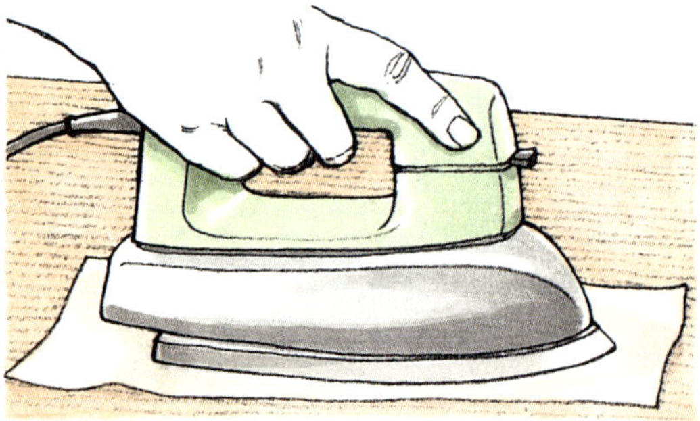

**Repassage de la bousouflure**
Recouvrez la partie boursouflée d'un papier de soie et repassez le placage au fer tiède pour ramollir la colle. L'usage d'une pattemouille humide accélère le processus, mais le dégagement de vapeur risque d'abîmer la finition. Dans tous les cas, les fers à vapeur modernes sont à proscrire.

**Greffe**

Après mise en place d'une greffe, il ne paraîtra plus rien du nœud disgracieux ou de la brûlure de cigarette qui enlaidit un beau placage ! L'opération est très simple, mais le plus délicat est de retrouver une feuille de placage de même essence, épaisseur et couleur que l'ouvrage.

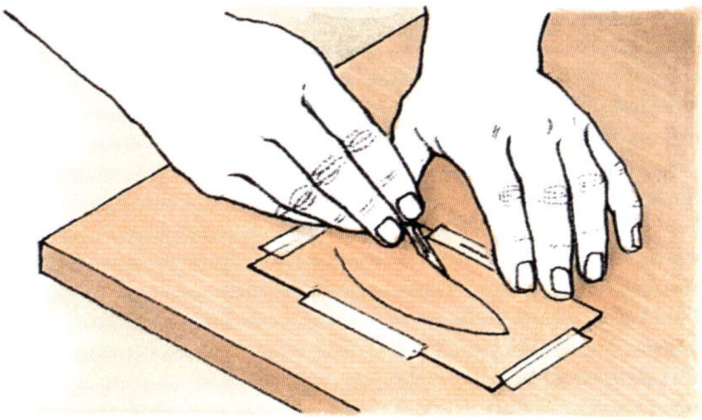

**1 Fixez au ruban adhésif** un morceau de placage neuf sur la partie abîmée en respectant le sens du fil. A l'aide d'un scalpel affûté, taillez une greffe de forme ovale dans les deux épaisseurs de placage.

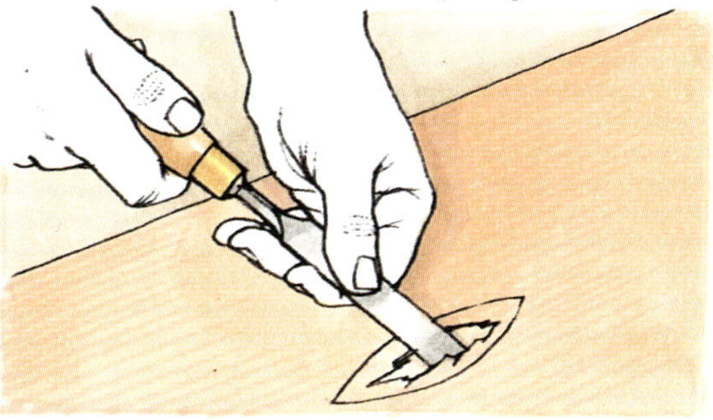

**2 Enlevez la greffe** et retirez la chute au ciseau à bois pour dénuder le support. Éliminez les traces de colle et réencollez le support. Insérez la greffe et mettez-la sous presse.

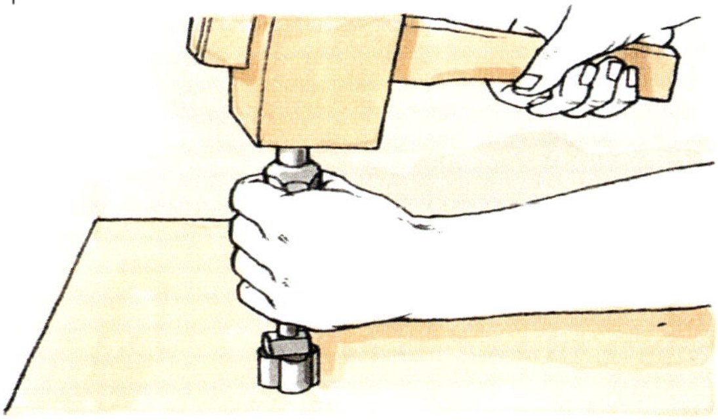

**Découpe à l'emporte-pièce**

Choisissez un emporte-pièce "spécial placage". Centrez-le sur la partie abîmée et enfoncez-le d'un coup de maillet énergique pour dégager l'éclat. Découpez de la même façon une greffe identique dans un placage neuf. Mettez-la en place dans son logement soigneusement évidé et nettoyé.

**Greffe d'angle**

S'ils ne sont pas sertis d'une alaise de bois massif, les rebords des panneaux plaqués risquent de s'écailler. Si vous avez pu récupérer l'éclat, recollez-le. Sinon, confectionnez une greffe assortie au placage d'origine.

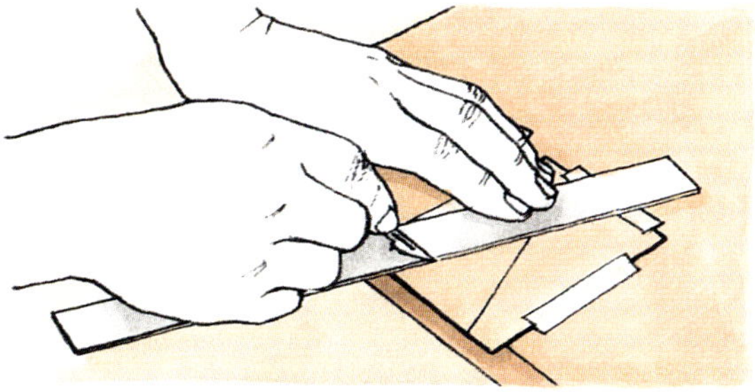

**1 Posez un carré de placage neuf** sur la partie à réparer en le faisant légèrement dépasser du rebord. Découpez dans les deux épaisseurs de placage une greffe en V en veillant à ne pas entamer trop profondément le support.

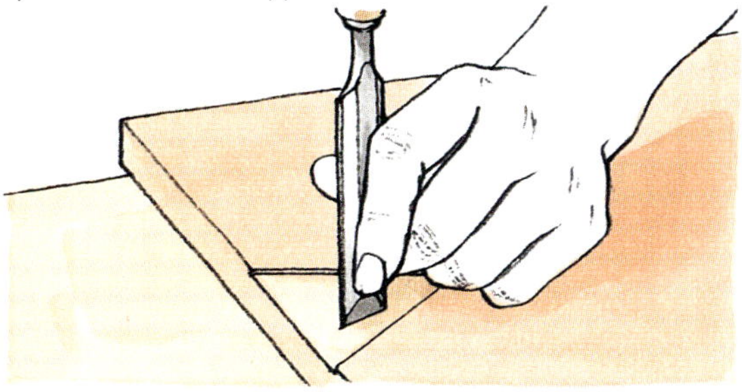

**2 Retirez le placage ancien** et évidez proprement le logement au ciseau à bois. Encollez la greffe, mettez-la en place et fixez-la au ruban adhésif. Coiffez-la d'une feuille de polyéthylène, puis serrez le tout sous une cale à bois maintenue par un serre-joint.

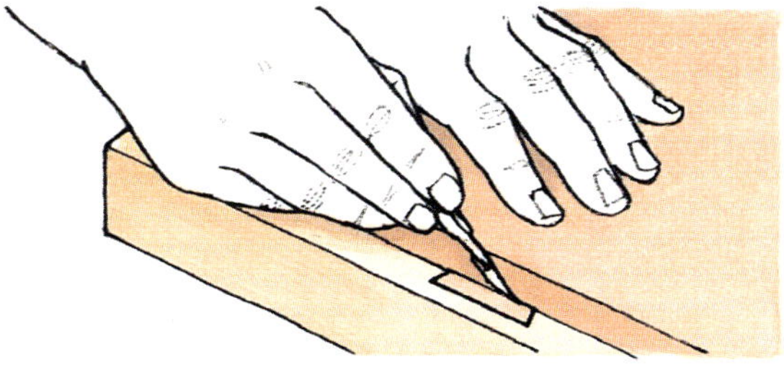

**3 Lorsque la colle est bien sèche**, retournez le panneau et mettez le chant et la greffe à fleur. Au besoin, effectuez un raccord de couleur (cf. p. 13).

# ABRASIFS

Étape fondamentale de la préparation, le ponçage est une opération récurrente tout au long du travail de finition. Le support doit être impeccablement lissé avant de recevoir le moindre produit d'habillage, mais le ponçage intervient également dans toutes les techniques de finition : l'artisan efface patiemment après chaque application les moindres aspérités et, après cet égrenage, procède à un polissage dans les règles de l'art. Chaque phase d'élaboration et chaque technique appellent une méthode et un abrasif particuliers. Les fabricants proposent à l'ébéniste une palette diversifiée de produits, adaptés au ponçage manuel et mécanique. Ils sont pour la plupart composés de matériaux de synthèse bien plus performants que le célèbre papier de verre qui, jadis, était la panacée.

**Composition des matériaux abrasifs**
Les abrasifs d'ébénisterie sont fabriqués par encollage de cristaux d'origine naturelle ou synthétique sur un support de toile, de papier, de nylon ou de mousse. Plusieurs paramètres déterminent leur efficacité d'abrasion : la taille des cristaux, la tenue de leur tranchant, la tendance à l'encrassement et la résistance du liant assurant la cohésion des cristaux et du support.

**Grains abrasifs**
Sélectionnez le matériau abrasif le mieux adapté à la nature du bois et à l'intensité du ponçage souhaité. N'optez pas nécessairement pour le plus cher en espérant des miracles et, inversement, assurez-vous d'un bon rapport qualité-prix.

**Verre pilé** : ce matériau économique est surtout réservé au ponçage des résineux à peindre. Relativement tendres, les cristaux de verre ont tendance à s'émousser rapidement. On reconnaît le papier de verre à sa couleur sablée.

**Grenat** : appréciée pour sa dureté, cette pierre produit des cristaux tranchants qui, avant de perdre leur mordant, se fracturent et présentent des taillants aiguisés ; le papier conserve ainsi son efficacité d'abrasion à l'usage. Il convient aussi bien aux bois durs qu'aux bois tendres.

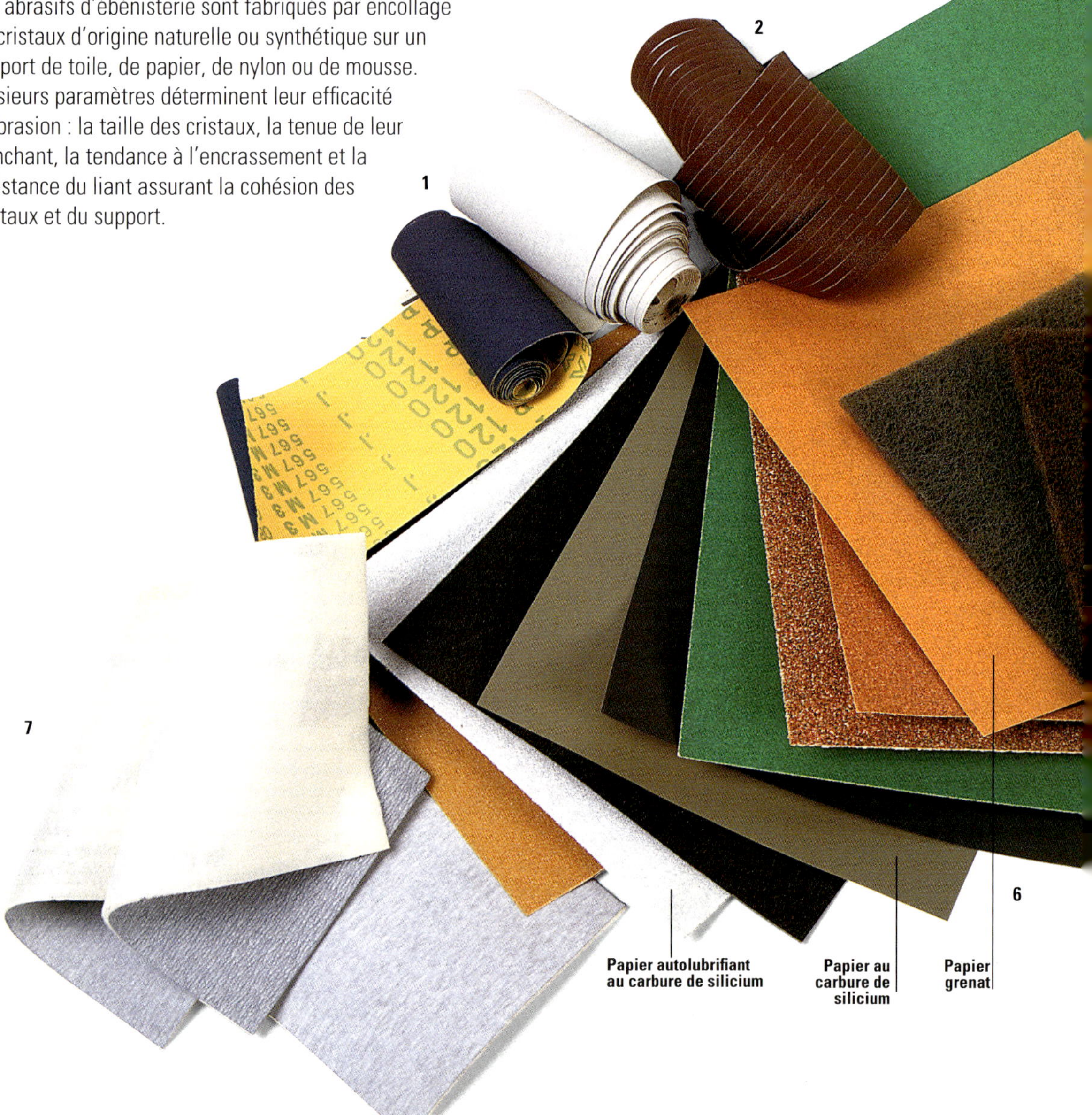

**Oxyde d'alumine** : également appelée corindon ou émeri, cette roche intervient dans la confection de nombreux produits de ponçage manuel ou mécanique. Chaque variété est identifiée par une couleur. L'oxyde d'alumine est indiqué pour obtenir un fini soigné sur les bois durs de texture fine.

**Carbure de silicium** : sa dureté – et son prix ! – le classent parmi les abrasifs haut de gamme. Matériau de prédilection pour les bois durs, le medium et l'aggloméré, il fait également merveille pour égrener entre les couches de vernis et de peinture. Les feuilles noires ou grises sont humidifiées pour polir délicatement les finitions, d'où leur nom de "papiers à l'eau". Pour les finis craignant l'eau, on utilise du papier autolubrifiant, de couleur gris clair.

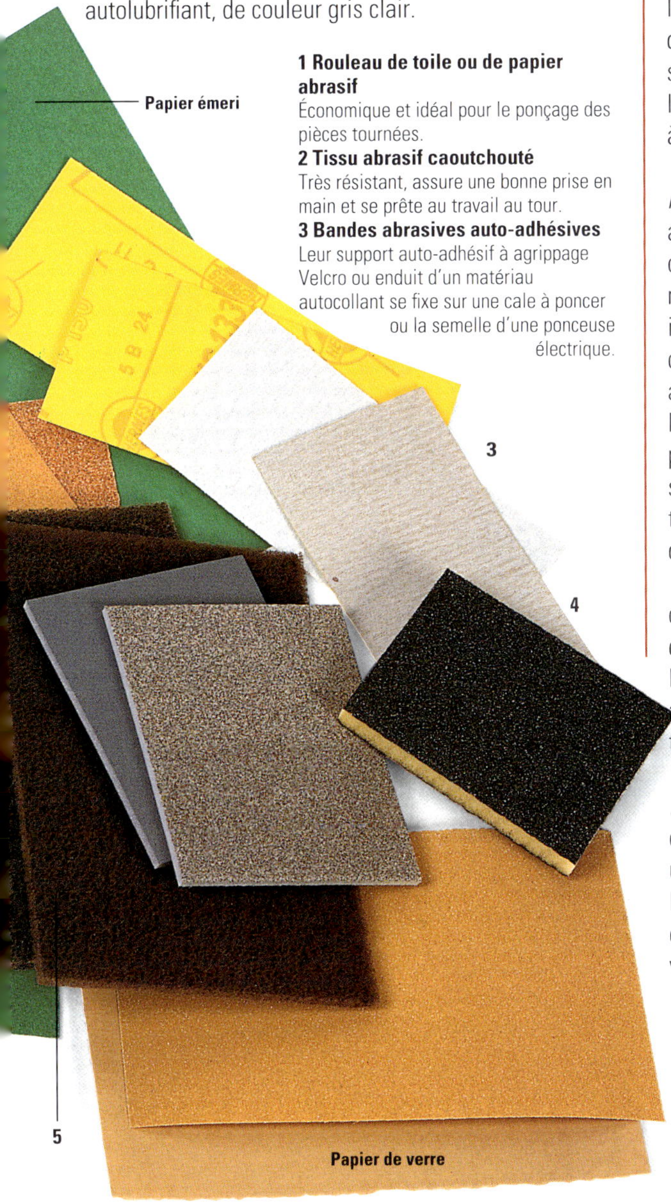


**1 Rouleau de toile ou de papier abrasif**
Économique et idéal pour le ponçage des pièces tournées.
**2 Tissu abrasif caoutchouté**
Très résistant, assure une bonne prise en main et se prête au travail au tour.
**3 Bandes abrasives auto-adhésives**
Leur support auto-adhésif à agrippage Velcro ou enduit d'un matériau autocollant se fixe sur une cale à poncer ou la semelle d'une ponceuse électrique.

**Supports**

Bien que le support ne joue qu'un rôle de deuxième ordre dans l'efficacité de l'abrasif, sa nature détermine la longévité du produit et le destine à des applications particulières.

*Papier* : sur le marché des abrasifs, c'est le support le moins cher. Les papiers sont classés de A à F par ordre croissant d'épaisseur et de grammage, deux critères déterminant leur souplesse. Les plus légers conviennent au ponçage manuel, mais on enveloppera une cale à poncer d'un papier offrant un support plus lourd, les plus épais étant réservés aux ponceuses électriques.

*Toile* : les supports textiles tissés allient résistance, longévité et souplesse. Au pliage, les meilleures qualités ne se craquellent pas et les cristaux restent solidement accrochés sur la tranche. La toile constitue le support par excellence des garnitures de ponceuses à bande et des patins de polissage des pièces tournées.

*Fibres de nylon* : très largement utilisé pour les accessoires de ponçage auto-agrippants (bandes, disques et cylindres) des outils électro-portatifs, ce matériau se retrouve surtout sous forme de tampons imprégnés de poudre d'oxyde d'alumine ou de carbure de silicium. Conçus pour l'ébénisterie, ils ressemblent aux tampons à récurer et se prêtent aussi bien à l'égrenage qu'au décapage des finitions anciennes (cf. p. 33). De par sa texture lâche, la fibre non tissée ne s'encrasse pas et se nettoie sous le robinet. L'usure du tampon ne retire rien à ses performances, puisque les cristaux abrasifs sont imprégnés dans la masse.

Contrairement à la laine d'acier, qui risque de déposer de minuscules filaments dans les bois à pores larges, tels que le chêne, il ne s'effiloche pas et est insensible à l'oxydation. Il existe aussi des tampons souples non abrasifs, pratiques pour appliquer les produits à l'eau, les teintes, les encaustiques et les huiles.

*Éponge de mousse synthétique* : il s'agit essentiellement d'un support complémentaire, très pratique pour exercer une pression constante sur les surfaces arrondies. Ainsi, le papier au carbure de silicium collé à une fine épaisseur d'éponge permet d'égrener les couches de vernis sur les moulures et pièces tournées.

**4 Éponge de mousse synthétique**
Ce matériau souple épouse parfaitement les courbes de l'ouvrage.
**5 Tampons de fibres de nylon**
Les fibres non tissées sont imprégnées de particules abrasives.
**6 Feuilles standard**
Commercialisées en dimensions normalisées de 280 x 230 mm.
**7 Carrés de mousse abrasive**
Conçus pour les moulures.

### Liant

La nature des matériaux qui solidarisent les cristaux à leur support joue un rôle fondamental sur la tenue et les propriétés des feuilles abrasives.

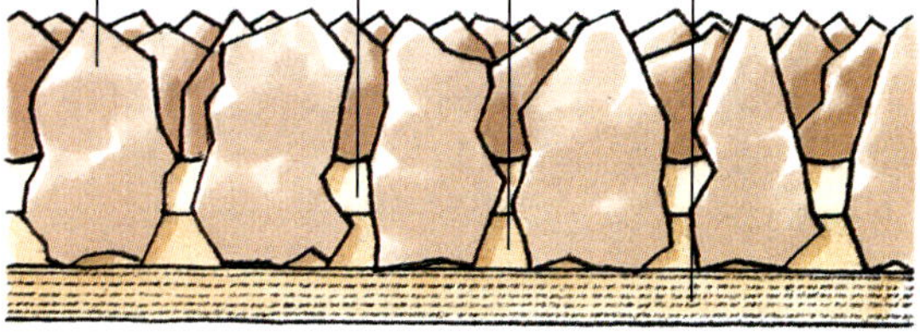


Le support est recouvert d'une première couche de liant, ou couche d'ancrage, à laquelle on mêle les particules abrasives. Puis on applique au mélange une charge électrostatique qui oriente les cristaux perpendiculairement au support, taillant vers le haut. Une surcouche de collage, appliquée par pulvérisation, achève de stabiliser les grains.

La colle animale ramollit sous l'effet de la chaleur dégagée lors du ponçage, et confère par conséquent aux feuilles abrasives une certaine souplesse. Les résines étant en revanche thermorésistantes, elles sont plus indiquées pour le ponçage mécanique. Leur imperméabilité les destine également à la confection des papiers à l'eau. Selon les propriétés recherchées, on associera volontiers plusieurs types d'adhésifs. Ainsi, un liant résine-colle assurera au papier une bonne tenue à la chaleur et plus de souplesse qu'une superposition de résines.

### Adjuvants

Pour limiter le pouvoir d'abrasion du papier, et par là-même son encrassement, les cristaux sont recouverts d'une couche supplémentaire de stéarine. Cette matière, au même titre que d'autres produits chimiques, fait également office de lubrifiant à sec pour les papiers à égrener.

La surcouche de collage comporte parfois des agents antistatiques qui réduisent sensiblement l'encrassement de la surface abrasive ; allié à un extracteur de poussière, ce type de papier est particulièrement recommandé quand on doit poncer et appliquer la finition dans la même pièce.

### Stockage

Enveloppez vos abrasifs dans un tissu ou un plastique, à l'abri de l'humidité. Rangez les feuilles bien à plat en évitant de laisser les faces abrasives en contact.

## GRANULOMÉTRIE

*Les abrasifs sont classés en fonction de leur granulométrie, indiquée par un numéro au dos de la feuille. Ce classement, du grain le plus grossier au plus fin, s'échelonne du n° 50 au n° 600. Malgré les efforts d'harmonisation, certains fabricants utilisent encore l'ancien système, gradué du n° 1 au n° 9/0. Le tableau ci-dessous, qui ne présente que les grains les plus couramment utilisés en ébénisterie, propose une correspondance approximative entre les deux codes.*

| Table de correspondances | | |
|---|---|---|
| Gros grain | 50<br>60 | 1<br>1/2 |
| Grain grossier | 80<br>100 | 0<br>2/0 |
| Grain moyen | 120<br>150<br>180 | 3/0<br>4/0<br>5/0 |
| Grain fin | 220<br>240<br>280 | 6/0<br>7/0<br>8/0 |
| Grain très fin | 320<br>360<br>400<br>500<br>600 | 9/0<br>–<br>–<br>-<br>– |

### Texture

La densité des cristaux au $cm^2$ constitue un autre critère de choix. Les papiers à texture serrée présentant une grande capacité d'abrasion, ils assurent un fini plus soigné et se prêtent davantage aux tâches délicates de polissage et d'égrenage ; une texture lâche s'encrasse en revanche moins rapidement et est plus adaptée au ponçage des bois tendres et résineux.

# PONÇAGE MANUEL

La préparation du support commence généralement par un ponçage mécanique, qui doit impérativement être affiné à la main, ne serait-ce que pour peaufiner les détails, recoins et moulures. Vous pouvez, bien entendu, effectuer toutes les opérations de ponçage à la main : c'est uniquement une question de temps !

Avant de vous lancer, gardez à l'esprit deux grandes règles d'or : travaillez toujours dans le sens du fil, et procédez à un ponçage dégressif, du grain le plus grossier au plus fin, pour effacer les traces du passage précédent. Les passes à contre-fil sont à proscrire, car elles laissent des éraflures que vous aurez le plus grand mal à faire disparaître.

Mieux vaut poncer toutes les pièces d'un meuble avant montage. Veillez néanmoins à ne pas enlever trop de matière sur les assemblages, qui risqueraient par la suite de jouer, et à ne pas trop insister sur les arêtes. Sur les meubles anciens, redoublez de prudence dans les coins, au voisinage des éléments posés à fil croisé.

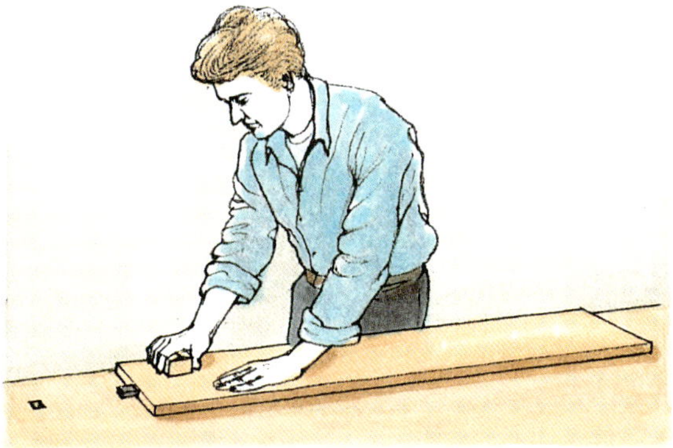

**Surfaces planes**

Posez la pièce sur un établi à la bonne hauteur, de façon à pouvoir la poncer par grandes passes parallèles dans le sens du fil. Évitez d'imprimer à la cale un mouvement en arc de cercle, car la moindre déviation imprimerait des rayures indélébiles. Exercez une pression régulière sur le papier. Lorsque le grain est encrassé, changez la feuille au lieu de vous épuiser à frotter !

Poncez uniformément l'ensemble de la pièce en maintenant la cale à poncer bien à plat sur l'ouvrage, surtout à l'approche des chants, d'autant plus que, la fatigue aidant, vous aurez peut-être tendance à "casser" les arêtes par un ponçage trop vigoureux.

**Bois de bout**

Passez d'abord le doigt dans le sens du fil pour déterminer l'orientation des fibres. Choisissez le sens qui vous semble le plus doux pour obtenir un beau poli.

## CALES À PONCER

*Pour un ponçage uniforme, repliez le papier abrasif sur une cale à poncer. Très simple à confectionner à partir d'un bloc de liège, cet accessoire assure une excellente prise en main. Les magasins de bricolage proposent des modèles en liège, en mousse expansée ou en caoutchouc. La plupart acceptent de simples bandes découpées dans des feuilles standard, mais certaines sont munies d'une semelle prévue pour des garnitures de dimensions spécifiques ou d'un patin auto-agrippant pour support Velcro. Le changement de feuille est plus rapide, mais ce gain de temps a son prix ! Les cales double-face associent deux tampons de mousse synthétique : l'un, rigide, pour les surfaces planes et l'autre, plus souple, pour les moulures et arrondis.*

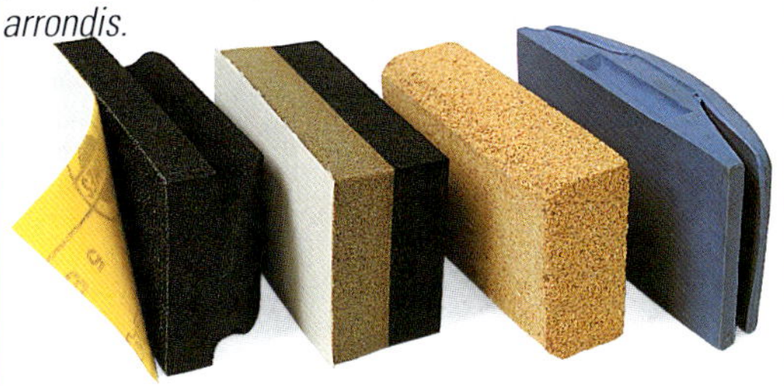

**Cale à semelle Velcro** — **Cale double-face** — **Cale en liège** — **Cale en caoutchouc**

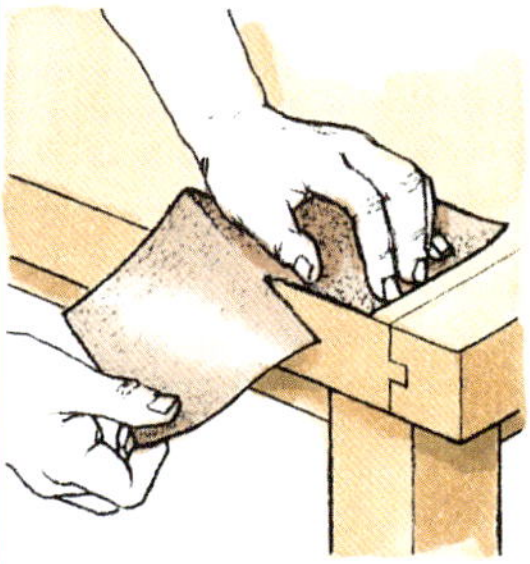

**Pliez une feuille** de papier abrasif sur le rebord de l'établi et débitez-la en bandes aux dimensions souhaitées. Enroulez-la autour de la cale que vous tiendrez bien en main.

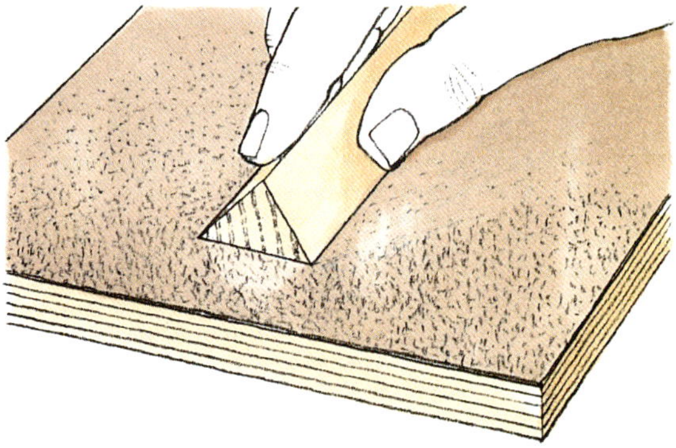

**Petites pièces**

Très difficiles à immobiliser et à poncer normalement, les petits éléments se frottent tout simplement sur une feuille d'abrasif collée à un support plan. Pensez à respecter le sens du fil.

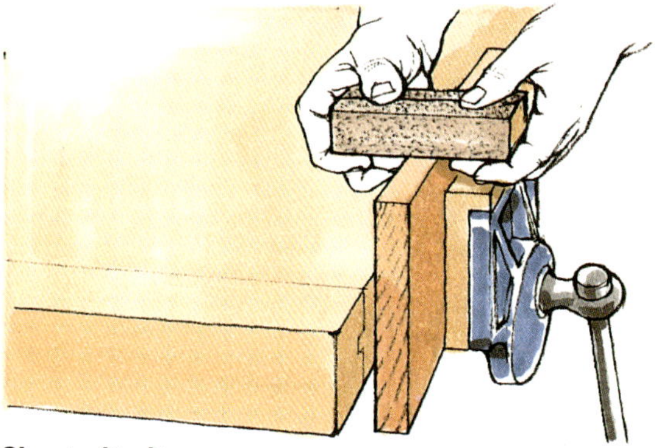

**Chants étroits**
La cale à poncer ayant tendance à déraper sur les chants étroits, vous risquez d'entamer les angles vifs. Installez l'ouvrage à la verticale dans un étau. Saisissez la cale à deux mains et stabilisez-la sur le chant en laissant courir vos doigts sur les faces de la pièce. Achevez par une très légère passe sur les arêtes pour les débarrasser des barbes de ponçage.

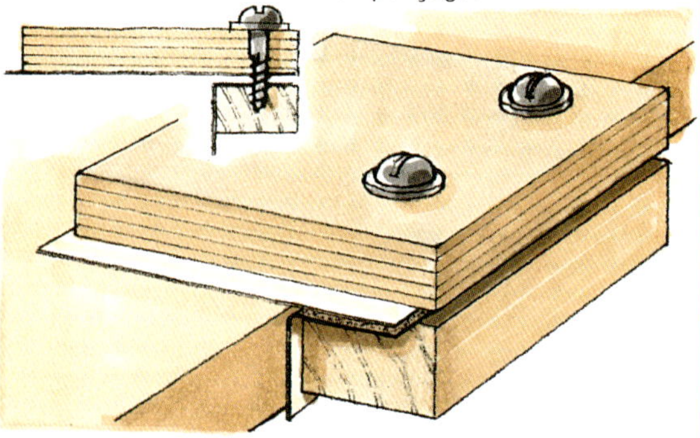

**Chants plaqués**
Ils imposent un ponçage de précision. Confectionnez une cale en L en vissant deux tasseaux séparés par deux feuilles abrasives posées face contre face. Repliez celle du dessous sur le tasseau inférieur. Faites glisser la cale le long du chant pour poncer le rebord du panneau et le chant sans entamer l'arête. Ce procédé ne vaut que si le fil des deux surfaces est dans le même sens.

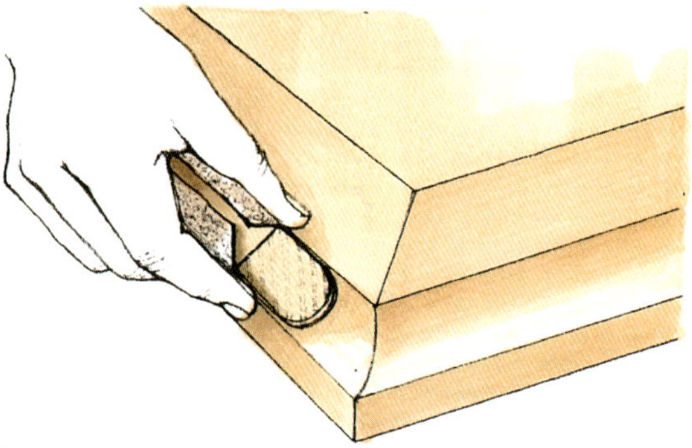

**Moulures**
Enveloppez de papier abrasif une cale arrondie ou une cheville pour passer dans les courbes. A défaut, un carré de mousse abrasive ou un tampon de fibres de nylon.

## PONÇAGE DÉGRESSIF

*L'expérience aidant, chaque artisan élabore ses petits secrets de ponçage, mais le néophyte a parfois du mal à choisir le grain le plus adapté à chaque situation. La séquence de ponçage dégressif proposée ci-après devra parfois être modifiée en fonction de la nature du bois. Ainsi, un bois dur de texture fine poli avec un grain très fin absorbera difficilement une teinte.*

*Commencez par un papier grenat ou corindon n° 120, puis affinez avec un grain n° 180 pour éliminer toute trace apparente. Réservez les gros grains (n° 80 à 100) aux surfaces grossières et irrégulières.*

*Dépoussiérez entre chaque ponçage à l'aide d'un chiffon gras afin de piéger les poussières et les fines particules. Ne négligez pas cette étape, sans quoi les résidus du précédent passage risquent de rayer irrémédiablement le bois.*

*Effectuez une passe rapide au papier fin (n° 220), puis humidifiez le bois à l'aide d'un chiffon mouillé pour relever les fibres. Laissez pénétrer l'eau 10 à 20 minutes ; en gonflant, les fibres les plus fragiles éclatent et forment en surface de minuscules barbes. Reprenez le papier n° 220 pour égrener à main légère, jusqu'à obtention d'un support parfaitement égalisé. Ce relèvement des fibres est indispensable avant application d'un produit à l'eau.*

*Le bois est désormais prêt à recevoir une finition, mais si vous souhaitez un lissé irréprochable, relevez à nouveau la fibre et égrenez au papier très fin (n° 320) ou au tampon de nylon.*

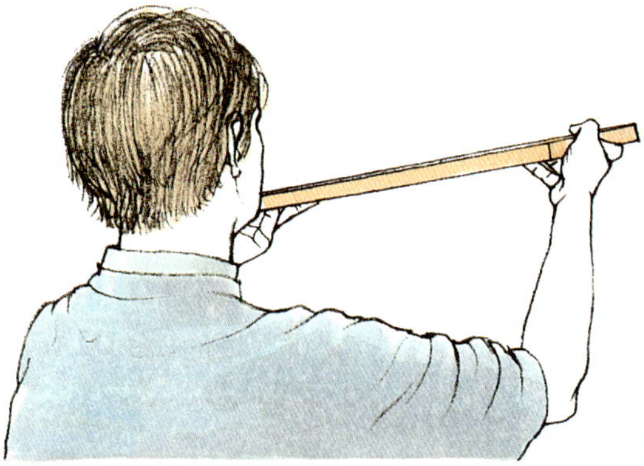

**Inspectez le bois** en lumière frisante, de façon à détecter les petites aspérités et à vérifier l'uniformité du ponçage de la pièce.

# PONÇAGE MÉCANIQUE

Les ponceuses électriques soulagent considérablement l'artisan des opérations fastidieuses de ponçage, mais si elles conviennent à la préparation des supports, elles sont trop agressives pour les tâches plus délicates. Conçues pour les finitions, les ponceuses vibrantes impriment pourtant de minuscules éraflures circulaires qui ne ressortent que sous une première couche de vernis. Par précaution, relevez la fibre derrière un ponçage mécanique et égrenez à la main au papier fin ou au tampon de nylon.

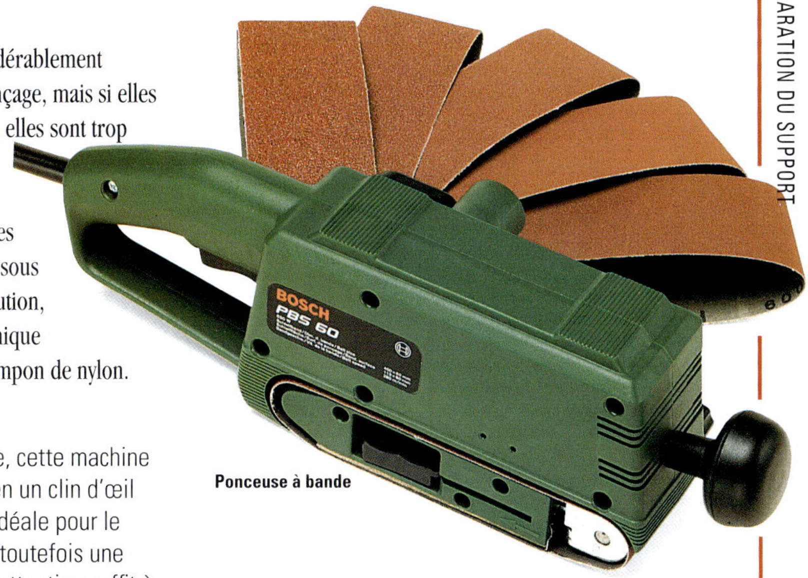

**Ponceuse à bande**

### Ponceuse à bande

Réservée aux travaux de dégrossissage, cette machine enlève si bien la matière qu'elle lisse en un clin d'œil les bruts de sciage les plus grossiers. Idéale pour le décapage, une telle puissance impose toutefois une grande prudence, car une seconde d'inattention suffit à entamer profondément le support, déchirer un placage ou casser un angle. Stabilisez l'outil sur un cadre de ponçage pour protéger les rebords et les parties fragiles des panneaux. La capacité d'abrasion dégageant beaucoup de poussière, choisissez un modèle équipé d'un dispositif d'aspiration des poussières ou raccordez-les à un aspirateur "spécial bois" (cf. p. 24).

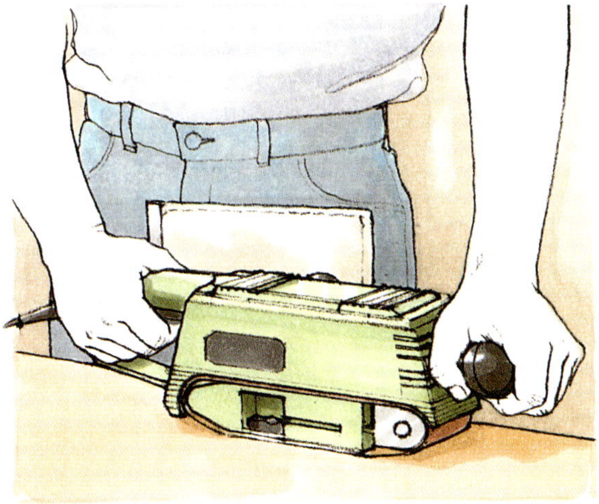

### Maniement

Très pratique pour poncer de grandes surfaces de bois d'œuvre et certains panneaux manufacturés, la ponceuse à bande est rarement employée dans un atelier d'ébéniste. Lancez la machine et abaissez-la doucement sur l'ouvrage. Dès que la courroie entre en contact avec la surface, déplacez la machine qui risquerait de laisser sur le bois une empreinte profonde. Poncez toujours dans le sens du fil, en chevauchant les passes parallèles. En fin de travail, relevez la ponceuse avant de l'arrêter.

### Bandes de ponçage

D'un fabricant à l'autre, la largeur de ponçage varie de 60 à 100 mm. Les bandes de papier ou de toile se fixent entre deux tambours, dont l'un, situé à l'avant, permet d'ajuster la tension et le positionnement de l'abrasif. Un levier de blocage assure un changement rapide de bande. Lancez la machine et, à l'aide de la vis de réglage du parallélisme, centrez la courroie sur son patin. Choisissez un abrasif à grain moyen à fin.

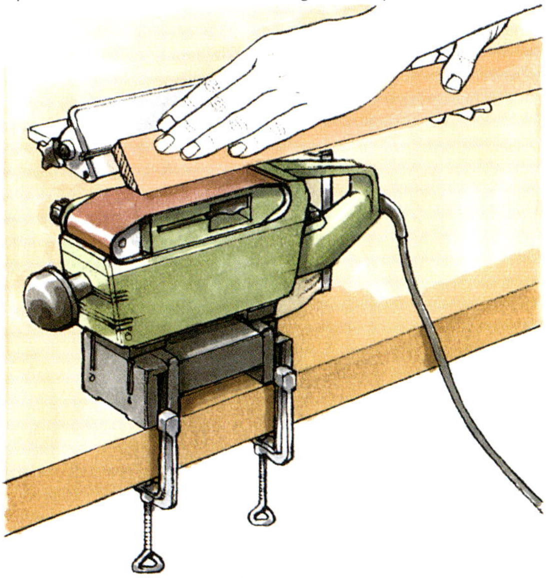

### Utilisation en poste fixe

Montée à l'envers sur un support d'établi, votre ponceuse devient un outil fixe. Posez les éléments de petite taille sur la bande en rotation. Pour guider les pièces carrées ou biseautées et poncer les arrondis sur le tambour avant, installez une butée parallèle et angulaire.

**Ponceuse vibrante**
Alliée à un ponçage dégressif (cf. p. 20) et à un relèvement des fibres avant égrenage, la ponceuse vibrante exécute un ponçage en finesse et laisse un lissé irréprochable. Si vous envisagez une finition transparente, assurez-vous que les oscillations du patin n'ont pas laissé d'imperceptibles griffes circulaires. Le cas échéant, vous n'échapperez pas à un peaufinage manuel. Certains modèles permettent de passer d'un mouvement elliptique à un va-et-vient rectiligne qui efface les éraflures.

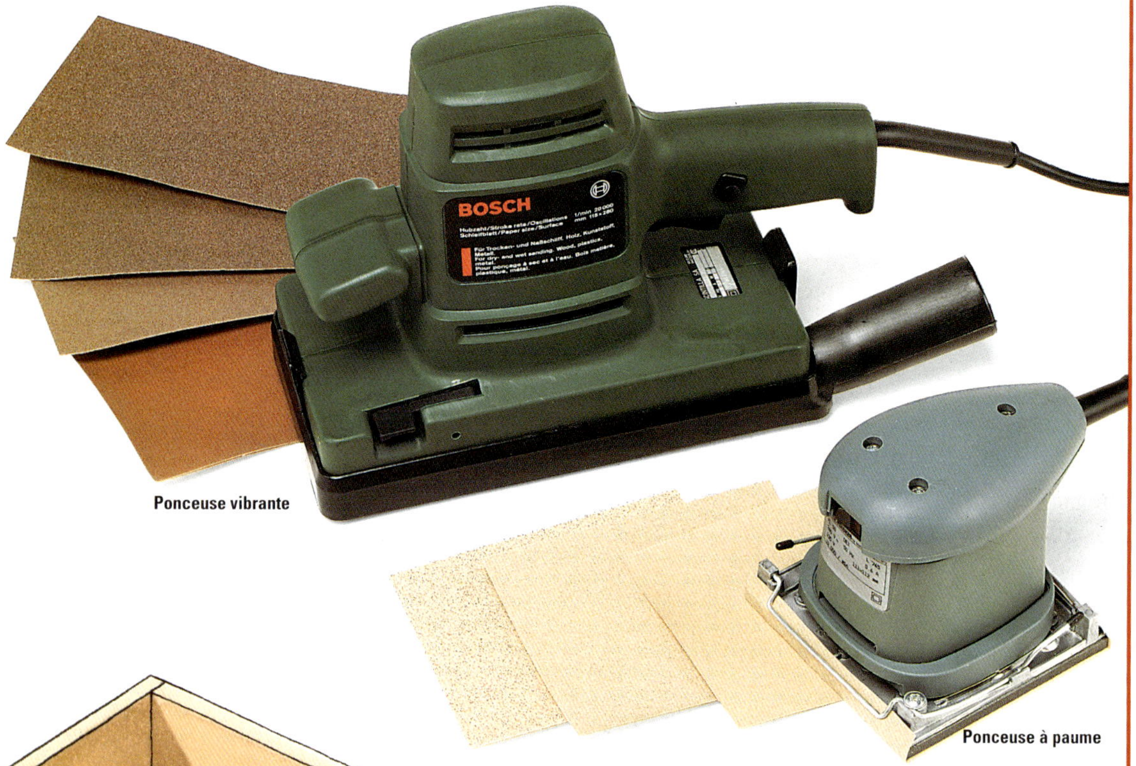


Ponceuse vibrante

Ponceuse à paume

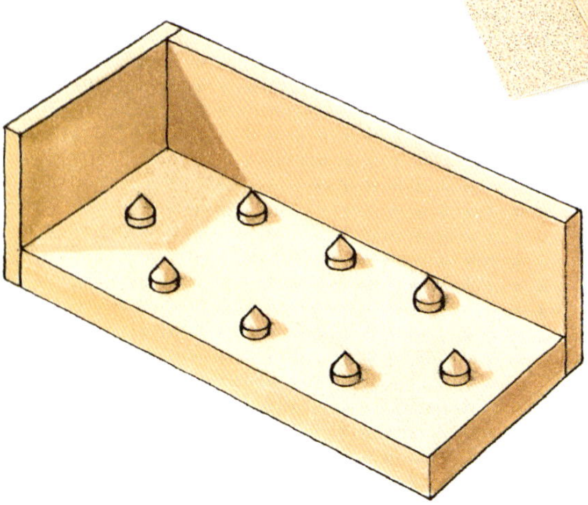

**Garnitures perforées**
Les fabricants proposent pour chacun de leurs modèles des feuilles abrasives perforées, permettant d'évacuer les poussières vers le dispositif d'extraction (cf. p. 24). Vous réaliserez une économie appréciable en confectionnant votre propre matrice de perforation. Posez une feuille blanche sur le patin de votre ponceuse et repérez les trous au crayon. Reportez-les sur un panneau en medium, percez-les et collez dans chacun un petit tourillon pointu. Fixez la feuille abrasive sur la semelle de l'outil que vous abaisserez sur la matrice pour percer les trous.

**Ponceuse à paume**
La gamme des ponceuses vibrantes s'est enrichie des modèles dits "à paume", qui se manient d'une seule main. Légers et ergonomiques, ils conviennent aux petits travaux.

**Feuilles abrasives**
Les dimensions des feuilles abrasives pour ponceuses vibrantes sont généralement exprimées en millimètres, mais certains fabricants les mesurent par rapport à la taille des feuilles de ponçage manuel (cf. p. 17) et parlent de demi-feuille, tiers de feuille et quart de feuille. Elles sont fixées au patin soit par deux barrettes de serrage, soit par un support autocollant ou une garniture auto-adhésive à agrippage Velcro. Les abrasifs s'encrassent moins rapidement sur les ponceuses dotées d'un extracteur de poussière ou d'un manchon d'aspiration. Préférez ces dispositifs, surtout si votre local est mal aéré ou si vous y effectuez les travaux de ponçage et de finition.

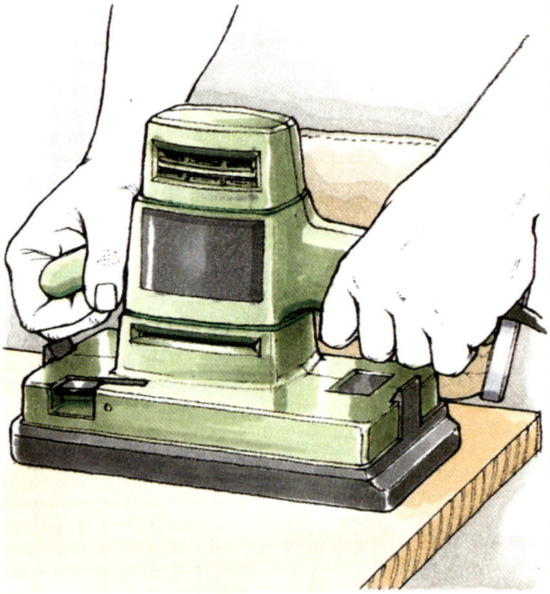

**Maniement de la ponceuse vibrante**
Si vous sentez des fourmis dans les doigts après une séance de ponçage, c'est sans doute que vous appuyez trop fort sur la ponceuse ; cette pression risque d'échauffer l'abrasif qui s'encrassera plus rapidement et dégagera davantage de poussière.

Travaillez dans le sens du fil par passes régulières et parallèles, en veillant à traiter uniformément toute la surface. Si votre machine est équipée d'un variateur de vitesse, sélectionnez la vitesse la plus lente pour les feuilles à grain grossier et augmentez-la à mesure du ponçage dégressif.

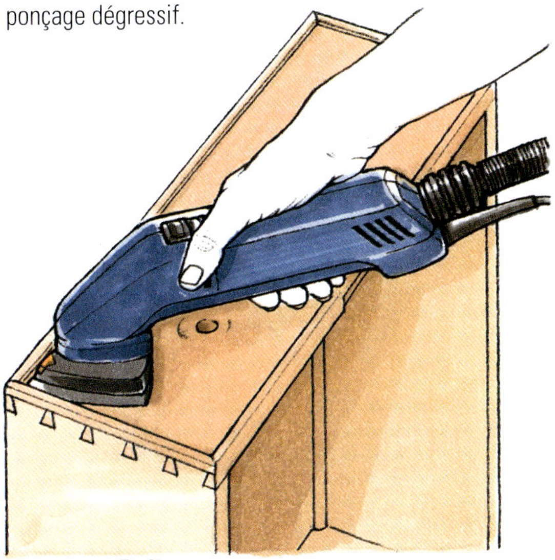

**Ponceuse Delta**
Les plateaux des ponceuses vibrantes les mieux conçues permettent d'atteindre les angles droits et de poncer au ras des obstacles, mais la ponceuse Delta à patin triangulaire peut se faufiler jusque dans les moindres recoins.

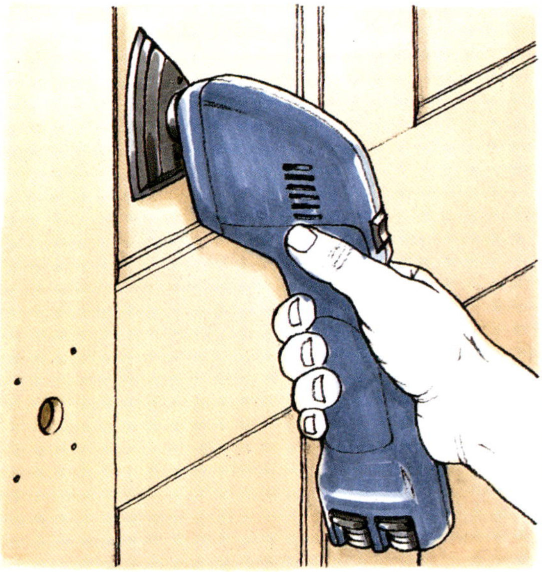

**Ponceuse sans fil**
Les ponceuses alimentées par batteries rechargeables évacuent le problème des rallonges gênantes et permettent d'intervenir ponctuellement loin d'une prise de courant. La gamme actuelle, encore très limitée, se résume à quelques ponceuses excentriques et Delta.

## PONCEUSE EXCENTRIQUE

*Animée d'un mouvement vibratoire et rotatif, la ponceuse excentrique brise la régularité des éraflures et les rend ainsi pratiquement invisibles. Les disques abrasifs perforés se fixent à la semelle par un support autocollant ou à agrippage Velcro. Certains modèles, prévoyant un assortiment de plateaux de ponçage en caoutchouc dur, souple ou standard, se prêtent aussi bien aux surfaces planes qu'aux arrondis ; d'autres, acceptant des patins de dimensions variées, conviennent au travail des grandes pièces.*

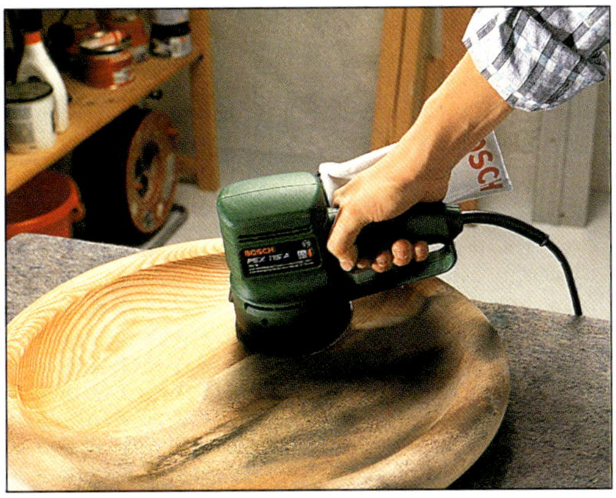

### Meuleuse angulaire
Plus volontiers utilisée en position fixe, la meuleuse effectue un ponçage vigoureux qui risque de rayer profondément le bois. Associée à un tour, elle permet toutefois de poncer efficacement les pièces creusées et incurvées.

### Arbre flexible et micro-ponceuse en mousse
Pour les travaux de précision, raccordez un petit tambour de ponçage au mandrin d'une perceuse ou à un arbre flexible. Ces accessoires, de 25 à 75 mm de diamètre, se glissent dans les recoins inaccessibles. Le support des petits disques de papier ou de toile abrasive se pose directement sur le tambour.

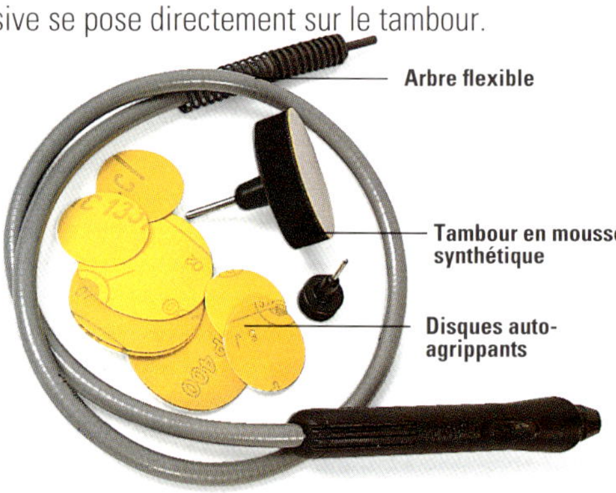


### Microponçage des pièces tournées
Indiqués pour la sculpture, le maquettisme et surtout le tournage, les petits tambours de ponçage en mousse synthétique épousent parfaitement les courbes et les contours arrondis, exercent en surface une pression constante et échauffent très peu la feuille abrasive. La rotation simultanée de la pièce et du disque permet en outre d'éliminer en un clin d'œil les minuscules griffes de ponçage.

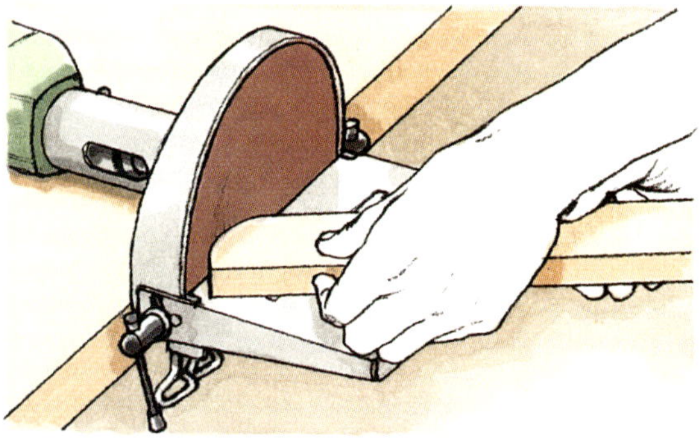

### Table de ponçage
Conçue pour fixer à l'établi un plateau de ponçage monté sur le mandrin d'une perceuse, elle permet de travailler les bois de bout : en position horizontale, la table accueille une pièce à poncer en bout ; inclinée à 45°, elle permet de la façonner par un ponçage dégressif. N'utilisez que le côté en rotation descendante et déplacez la pièce en l'appuyant très légèrement sur le disque.

## LA POUSSIÈRE, ENNEMI N°1
*Utilisées dans les règles, les ponceuses ne présentent aucun risque. Elles dégagent toutefois des poussières nocives, voire inflammables. D'où la nécessité de se protéger et d'évacuer les résidus de ponçage.*

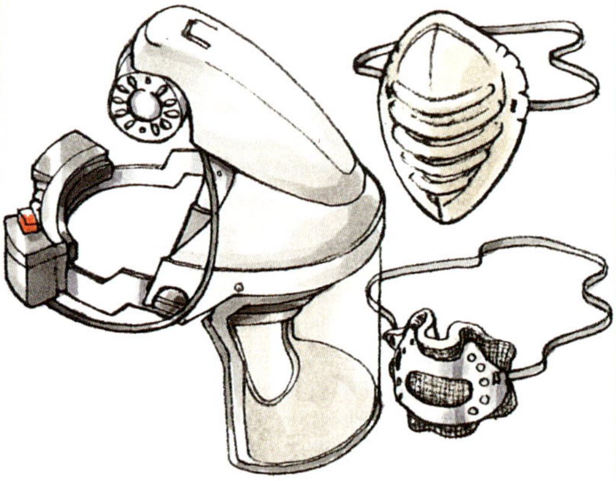

### Masque anti-poussière et masque respiratoire
Pour tous les travaux de ponçage, portez systématiquement un masque facial couvrant le nez et la bouche. Les masques jetables, en gaze ou en coton, sont vendus par lots dans tous les magasins de bricolage, et parfois fournis avec les ponceuses de location. Préférez un demi-masque respiratoire à pile pour les ponçages plus vigoureux ou l'enlèvement de matières toxiques. Léger, il est équipé d'une cartouche filtrante qui insuffle sous la visière un air propre et sain.

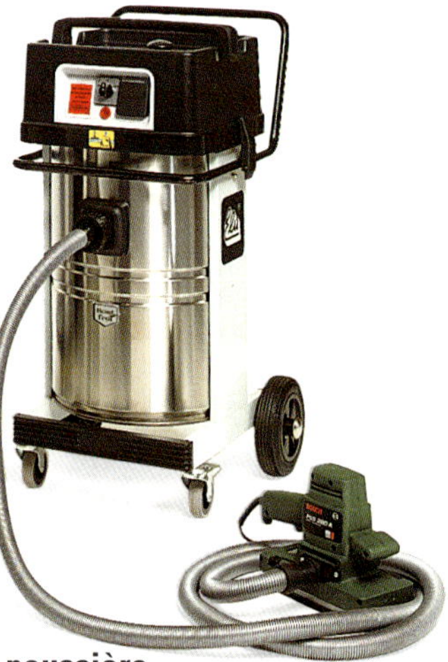

### Extracteur de poussière
Pratiquement toutes les ponceuses électriques modernes intègrent un dispositif d'extraction automatique évacuant les poussières vers un sac d'aspiration jetable. Pour plus d'efficacité, raccordez l'outil à un extracteur "spécial bois". A défaut, prévoyez un flexible et un embout de raccordement pour brancher l'outil sur un aspirateur ménager.

# LISSAGE AU GRATTOIR

Si le ponçage est couramment employé sur la plupart des supports, il risque d'arracher la fibre sur les placages et certains bois au fil irrégulier ou tourmenté. Mieux vaut alors égaliser la surface au racloir : au lieu de réduire la matière en poussière, la lame parfaitement affûtée retire des copeaux extrêmement fins et laisse un fini impeccable.

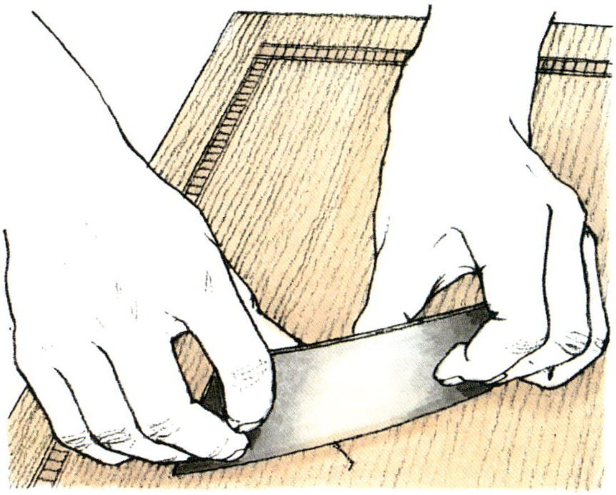

**Maniement**
Prenez le grattoir à deux mains et inclinez-le vers vous. Exercez une légère pression sur les pouces pour cintrer la lame, puis poussez-le doucement sur l'ouvrage pour obtenir un copeau. Certains préfèrent inverser le mouvement et tirer le racloir vers eux. Au besoin, accentuez l'angle d'attaque et la courbure de la lame pour entailler plus profondément le bois.

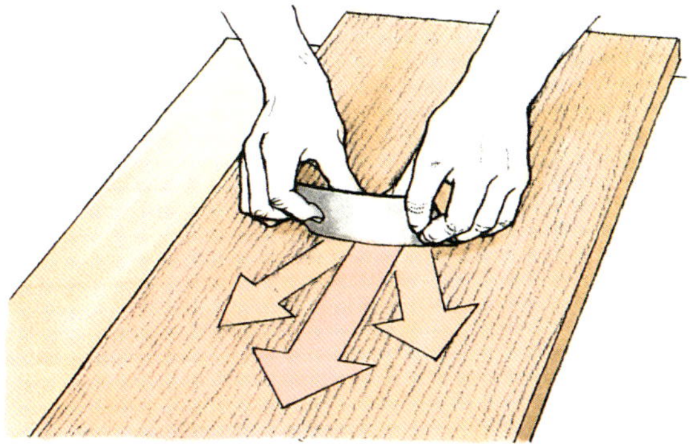

**Lissage d'un panneau**
Effectuez dans un premier temps des passes obliques, légèrement à contre-fil, de droite à gauche, puis en sens inverse. Terminez en raclant dans le fil pour égaliser le bois. Reprenez cette technique pour éliminer des petites traces de colle séchée ou des brûlures sans enlever trop de matière.

**Grattoirs d'ébénisterie**
Un grattoir n'est en fait qu'un simple rectangle d'acier trempé. Une lame triangulaire ou profilée et montée sur manche permet d'atteindre plus efficacement les recoins, courbes et moulures. Vous trouverez au rayon outillage des grands magasins toutes sortes de profils. Avant usage, préparez minutieusement le grattoir, car une lame émoussée abîme le bois et laisse des aspérités.

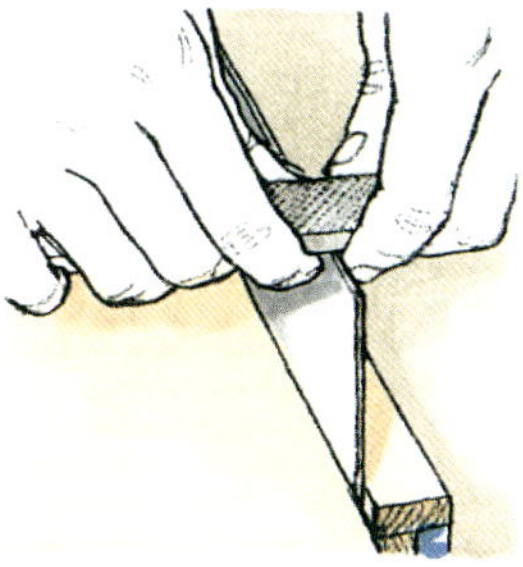

**1 Préparation du tranchant**
Serrez le grattoir neuf dans un étau et formez le tranchant en limant le rebord sur sa longueur, jusqu'à ce que les faces soient d'équerre. Stabilisez la lime en guidant sa course du bout des doigts.

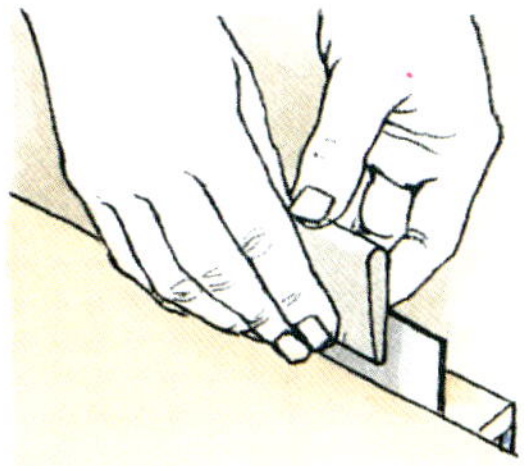

**2 Ébarbage**
La lime dépose sur le rebord du grattoir des barbes qu'il convient d'éliminer à l'aide d'une pierre à huile. Faites courir la pierre le long des deux faces du tranchant, en la maintenant bien à plat sur la lame.

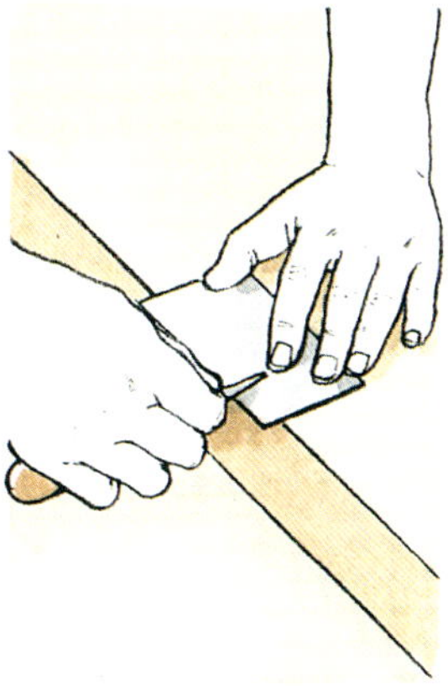

**3 Formation du morfil**
Posez le grattoir à plat sur le rebord de l'établi et raclez le tranchant à l'aide d'un polissoir, en travaillant vers vous. Effectuez 4 à 5 passes parallèles au tranchant, puis retournez le grattoir et recommencez sur l'autre face. A défaut de polissoir, utilisez le dos arrondi d'une gouge.

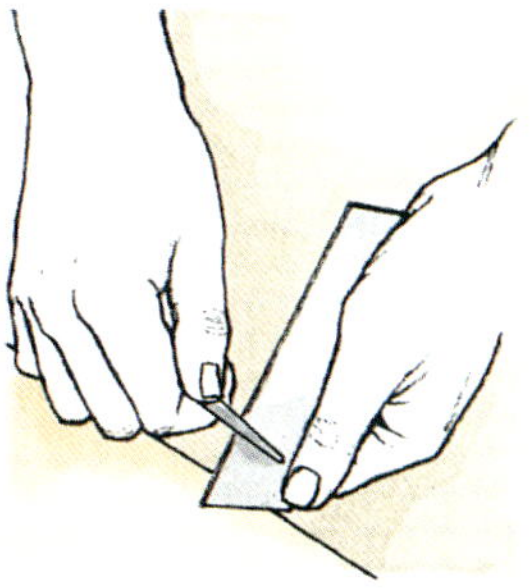

**4 Rabattage du morfil**
Le tranchant est aiguisé lorsqu'on a rabattu le morfil à angle droit : maintenez le grattoir à la verticale et passez 2 ou 3 fois la lame au polissoir, positionné à angle oblique.

# BOUCHE-PORAGE

Les finitions brillantes, et au premier chef le vernis au tampon, sont du plus bel effet sur les essences à pores larges, telles que le chêne et le frêne. Le grain grossier de ces bois complique néanmoins singulièrement la tâche du vernisseur, car il a tendance à absorber le produit qui, au séchage, perd tout son velouté. Le support doit par conséquent être soigneusement bouché avant application de toute finition transparente.

La technique traditionnelle consiste à superposer patiemment de fines pellicules de vernis jusqu'à ce que les pores soient parfaitement bouchés. A ce procédé laborieux et délicat, vous préférerez sans doute l'application d'un bouche-pores prêt à l'emploi. Ces pâtes épaisses sont vendues en plusieurs nuances imitant les tons de bois. Choisissez la plus proche de votre essence ou, à défaut, légèrement plus foncée. Assurez-vous auprès de votre fournisseur que la formulation du bouche-pores est compatible avec la finition qui le recouvrira.

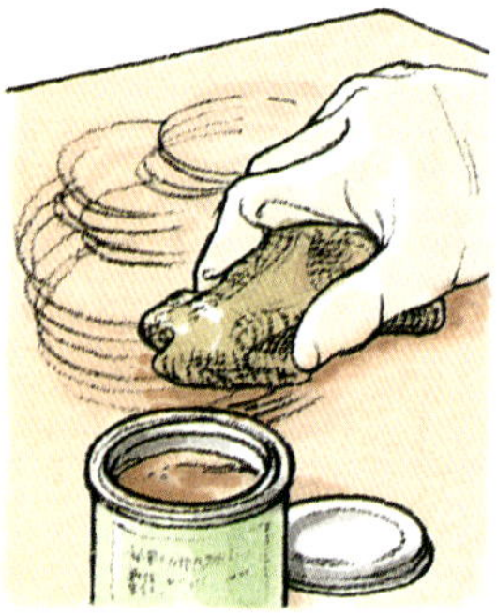

**1 Application**
Assurez-vous que la surface est parfaitement propre et dépoussiérée. Chargez de bouche-pores un tampon de toile de jute et frottez-le vigoureusement en chevauchant les petites passes circulaires afin de bien faire pénétrer la pâte dans le bois.

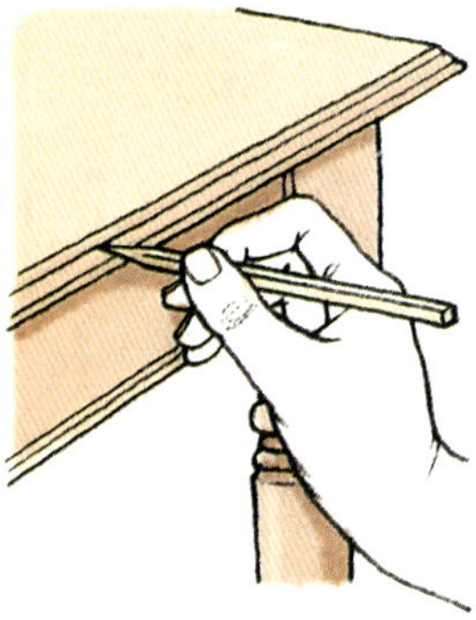

**2 Ressuyage**
Avant que la pâte ne durcisse, essuyez l'excédent à contrefil avec une toile propre. Nettoyez minutieusement les moulures et les recoins à l'aide d'un bâtonnet pointu en veillant à ne pas rayer le bois.

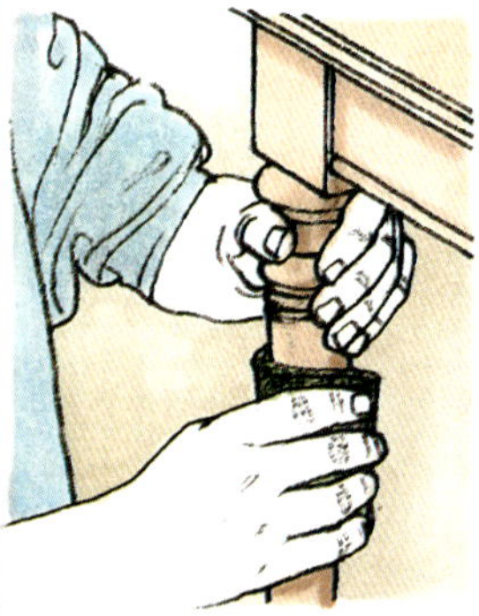

**3 Égalisation**
Laissez sécher le bouche-pores une nuit, puis éliminez les dernières traces par un léger ponçage dans le fil au papier au carbure de silicium fin (n° 220). Pour les moulures, utilisez un tampon de nylon abrasif.

**Bois teints**
Bien que certains artisans préfèrent bouche-porer le bois avant la mise en teinte, cette méthode risque de compromettre l'uniformité de la teinte. Inversement, le ponçage final du bouche-pores, aussi léger soit-il, enlève parfois la couleur d'un bois teint.

Pour parer à toute éventualité, commencez par la mise en teinte, puis bloquez la couleur d'une couche de fond dur ou de deux couches de vernis gomme-laque incolore. Achevez par l'applicaton d'un bouche-pores additionné de quelques gouttes de teinte à bois compatible.

## FOND DUR

*Idéal pour le remplissage des essences à pores larges, qui ont tendance à absorber les produits de finition, le fond dur a bien d'autres vocations : sous un vernis, il constitue une couche de fond très efficace ; superposé à une teinte à bois, il la protège de l'action des dissolvants ; il neutralise les supports anciens ou décapés, évitant les remontées d'agents qui, comme l'huile de silicone, empêcheraient un vernis de tirer convenablement. Sachez toutefois que les fonds durs cellulosiques et polyuréthanes du commerce obscurcissent légèrement le veinage et ne sont pas compatibles avec toutes les finitions. Sous un vernis au tampon, remplacez-les par un vernis gomme-laque incolore.*

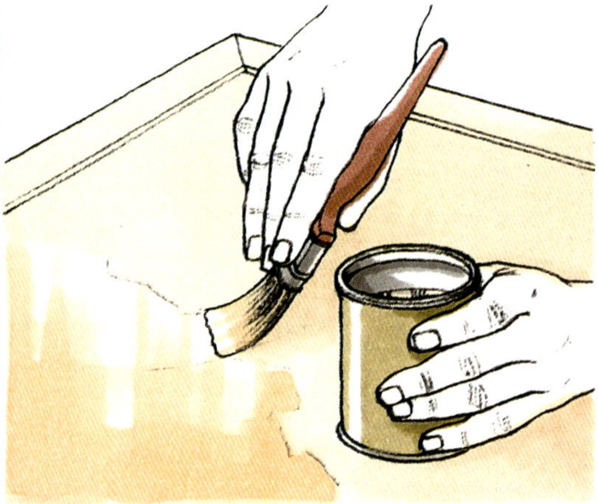

**Application**
Poncez et dépoussiérez avec un chiffon huilé. Appliquez le fond dur au pinceau queue-de-morue et laissez sécher 1 à 2 heures. Polissez au papier abrasif fin, au tampon de nylon ou à la laine d'acier très fine (n° 0000) avant de passer la première couche de finition. Sur les bois très poreux, superposez deux couches de fond dur.

CHAPITRE 2

# FINITIONS ANCIENNES

Le temps n'épargne pas les plus belles finitions qui, au fil des ans, ternissent sous l'accumulation de graisses et de poussières. Dans bien des cas, un simple nettoyage suffit à leur rendre leur lustre sans sacrifier l'inimitable patine, qui confère toute leur valeur aux objets anciens.
Si, en revanche, la finition est irrécupérable ou le bâti attaqué, il faudra vous résoudre à décaper dans les règles, puis rhabiller la pièce.

# NETTOYAGE ET RAVIVAGE

Votre grand-mère vous a légué sa belle armoire, amoureusement encaustiquée pendant des années ? Hélas, ce que vous prenez pour une patine n'est en fait qu'une accumulation de couches de cire mêlées à la poussière, qui voile le veinage et la teinte d'origine du bois ! Un petit nettoyage s'impose. L'entreprise est certes intimidante, tant il est vrai qu'il est difficile d'imaginer l'aspect d'un meuble ancien après restauration. N'ayez crainte : ce petit coup de propre ne lui enlèvera rien de son cachet. Et qui sait… Sous ce "masque de cire" se cache peut-être un magnifique vernis ?

**Nettoyants**
Pour désencrasser un bois sans enlever sa patine ni altérer sa teinte, utilisez un rénovateur, un décireur ou un dévernisseur du commerce. A défaut, le white spirit fera l'affaire.

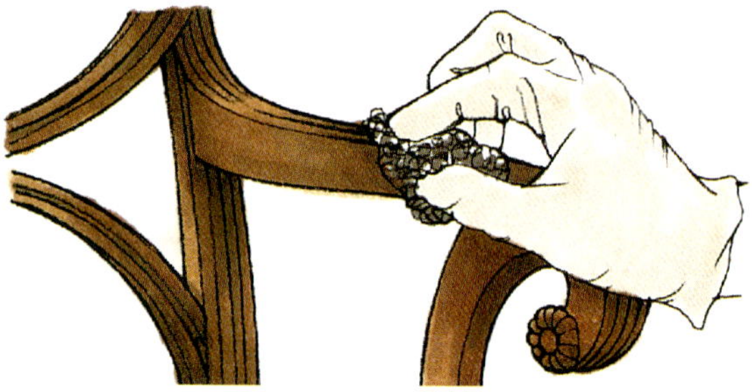

**1 Décirage**
Chargez de liquide un tampon de toile épaisse ou de laine d'acier très fine (n° 000) et frottez dans le sens du fil jusqu'à dissolution de la cire encrassée en un "jus" clair. Ressuyez au fur et à mesure à l'aide d'un chiffon absorbant ou d'un papier absorbant, sans laisser figer.

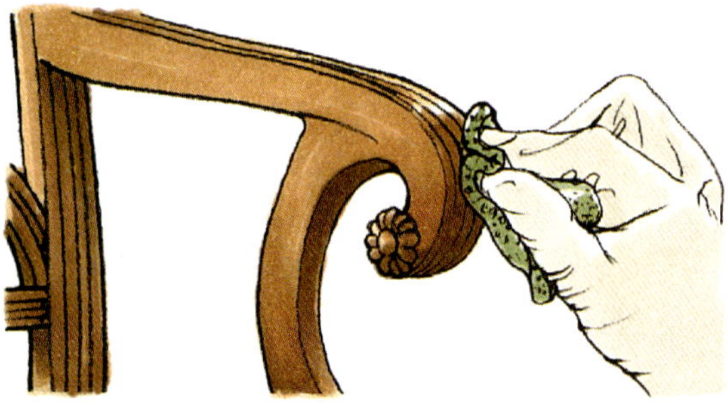

**2 Moulures**
Façonnez un tampon de laine d'acier ou de nylon abrasif en pointe pour retirer la poisse incrustée au fond des rainures et des parties ouvragées. N'insistez pas trop sur les arêtes et saillies, car vous risquez de dénuder le bois. Nettoyez avec un chiffon doux ou un tampon de lustrage imbibé de white spirit.

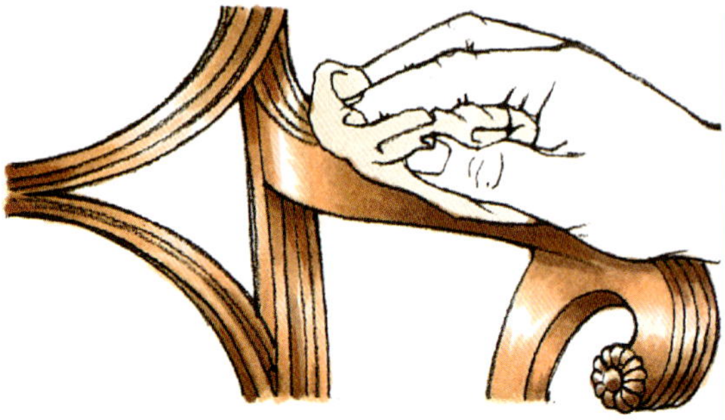

**3 Ravivage**
Ce décirage met à jour la finition ancienne, mais elle paraît un peu terne. Pour lui rendre son éclat, polissez vigoureusement la surface au chiffon doux humecté d'un raviveur légèrement abrasif (eau japonaise, popote d'ébéniste, nettoyant liquide pour métaux ou détergent de carrosserie automobile). Tous ces produits sont néanmoins à proscrire si le bois a été dégarni. Terminez par un léger film de cire à patiner ou de patine liquide.

## RETOUCHES

*Le ravivage peut dévoiler un fini endommagé ou irrégulier. Sur les surfaces cirées et vernies, un encaustiquage suffit à rattraper les décolorations ponctuelles, mais si vous souhaitez reprendre un vernis défraîchi sans décaper toute la pièce, commencez par identifier la finition primitive.*

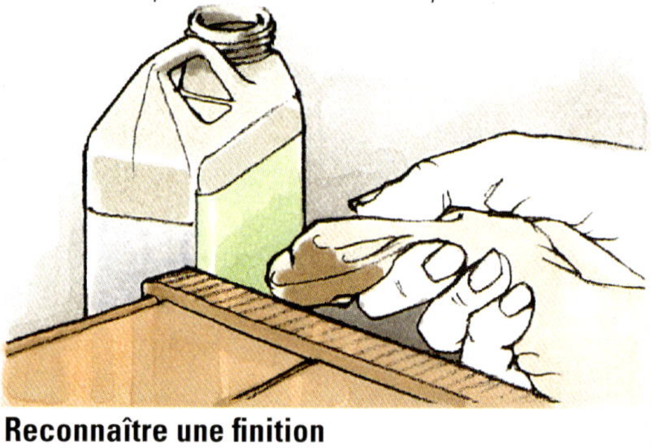

**Reconnaître une finition**
L'âge du meuble fournit quelques indices : une antiquité du début du siècle cache probablement un vernis au tampon. Antérieure à 1850, elle aura plutôt été cirée ; une pièce plus récente laisse présager d'un vernis cellulosique ou acrylique. Sur une partie dissimulée, frottez du bout du doigt un chiffon blanc imprégné d'alcool dénaturé : si le tissu brunit, il s'agit d'un vernis au tampon. S'il n'enlève que la poussière, renouvelez l'expérience avec un dissolvant cellulosique, qui retirera un vernis cellulosique ou acrylique. Les produits à catalyseur ne réagiront qu'à de puissants dévernisseurs spécifiques (cf. page 32).

# GRIFFES ET RAYURES

Les petits défauts superficiels ne compromettent pas nécessairement l'esthétique d'ensemble d'un meuble ancien, et l'amateur d'antiquités saura préserver les éraflures et marques d'usure, témoins de leur âge vénérable. Néanmoins, si des rayures défigurent un fini récent, mieux vaut envisager des réparations. Seul un professionnel peut assurer une réfection complète, mais un habile maquillage atténuera les griffes anodines en les fondant dans la teinte de fond de l'ouvrage. Si le bois est entamé, il n'y paraîtra plus rien après un délicat remplissage à la cire suivi d'un raccord de couleur.

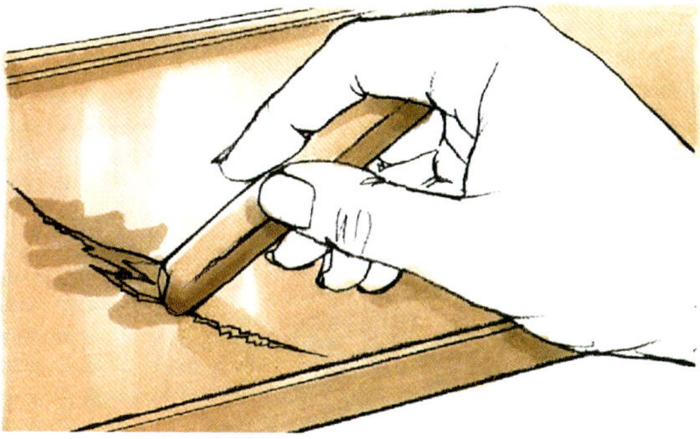

**Estomper une griffe...**
Frottez très légèrement un chiffon humecté d'un raviveur légèrement abrasif ou de popote d'ébéniste. N'insistez pas sur les rayures récalcitrantes, sous peine d'attaquer le vernis. Mieux vaut les dissimuler sous un raccord de teinte discret.

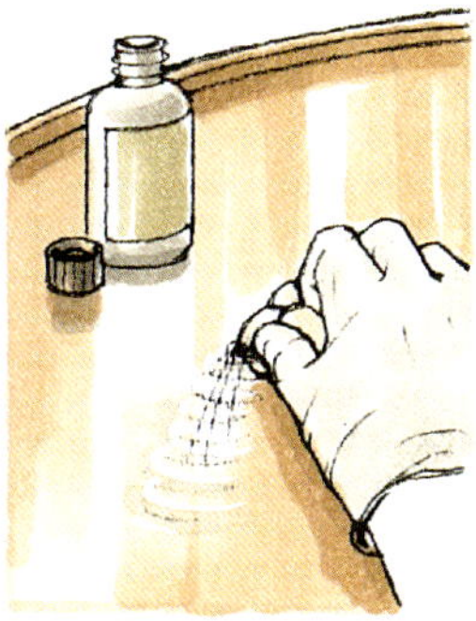

**... la fondre à la teinte...**
Les égratignures blanchâtres ressortent davantage sur un fini que les taches sombres. Camouflez délicatement les parties endommagées sous une fine pellicule de cire teintante liquide assortie à la tonalité du vernis, en vous assurant de la compatibilité des produits.

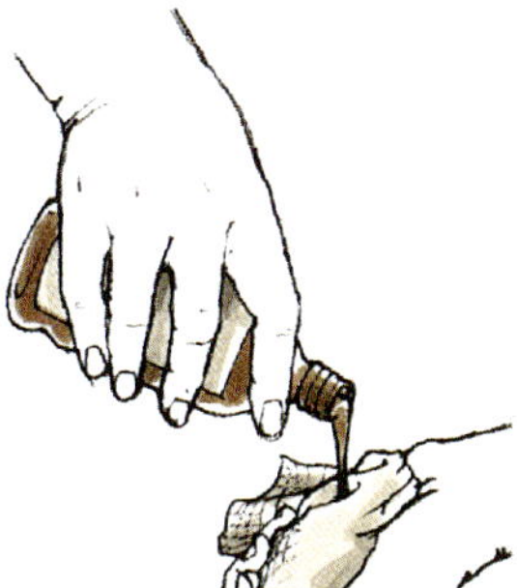

**... la maquiller...**
Les marqueurs, ou feutres de retouche, dispensent des teintes à bois imitant les essences les plus courantes. Très précis, ils sont indiqués pour une éraflure ponctuelle. Laissez sécher dix minutes, puis recouvrez d'une fine couche de vernis gomme-laque ou d'encaustique.

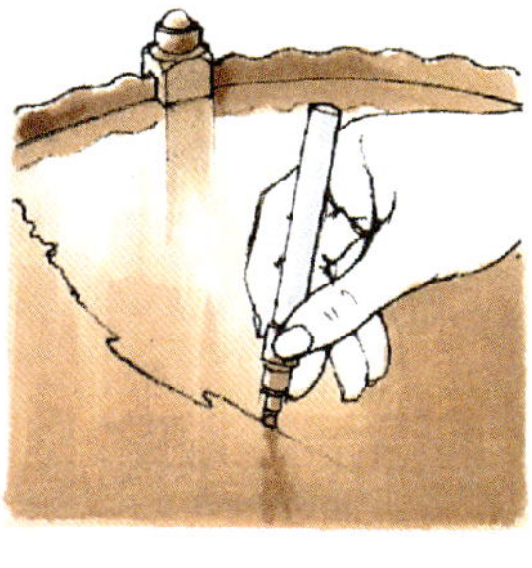

**... ou la colmater**
Conçus pour colmater les rayures profondes, les bâtons de cire à reboucher existent dans différents tons de bois que vous pourrez marier à volonté. Si le bâton est très dur, réchauffez-le un peu avant usage. Inclinez-le légèrement et frottez-le à contre-fil sur toute la longueur de la rayure jusqu'à affleurement. Retirez l'excédent au chiffon doux et égalisez du bout du doigt. Estompez par un léger ciré.

## RETOUCHER UN VERNIS AU TAMPON

*La cire étant incompatible avec le vernis au tampon, on lui préférera un rebouchage à la gomme-laque (cf. p. 11). Très efficace sur les rayures profondes, ce procédé exige un certain coup de main ; si vous craignez que la réparation soit plus visible que le défaut d'origine, optez pour le remplissage au vernis gomme-laque (cf. pages 52-53). Versez un peu de produit dans une coupelle et laissez-le épaissir à l'air avant usage. Sur une finition moderne, un vernis frais donne le même résultat.*

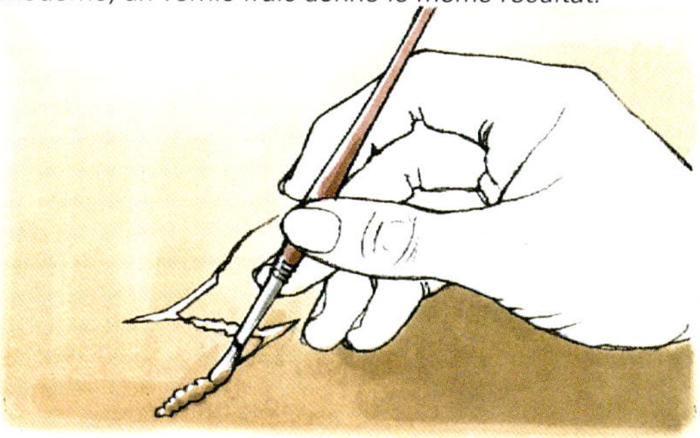

**Remplissage et affleurement**
Du bout d'un pinceau fin, versez au goutte à goutte le vernis épaissi sur la rayure, en formant un petit relief. Attendez qu'il soit parfaitement sec, puis nivelez au papier autolubrifiant au carbure de silicium à grain très fin. Lustrez à la popote d'ébéniste ou à l'eau japonaise.

# DÉTACHAGE

Relativement fragiles, les surfaces vernies – notamment le vernis au tampon – redoutent l'humidité, la chaleur et l'alcool : une simple goutte, un vase ou un verre mal essuyé posé sur une élégante desserte suffisent à imprimer au fini de petites cernes sombres ou une auréole blanchâtre. Une tasse brûlante laissera également sa marque et, pis encore, pénétrera le bois en profondeur.

Quelques recettes élémentaires permettent d'effacer une auréole superficielle, mais si l'humidité a imprégné le veinage et fait ressortir une tache brunâtre, vous en serez réduit à remettre le bois à nu avant de le décolorer.

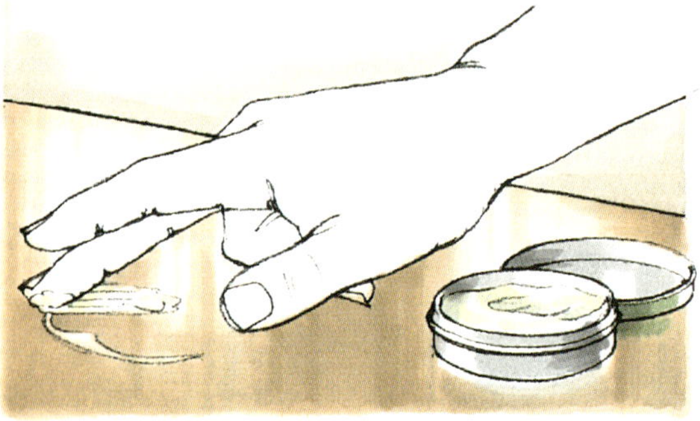

**Détachage**
Du bout des doigts, recouvrez la tache d'une généreuse couche de vaseline. Laissez pénétrer 24 heures, puis retirez le surplus au chiffon doux. Ce traitement vient à bout des traces d'humidité superficielles.

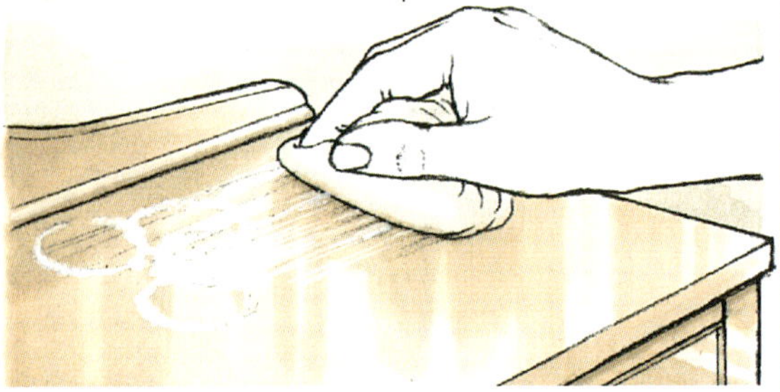

**Éclaircissage**
Pour effacer une auréole sur un vernis au tampon, humectez un chiffon doux d'alcool dénaturé à 95° (encore appelé alcool méthylique ou alcool à vernir). Soyez très prudent, car ce produit dissout le vernis au tampon : un chiffon trop chargé risque d'attaquer le fini. Laissez évaporer l'alcool et renouvelez l'opération jusqu'à disparition totale de la partie décolorée.

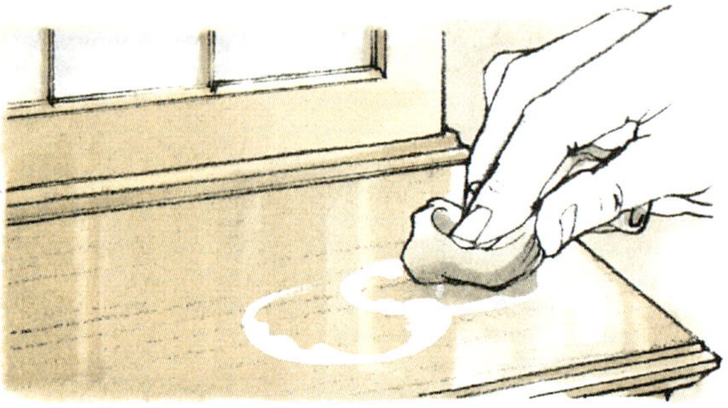

**Polissage**
Compatibles avec toutes les finitions, la popote ou l'eau japonaise font merveille sur les auréoles. Passez à main légère sur un chiffon doux. On trouve aussi un "tendeur dévoileur" en aérosol, pour les parties blanchies. Après détachage, lustrez la pièce pour dissimuler les différences de ton. Protégez de vernis gomme-laque, de mattine ou d'encaustique.

## DÉCOLORATION DU BOIS

*Un revêtement craquelé ou fissuré laisse infiltrer l'humidité qui atteint la fibre du bois et fait ressortir de petites taches grises isolées. Pour y remédier, la seule solution consiste à décaper entièrement la finition (cf. pages 32 à 35), puis à nettoyer le bois à l'acide oxalique. Parfois commercialisé sous le nom de "sel d'oseille", ce produit se présente sous forme de petits cristaux à dissoudre dans l'eau. Attention, il est toxique : tenez-le hors de portée des enfants, ventilez votre atelier, portez des gants et des lunettes et protégez vos vêtements sous un tablier. Versez progressivement les cristaux dans un bocal en verre à demi rempli d'eau tiède et remuez avec une spatule de bois jusqu'à dissolution de la poudre. N'ajoutez jamais l'eau sur les cristaux.*

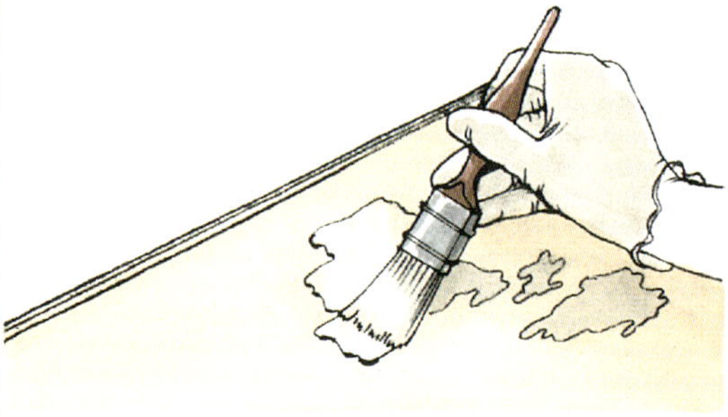

**Application**
Laissez la solution reposer 10 minutes, puis appliquez-la sur les taches avec un pinceau queue-de-morue de fibres végétales ou de nylon. Laissez sécher. Si les traces persistent, renouvelez l'opération. Rincez abondamment pour neutraliser le décolorant. Enfilez un masque facial avant de rabattre la fibre au papier abrasif fin.

# OPTIONS DE DÉCAPAGE

Pour les puristes, décaper une finition ancienne relève de l'hérésie. Dans l'absolu, ils n'ont pas tort, tant il est vrai que, dépossédé de sa teinte et de sa patine lentement élaborées par l'usure du temps, un vieux meuble perd son âme. Le restaurateur ne s'y trompe pas, qui hésite à troquer ce charme désuet pour un fini clinquant. Mais si l'âge mérite notre respect, ne perdons de vue ni l'aspect utilitaire du meuble, ni la vocation protectrice de sa finition. Une pièce en piteux état ne laisse guère le choix : seul un décapage et une remise à neuf peuvent la sauver.

Votre magnifique buffet, réchappé des eaux ou des flammes, n'est plus que l'ombre de lui-même ? Il aura tout à gagner d'une réfection complète. Cette console vernie est piquetée de taches indélébiles ? Elle s'accommodera peut-être d'un décapage partiel, et la finition n'en sera que plus simple. Vos placards de cuisine jurent dans leur nouveau décor ? Exercez vos talents de décorateur sur le bois remis à nu…

Avant d'opter pour un procédé particulier, examinez soigneusement l'étendue des dégâts et tenez compte de la taille du meuble, de sa structure, sa solidité, sa valeur, de la nature du fini à retirer et, bien entendu, du coût de l'opération.



**1 Portes à cadre et à panneau**
Les portes peintes sont les plus adaptées au décapage industriel (cf. page 34), mais un bain de soude caustique chaude risque de fendre les panneaux minces.

**2 Chaises en bois massif**
Par souci de rapidité et d'efficacité, préférez un procédé par immersion à un décapage manuel, particulièrement fastidieux sur les montants et pieds tournés.

**3 Sièges cintrés**
La soude caustique chaude risque de déformer les pièces cintrées. Si le décapage à la main vous intimide, optez pour une immersion à froid ou un bain tiède de décapant alcalin.

**4 Pièces ouvragées**
Les objets en bois massif réagissent relativement bien au décapage industriel, mais vous devrez vous armer de patience pour rabattre la fibre dans les moulures ! Il est plus sage de passer un décapant ou un dévernisseur au pinceau (cf. pages 32-33).

**5 Pièces anciennes**
Un fini ancien gagne à être mis à nu à la main, notamment lorsque la restauration ne prévoit que quelques réparations ponctuelles (cf. page 34).

**6 Placages**
La soude caustique chaude, qui risque de décoller et d'écailler les placages, est à proscrire. A moins que l'entreprise ne vous garantisse un résultat impeccable, évitez le décapage industriel.

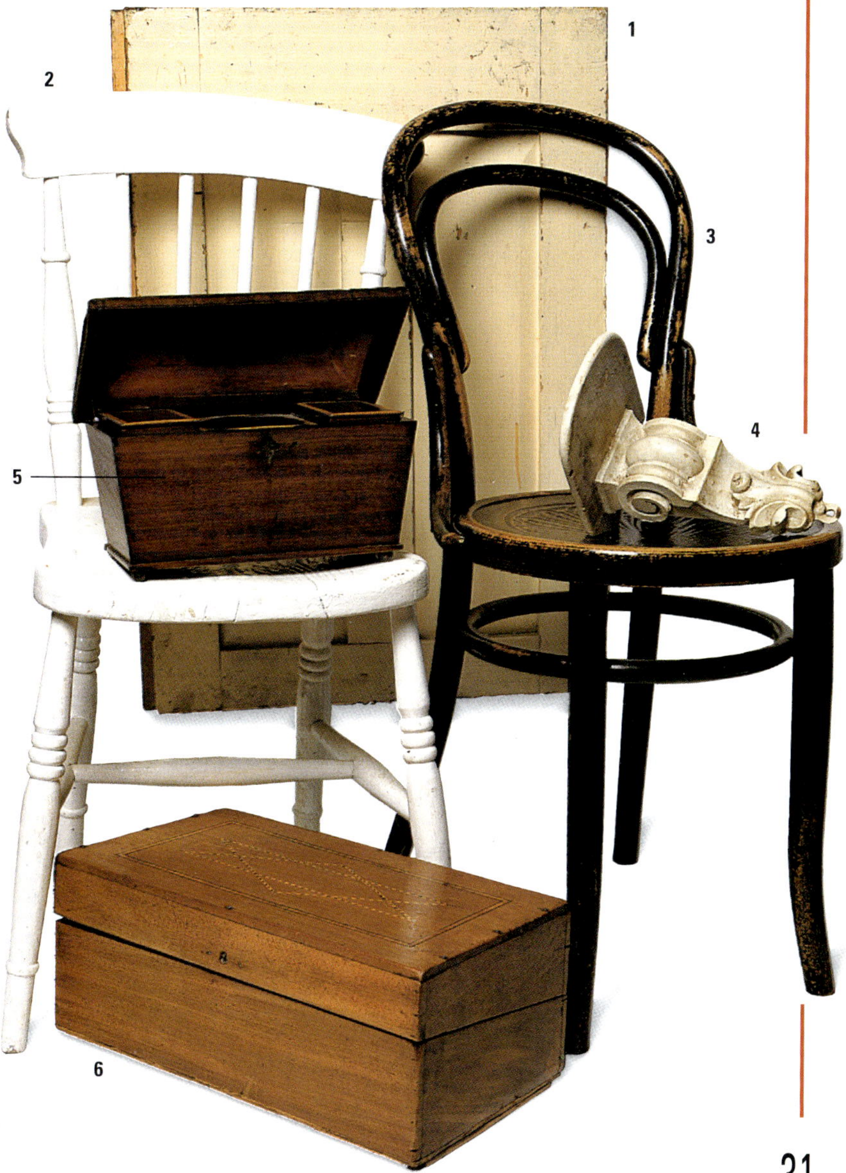

# DÉCAPAGE CHIMIQUE

Que vous envisagiez de retirer délicatement une finition de prestige sur une essence précieuse ou d'enlever une épaisse couche de vernis ou de peinture sur une vieille porte en sapin, vous trouverez dans la gamme des décapants chimiques un produit adapté.

Appliqué au pinceau, le décapant dissout le revêtement en lambeaux poisseux que l'on racle ou ressuie avant de rincer la surface. L'opération exige patience et doigté, mais elle permet surtout de contrôler l'action du produit. Si vous baissez les bras devant une pièce volumineuse, pensez à la solution plus radicale du décapage industriel.

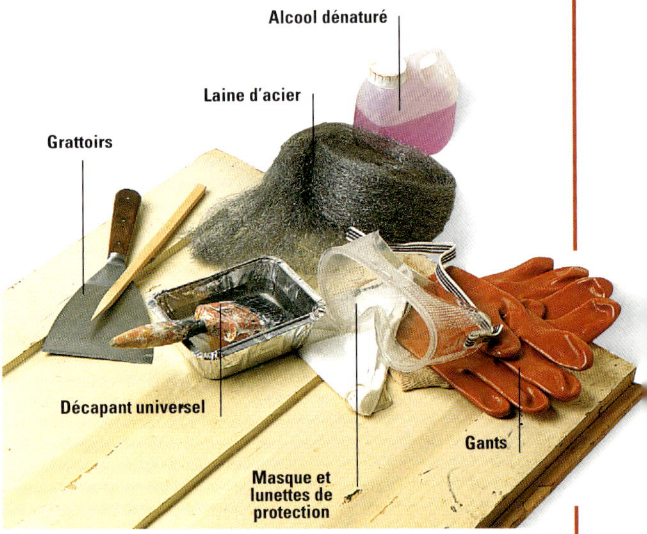


**Décapants pour vernis et peintures**
Les drogueries et les rayons peinture des grands magasins proposent un large choix de décapants plus ou moins puissants, formulés pour chaque type de finition.

*Décapants universels*
Tout indiqués si vous n'êtes pas certain de la nature du revêtement à éliminer, les décapants universels viennent à bout de pratiquement tous les produits à l'huile, à l'alcool ou à l'eau. Relativement caustiques, ils imposent une grande prudence. Certains dégagent des vapeurs nocives : portez un demi-masque respiratoire pour travailler.

**SÉCURITÉ**

*Les décapants ne présentent aucun danger particulier lorsqu'ils sont utilisés correctement. Respectez scrupuleusement les consignes du fabricant et prenez toutes les précautions élémentaires :*

- Travaillez en plein air ou dans un local bien aéré.
- Prévoyez un demi-masque respiratoire pour éviter d'inhaler des vapeurs toxiques.
- Portez systématiquement des gants de néoprène, des lunettes de sécurité et de vieux vêtements ou un tablier en PVC.
- Recouvrez le sol et l'établi de bâches de plastique ou de papier journal.
- Renseignez-vous auprès de votre mairie sur la législation en vigueur pour l'évacuation des déchets toxiques.

*Dévernisseurs*
Il arrive que les pellicules extrêmement dures de vernis récents résistent au décapant universel. Essayez un dévernisseur : d'une marque à une autre, ils sont plus ou moins puissants, et donc plus ou moins toxiques.

*Décapants "verts"*
Si les formulations classiques, à base de chlorure de méthylène, tendent à disparaître, les solvants demeurent généralement toxiques. Certains fabricants ont mis au point des produits ne dégageant aucune vapeur nocive. S'ils peuvent être manipulés sans gants de protection, sachez qu'ils agissent plus lentement sur les revêtements tenaces.

*Liquide, gel ou aérosol ?*
Chacun présente ses avantages propres : précieux pour les meubles sur pieds et les essences délicates, le gel accroche mieux aux surfaces verticales et imprègne moins profondément le bois qu'un décapant liquide. Celui-ci reste néanmoins incontournable pour travailler à plat, enlever les finis récalcitrants et traiter les pièces ouvragées – en veillant à ne pas le laisser s'accumuler dans les creux des moulures. Réservez les bombes aérosol aux petites surfaces et aux recoins moins accessibles.

*Neutralisation*
Après mise à nu du support, il faut éliminer toute trace du décapant pour éviter qu'il ne remonte sous la nouvelle finition. Certains produits se rincent simplement à l'eau ; d'autres doivent être neutralisés au white-spirit ou à l'alcool dénaturé. Préférez ce second procédé sur les placages fins et les ouvrages de marqueterie.

**Application**

Consultez la notice du produit avant de vous lancer. Sauf indication contraire du fabricant, les décapants et déverniseurs s'utilisent de la même façon. Dégagez et ventilez l'atelier, versez un peu de produit dans une coupelle et munissez-vous d'un pinceau queue-de-morue usagé en fibres végétales ou en nylon.

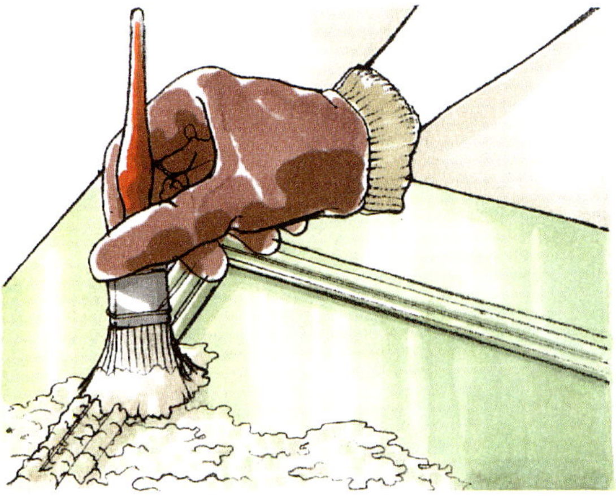

**1 Étendez généreusement le décapant** sur l'ouvrage en tamponnant les angles et les moulures du bout du pinceau. Laissez agir un bon quart d'heure, voire davantage si le revêtement est particulièrement résistant. Lorsqu'il commence à "friser", raclez un petit carré pour vous assurer que le produit a bien imprégné le fini sur toute son épaisseur. Si les couches de fond ne sont pas totalement ramollies, rajoutez du produit par petites tamponnées verticales.

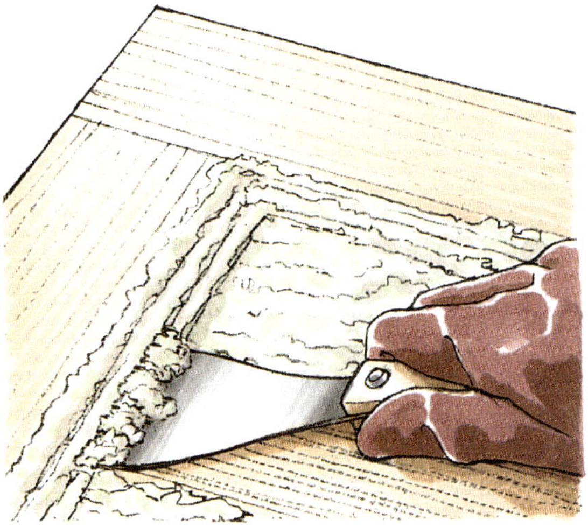

**2 Laissez pénétrer quelques minutes**, puis retirez l'ancienne finition au grattoir. Travaillez dans le sens du fil en veillant à ne pas abîmer le bois. Après chaque passe, essuyez l'outil et placez les raclures dans des feuilles de papier journal que vous replierez et laisserez sécher à l'extérieur avant de les jeter.

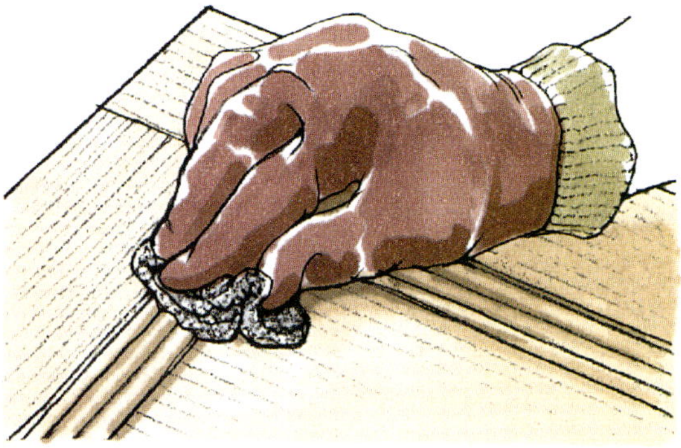

**3 Passez dans les moulures** à l'aide d'un grattoir effilé, puis éliminez délicatement les reliquats à la laine d'acier fine (n° 000) que vous replierez sur elle-même à mesure qu'elle s'encrasse. Préférez un tampon de nylon abrasif pour les essences à pores larges, comme le chêne, et pour les cannelures des pièces tournées. Taillez un petit stylet de bois pour retirer les dépôts incrustés dans les angles et rainures.

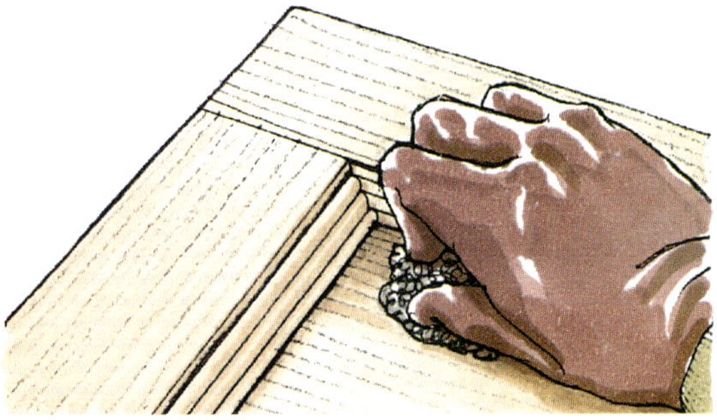

**4 Nettoyez l'ouvrage avec un tampon** de laine d'acier fine ou de nylon abrasif chargé de décapant, jusqu'à disparition complète de toute trace de finition. Rincez abondamment à l'eau ou au white spirit, selon la nature du décapant, et laissez sécher.

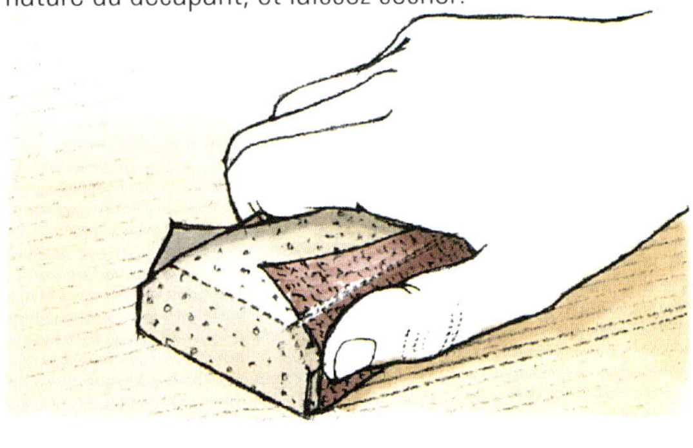

**5 Égrenez à main légère** pour rabattre la fibre gonflée (cf. page 19) et isolez le support d'une couche de fond dur (cf. page 26) pour éviter d'éventuelles remontées d'huile de silicone sur la nouvelle finition. Si vous craignez que le fond dur atténue le veinage et la couleur naturelle du bois, remplacez-le par une fine pellicule de vernis gomme-laque incolore.

**Décapage ponctuel...**
Si la finition ne présente que quelques taches isolées trop profondément ancrées pour céder aux détachants (cf. page 30), il est superflu de remettre tout le meuble à nu. Limitez votre intervention à l'élément abîmé (plateau de table, porte de placard ou façade de tiroir par exemple) que vous aurez démonté. Installé à plat sur l'établi, il sera de préférence traité avec un décapant en gel.

Efforcez-vous d'identifier la finition d'origine afin de l'éliminer avec son solvant spécifique, moins agressif qu'un décapant classique. Dans la mesure du possible, réduisez le décapage à une petite zone autour de la tache en appliquant le liquide de l'extérieur vers le centre pour éviter d'atteindre le reste du vernis. Cette technique exige une grande minutie et complique les raccords de teinte ultérieurs, mais vous ne perdrez rien à l'essayer !

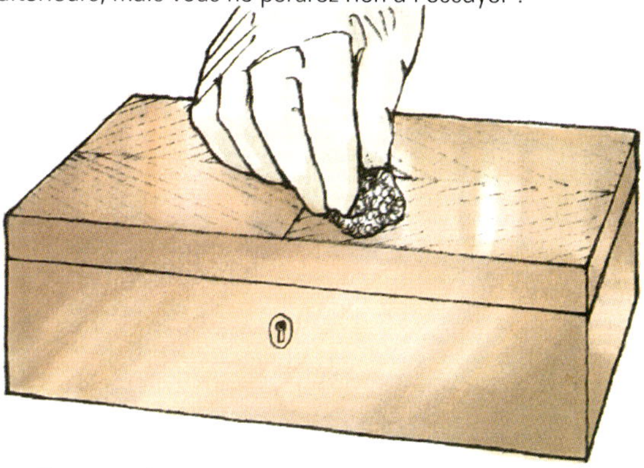

**... d'un vernis au tampon...**
Remplissez le fond d'une coupelle d'alcool dénaturé et trempez-y un petit bouchon de laine d'acier fine. Frottez délicatement le vernis pour le ramollir, puis retirez-le avec un chiffon doux.

Si vous redoutez les coulures sur le vernis sain, humidifiez tout d'abord la surface à traiter avec un chiffon humecté d'alcool dénaturé, puis poncez à main très légère au tampon de laine d'acier ou de nylon abrasif sec.

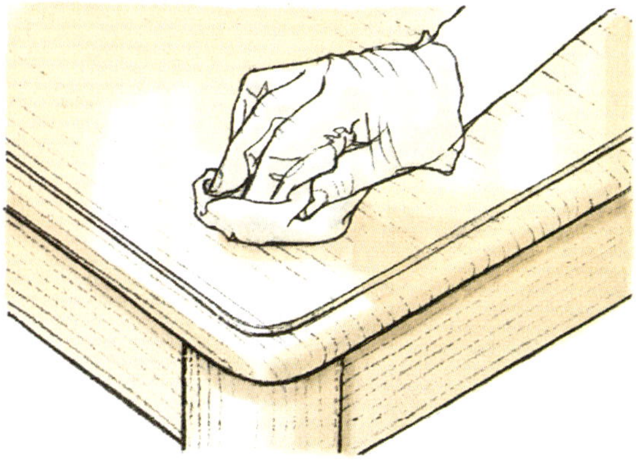

**... ou d'une encaustique**
Procédez de la même façon que pour un vernis au tampon, en remplaçant l'alcool dénaturé par du white spirit.

## DÉCAPAGE INDUSTRIEL

*Si vous n'avez aucune envie de décaper au grattoir un meuble imposant, confiez-le à une entreprise spécialisée. Leurs grandes cuves d'immersion sont adaptées aux pièces encombrantes, dont elles assurent, dans bien des cas, l'enlèvement et la livraison à domicile.*

**Bain de soude caustique chaude**
Remarquablement efficace, ce procédé consiste à plonger la pièce dans la cuve de soude caustique chaude, puis à la rincer sous un puissant jet d'eau. La surface est impeccablement dénudée, mais ce toilettage vigoureux relève considérablement la fibre et impose au bois de fortes contraintes. Il risque par conséquent de desserrer les assemblages, de tendre les panneaux de bois massif et de gauchir les éléments, voire de tacher le support.

Ce traitement est bien entendu à proscrire sur les essences fragiles et les placages qui se décolleraient et s'écailleraient.

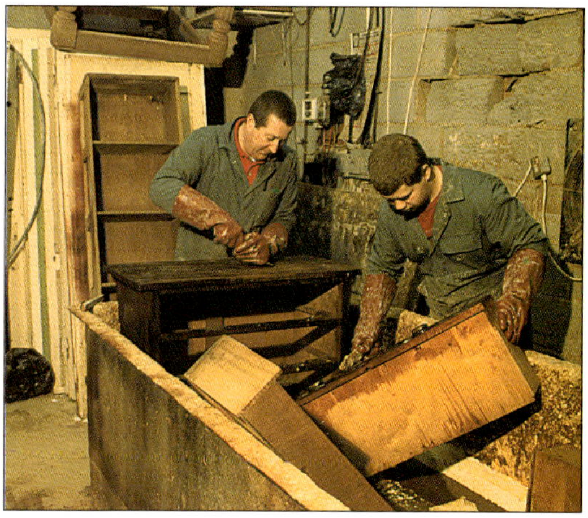

**Immersion à froid**
Plus cher, le bain de solvant à froid est moins agressif pour les bois massifs, mais fait tout de même gonfler la fibre. Il est vivement déconseillé pour les meubles plaqués.

**Bain tiède de décapant alcalin**
Un bref passage dans un décapant alcalin réussit très bien aux panneaux dérivés du bois, et même aux contreplaqués, à condition qu'ils ne soient ni trop fragiles, ni recouverts d'une peinture trop épaisse. Demandez conseil à un spécialiste avant de soumettre un placage ancien à ce traitement.

# DÉCAPAGE THERMIQUE

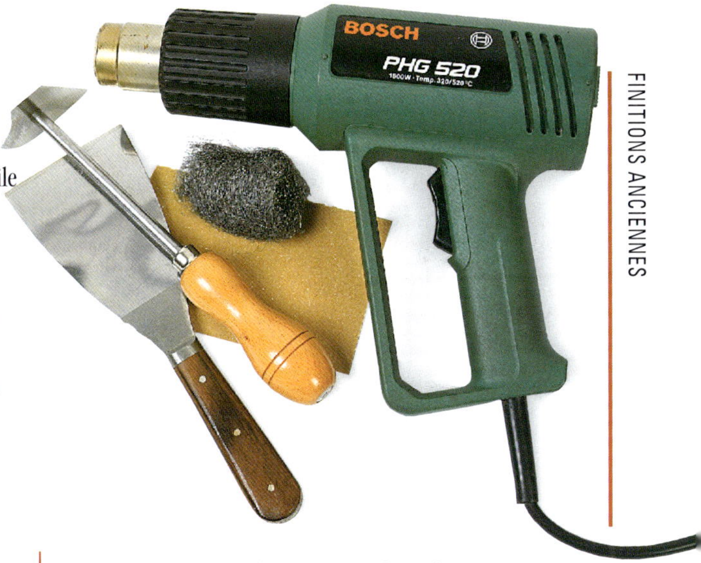


Les couches les plus tenaces de peinture ou de vernis à l'huile cèdent si bien sous l'effet de la chaleur que le décapage devient un jeu d'enfant. Le chalumeau d'antan, dont la flamme s'attardait parfois sur le bois, a fait place à des souffleurs d'air chaud, plus légers et maniables. Dotés d'un dispositif de réglage de la température et du débit d'air, ils acceptent en outre diverses buses permettant de moduler la largeur du jet ou de racler le revêtement à mesure qu'il se dissout. Ce procédé ne convient toutefois pas aux placages anciens, car la colle animale n'y résisterait pas.

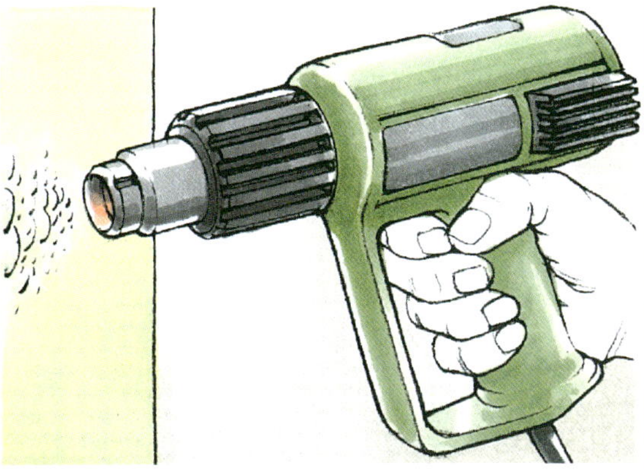

**1 Tenez le pistolet à air chaud** à 5 cm de la surface à décaper et mettez-le en route ; déplacez constamment le jet d'air sur une petite zone jusqu'à ce que la pellicule cloque et commence à se détacher de la surface.

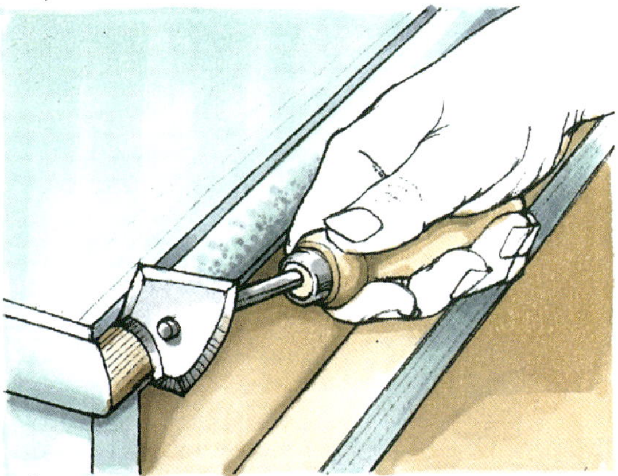

**2 Éteignez aussitôt le souffleur** et retirez la peinture à l'aide d'un couteau de peintre. Utilisez un grattoir d'angle pour les moulures, en prenant garde de ne pas entamer le bois avec les rebords de la lame. Procédez ainsi de proche en proche, jusqu'à obtention d'un support net.

**3 Nettoyez les surfaces à vernir** en frottant une laine d'acier imbibée de décapant pour bien débarrasser les pores de tout reliquat, puis rincez et isolez le bois (cf. page 33). Cette opération peut s'avérer difficile sur les bois à texture lâche, comme le chêne. Si vous leur destinez une peinture opaque, les résidus disparaîtront sous le revêtement. Remettez en revanche à fleur tous les trous et enfoncements, poncez à main légère, et appliquez une couche d'apprêt avant finition.

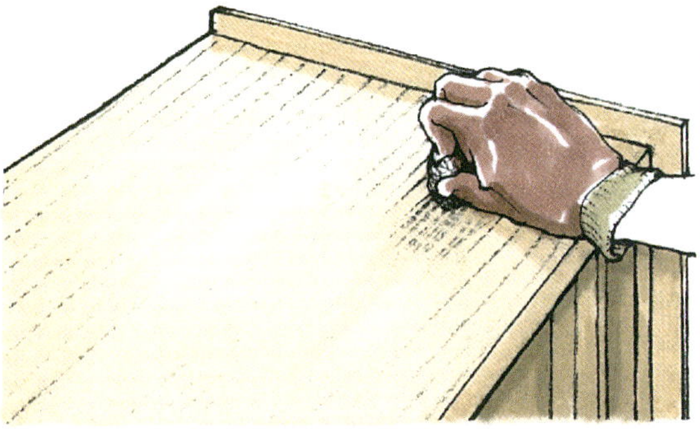

## DÉCAPAGE MÉCANIQUE

*Quitte à poncer le bois après décapage, il peut être tentant d'éliminer directement une finition ancienne à la ponceuse électrique. Cette technique est moins prometteuse qu'il n'y paraît, car avec le revêtement, vous enlèveriez inévitablement du bois. Elle dégagerait en outre des poussières aussi nocives qu'épaisses, qui auraient tôt fait d'encrasser le grain des abrasifs. Pour achever de vous dissuader, pensez aux moulures et recoins que vous serez contraint de poncer à la main !*

*Si vous maniez habilement le grattoir d'ébéniste, décapez de petites zones abîmées, notamment sur un meuble trop fragile pour supporter l'humidité, la chaleur ou les produits caustiques. Cette méthode donne d'excellents résultats, mais elle est trop fastidieuse pour une surface importante.*

# TRAITEMENT DES PARASITES

Les trous de vers, si prisés des amateurs qu'ils sont simulés sur les imitations d'ancien, témoignent certes de l'authenticité d'une pièce, mais aussi et surtout de la présence d'insectes. Si vous n'y prenez garde, ils risquent de réduire votre meuble en poussière ! Avant toute finition, diagnostiquez l'état du bois et traitez-le au plus vite.

Les premiers ennemis du bois sont les coléoptères, dont les larves creusent des galeries vers l'extérieur. Au bout de trois à quatre ans, les insectes adultes percent un trou à la surface et s'échappent : ce sont les premières manifestations visibles de l'infestation, mais les parasites ont déjà fait leur œuvre.

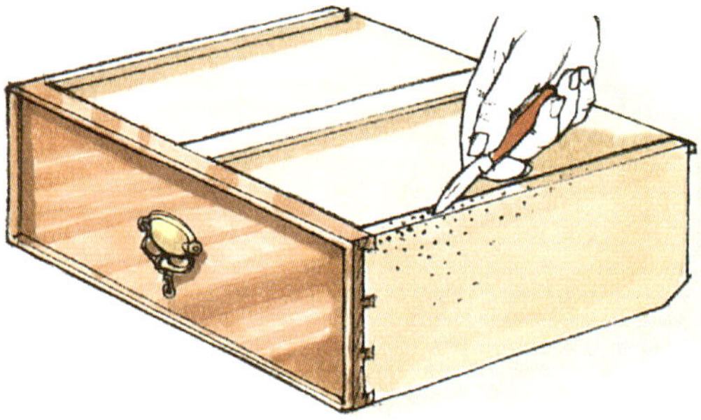

**Évaluer l'état du meuble**
Si la structure du bois est encore saine, le meuble peut être sauvé. Auscultez les parties suspectes en appuyant la pointe d'un canif sur les zones piquetées. Si le bois s'effrite et laisse pénétrer la lame, il est sérieusement vermoulu et l'élément doit être remplacé. Si en revanche il a gardé toute sa solidité, un traitement insecticide éliminera les dernières larves et préviendra toute réinfestation.

## DIAGNOSTIC DU BOIS VERMOULU

*Un vernis piqué indique que l'insecte est sorti de sa cachette mais à l'intérieur, ses larves rongent peut-être encore le bois. Pour le savoir, examinez les surfaces non vernies : sortez les tiroirs et examinez-les sous toutes leurs faces, sans négliger le fond. Inspectez les panneaux arrière des commodes, les dessous de table et des consoles. La présence de trous clairs et d'une très fine sciure à proximité ne laisse aucun doute : le bois est toujours infesté.*

*Si vous achetez un meuble ancien, assurez-vous qu'il a été traité – ou traitez-le d'office – avant de le rapporter chez vous, car il peut contaminer le reste de votre mobilier.*

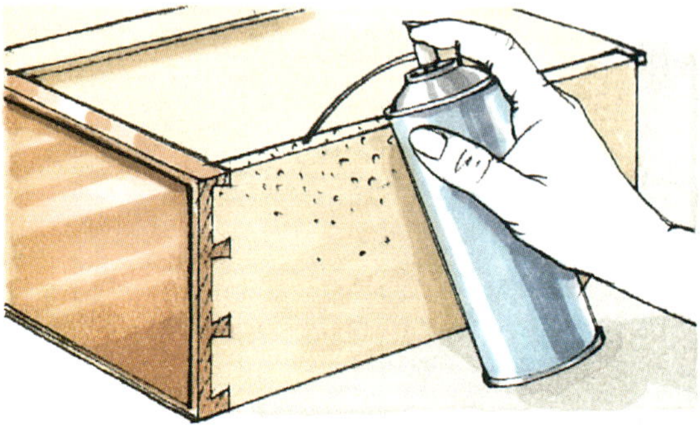

**1 Injection**
Un bois vermoulu peut cacher un labyrinthe de galeries, dont aucune ne doit échapper au traitement. Les produits sont conditionnés en liquides à injecter à la seringue et en aérosols munis d'une buse très fine ou d'injecteurs. Faites pénétrer profondément l'insecticide dans les trous en espaçant les injections de 5 cm. Protégez-vous les yeux, car une giclée de liquide sous pression peut ressortir par un trou voisin.

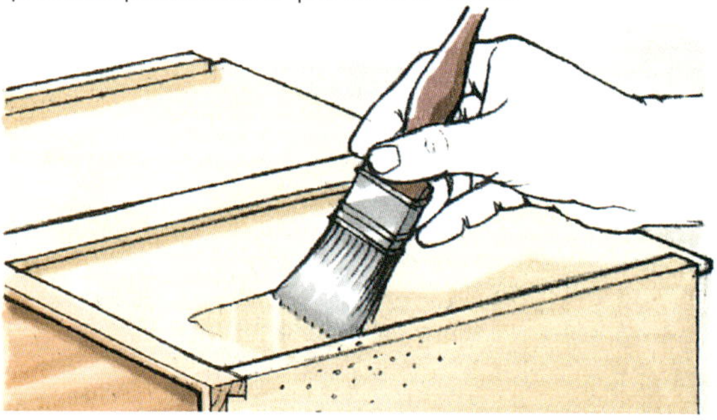

**2 Traitement du bois nu**
Faute de pouvoir déterminer la profondeur des galeries, un traitement préventif s'impose. Versez le produit dans une coupelle et badigeonnez toutes les surfaces de bois brut. Laissez sécher dans un endroit ventilé et renouvelez l'opération. Les surfaces traitées pourront recevoir une finition. Travaillez en plein air et portez un masque de protection.

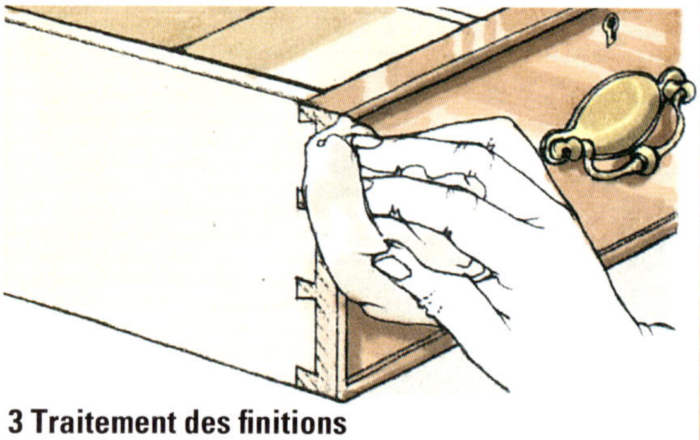

**3 Traitement des finitions**
La peinture et le vernis s'opposant à la pénétration des produits traitants dans le bois, il est inutile de les badigeonner. Une cire insecticide empêchera néanmoins une nouvelle invasion. Remplissez les trous à l'aide d'un bâton de cire de même teinte que la finition (cf. page 11).

CHAPITRE 3

# COLORATION DU BOIS

Des plus exotiques aux plus ordinaires, les essences d'ébénisterie déclinent un tel éventail de coloris qu'il peut, de prime abord, sembler saugrenu de chercher à en modifier la tonalité naturelle. En fait, la teinture d'un bois n'a pas pour vocation de le maquiller, mais au contraire de faire ressortir son veinage et de mettre en valeur son caractère. Ce procédé est également précieux pour unifier les légères différences de ton qu'accusent parfois les éléments d'un même meuble ou la surface d'un placage.

# BLANCHIMENT

Les ébénistes choisissent parfois de décolorer un bois avant finition, soit pour le débarrasser de petites taches incrustées dans le fil, soit pour l'éclaircir, soit encore pour harmoniser sa tonalité d'ensemble. Une solution légère d'acide oxalique garantit un détachage efficace (cf. page 30), mais pour adoucir ou uniformiser la teinte d'un bois naturel ou décapé, faites appel à un puissant éclaircisseur.

Les plus efficaces sont les produits à deux composants, conditionnés dans deux flacons, clairement étiquetés "A" et "B" – ou "1" et "2" ; le premier comporte un alcali (de l'ammoniaque, généralement), le second de l'eau oxygénée.

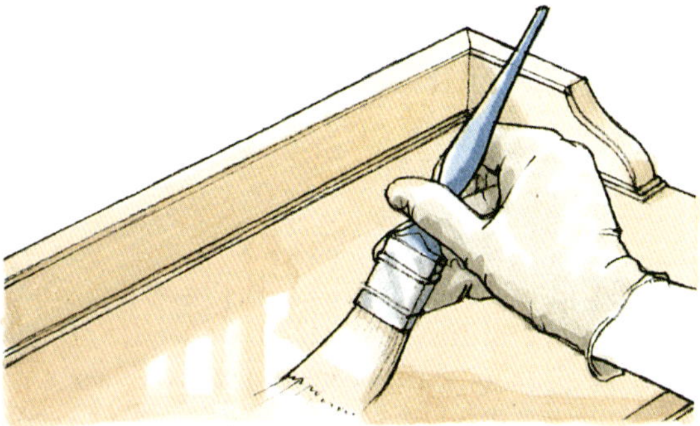

**1 Remplissez le fond d'une coupelle** en verre ou en plastique de la solution contenue dans le flacon A et étendez uniformément le premier composant à l'aide d'un pinceau de fibres végétales ou nylon. Évitez les éclaboussures et les coulures ; travaillez les surfaces verticales de bas en haut.

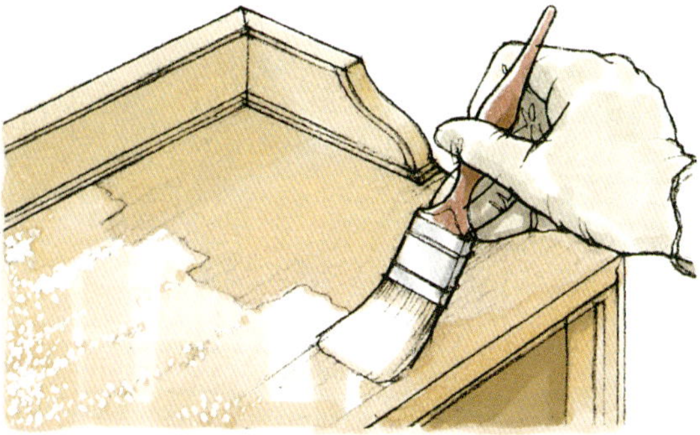

**2 Au bout de 5 à 10 minutes**, le bois noircit légèrement. Changez alors de pinceau pour appliquer le second composant (flacon B) : la réaction chimique produit une légère effervescence en surface.

**Essai préalable**
Tous les bois ne réagissant pas de la même façon au blanchiment, effectuez avant de vous lancer un essai sur une chute de même nature que votre meuble. Sachez que le frêne, le bouleau et l'orme figurent parmi les essences les plus sensibles. Sur d'autres bois, tels que l'acajou, le palissandre, le chêne et le padouk, la teinte ne virera en revanche qu'après deux applications.

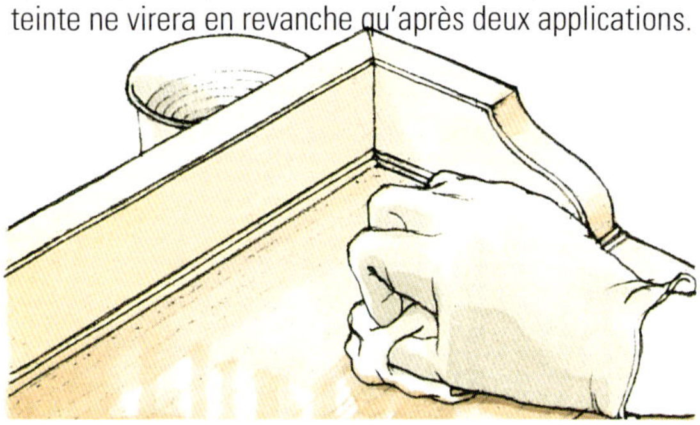

**3 Laissez agir** jusqu'à obtention de la tonalité recherchée, puis neutralisez l'action du décolorant avec une solution d'eau et d'acide acétique à 5 % (1 cuillerée à café de vinaigre blanc pour 50 cl d'eau). Laissez sécher deux à trois jours avant de rabattre la fibre par un léger ponçage. La pièce est prête à recevoir une finition.

## SÉCURITÉ

*Les décolorants sont des substances hautement toxiques. Rangez-les à l'abri de la lumière dans des récipients clairement étiquetés, et hors de portée des enfants.*

- Travaillez systématiquement avec des gants en néoprène, des lunettes de protection et un tablier.
- Portez un masque de protection pour poncer un bois blanchi.
- Aérez correctement l'atelier ou installez-vous à l'extérieur.
- Prévoyez un tuyau d'arrosage ou des seaux d'eau claire à portée de main pour rincer immédiatement les éventuelles éclaboussures sur la peau.
- En cas de projection dans les yeux, lavez à grande eau et consultez au plus vite un ophtalmologue.
- Ne mélangez jamais les deux composants dans une coupelle et utilisez pour chacun un pinceau de fibres inaltérables, marqué "A" ou "B".

# CÉRUSAGE



La technique de cérusage modifie davantage l'aspect d'un bois que sa couleur naturelle. Plus volontiers destinée aux essences à pores larges, elle consiste à imprégner profondément le grain d'une cire blanche ou pastel qui tranche sur le veinage et le fait ainsi ressortir dans toute sa splendeur.

Les céruses sont des pâtes prêtes à l'emploi, disponibles dans un large éventail de nuances.

Après un ponçage minutieux, dégraissez intégralement la surface avec un chiffon imbibé de white spirit.

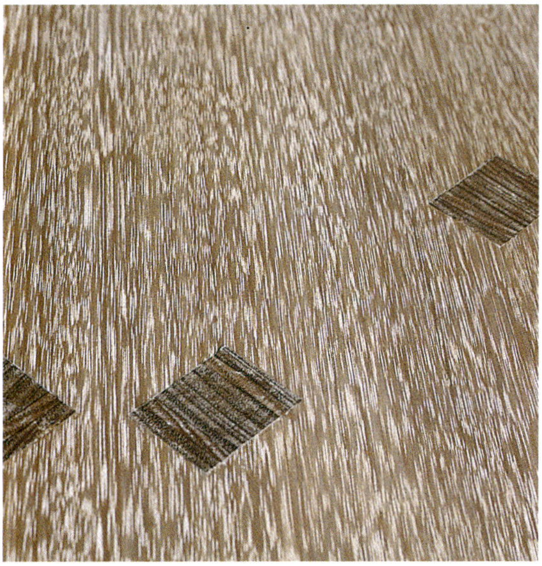

**Le cérusage est du plus bel effet sur les bois à pores larges.**

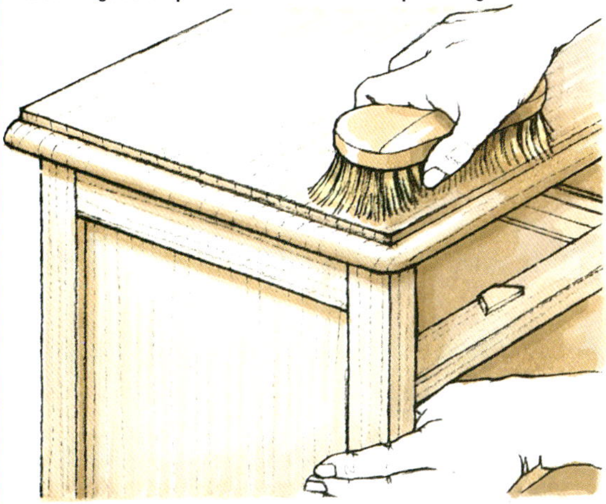

**1 Ouvrez les pores** en frottant à la brosse métallique dans le sens du fil. Prenez garde de ne pas arracher la fibre. Examinez régulièrement la surface en lumière rasante pour vous assurer qu'aucun détail n'a échappé au passage de la brosse. Époussetez soigneusement au chiffon huilé.

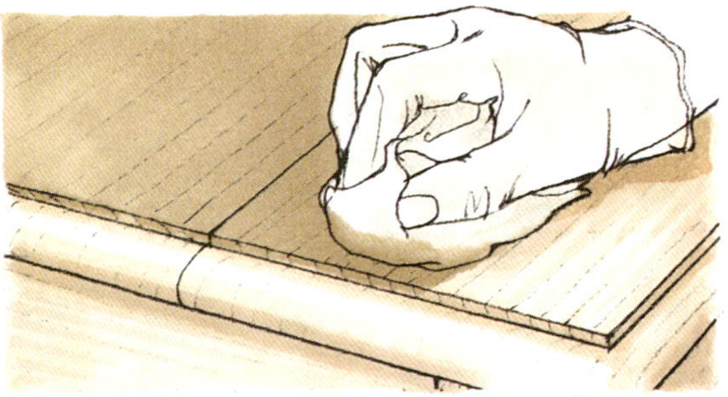

**2 Si le bois vous semble un peu terne**, n'hésitez pas à le teinter pour accentuer le contraste de la céruse. Choisissez de préférence une teinte à l'eau, que vous bloquerez sous un fond dur ou un vernis gomme-laque incolore (cf. page 26). Laissez sécher et égrenez à l'aide d'un tampon de nylon abrasif.

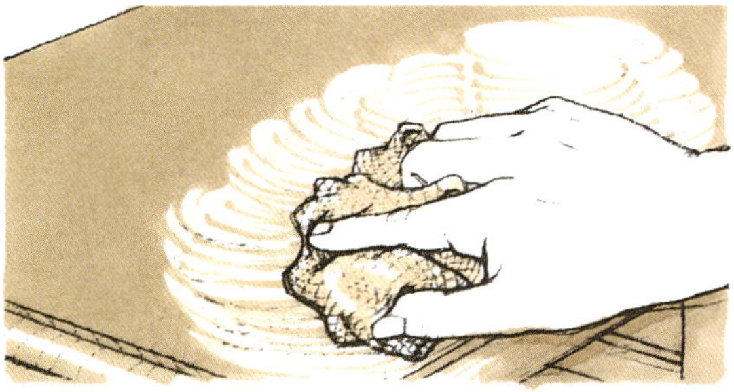

**3 Plongez un carré de toile de jute** épaisse dans la céruse et appliquez-la par petites passes circulaires pour bien la faire pénétrer dans les pores. Lorsque le bois est entièrement recouvert, retirez l'excédent à travers fil avec une toile propre. Laissez agir 10 minutes, puis polissez légèrement au chiffon doux dans le sens du fil.

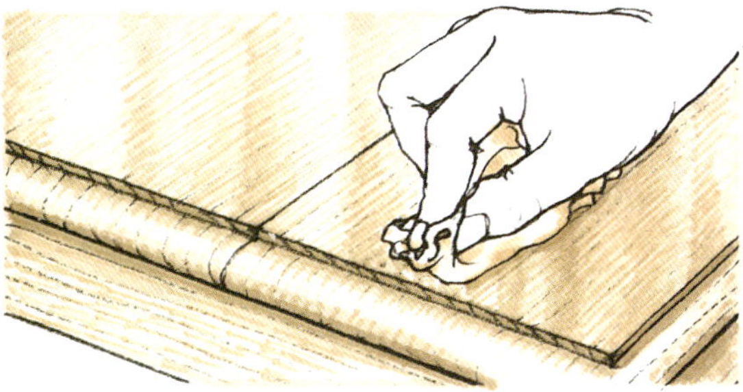

**4 Laissez durcir la céruse** jusqu'au lendemain, et lustrez avec une encaustique en pâte (cf. page 91). La céruse empêche les vernis et surtout les produits à catalyseur de tirer convenablement. Si vous envisagez une finition de ce type, remplacez la céruse par un enduit ou un apprêt blanc. Faites-le pénétrer dans le grain, puis ressuyez la surface avec un papier absorbant à peine imprégné de white spirit.

# TEINTURE CHIMIQUE

Très en vogue à une certaine époque, la teinture par fumage réussit particulièrement bien aux essences riches en tanin, et notamment au chêne. Sous l'effet des vapeurs d'ammoniaque, le bois se pare d'une superbe couleur ambrée qui, selon le temps d'exposition, la porosité et la teneur en tanin du matériau, peut virer au brun-doré. Ce traitement irréversible teint uniformément la pièce sans masquer le moindre détail de son veinage.

Que vous choisissiez de fumer une pièce entière, un meuble démonté ou de limiter l'intervention à certains éléments, commencez par retirer tous les accessoires métalliques, y compris les fixations et vis apparentes qui tacheraient irrémédiablement le bois. Ne rebouchez les défauts qu'après teinture, car les mastics et pâtes à bois, insensibles à l'action de l'ammoniaque, garderaient leur couleur d'origine.

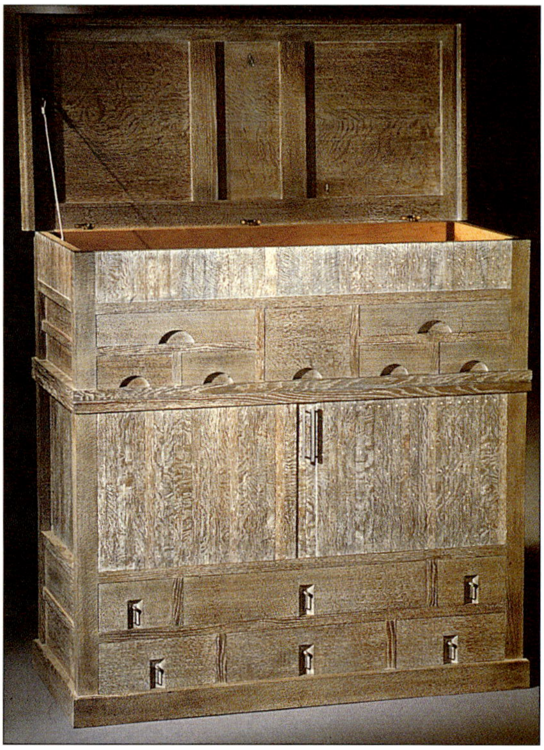

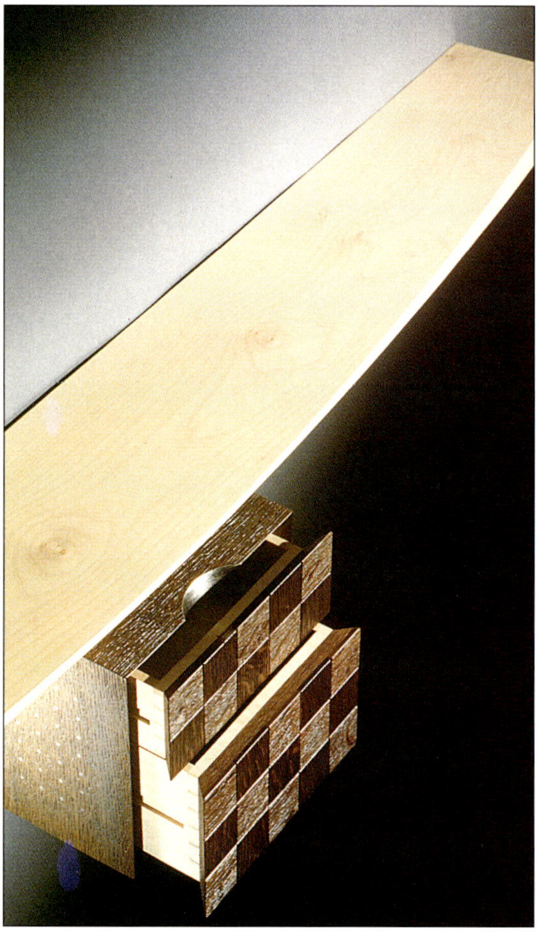

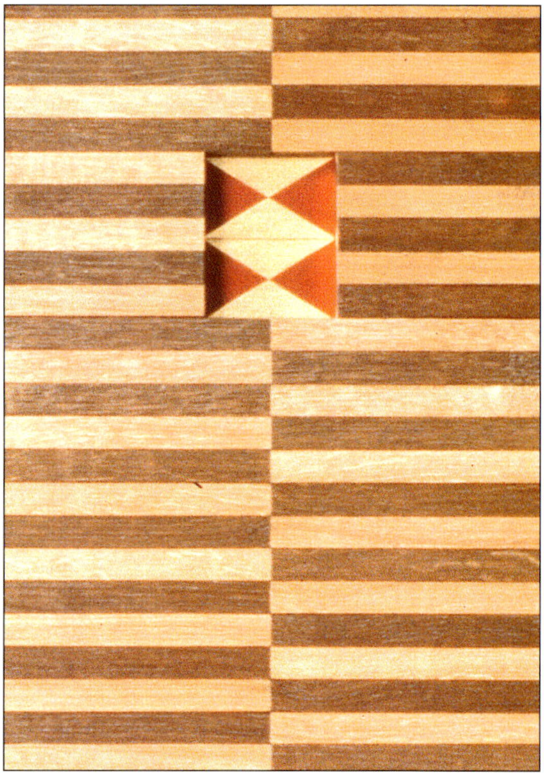

**Ci-haut : buffet en chêne fumé et cérusé**

**Ci-dessus : Détail d'une commode alternant lamelles de chêne naturel et de chêne fumé.**

**A gauche : Étagère de sycomore et bloc-tiroir en chêne fumé.**

## Préparation de l'ammoniaque

Demandez à votre pharmacien de vous préparer une solution forte d'ammoniaque à 30 %. A défaut, utilisez un ammoniaque ménager que vous laisserez agir plus longtemps. Ce produit étant très caustique, installez-vous dehors, enfilez des gants étanches et portez impérativement des lunettes de protection et un demi-masque respiratoire.

## Cabine de fumage

Placez le meuble sous un cadre grossier drapé d'une bâche de plastique noir opaque. S'il est démonté, posez les différents éléments sur des petites cales pyramidales, face apparente vers le haut, de façon à limiter les surfaces de contact. Disposez à intervalles réguliers quelques coupelles remplies d'ammoniaque. Scellez hermétiquement la cabine au ruban adhésif. Comptez au moins 24 heures pour que le chêne prenne une belle couleur mordorée. Suivez l'évolution de la teinte et retirez la pièce avant obtention de l'effet recherché, car la réaction chimique se poursuivra quelque temps après l'arrêt du fumage.

## MISE AU NOIR

*En présence d'acétate de fer, les bois à forte teneur en tanin s'oxydent et virent au noir. C'est ce phénomène qu'exploitaient jadis les artisans pour conférer à leurs meubles l'élégance de l'ébène.*

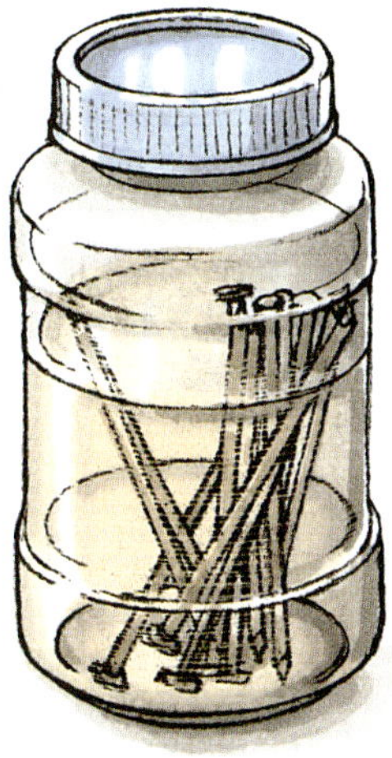

**Remplissez un bocal en verre** de vinaigre d'alcool et plongez-y une poignée de clous en acier exempts de rouille. Laissez macérer une semaine, puis badigeonnez le bois de cette solution. Diluez-la si vous souhaitez atténuer la profondeur de teinte. Laissez sécher, puis neutralisez l'acide acétique à l'ammoniaque. Lorsque le support est parfaitement sec, isolez-le d'un fond dur.

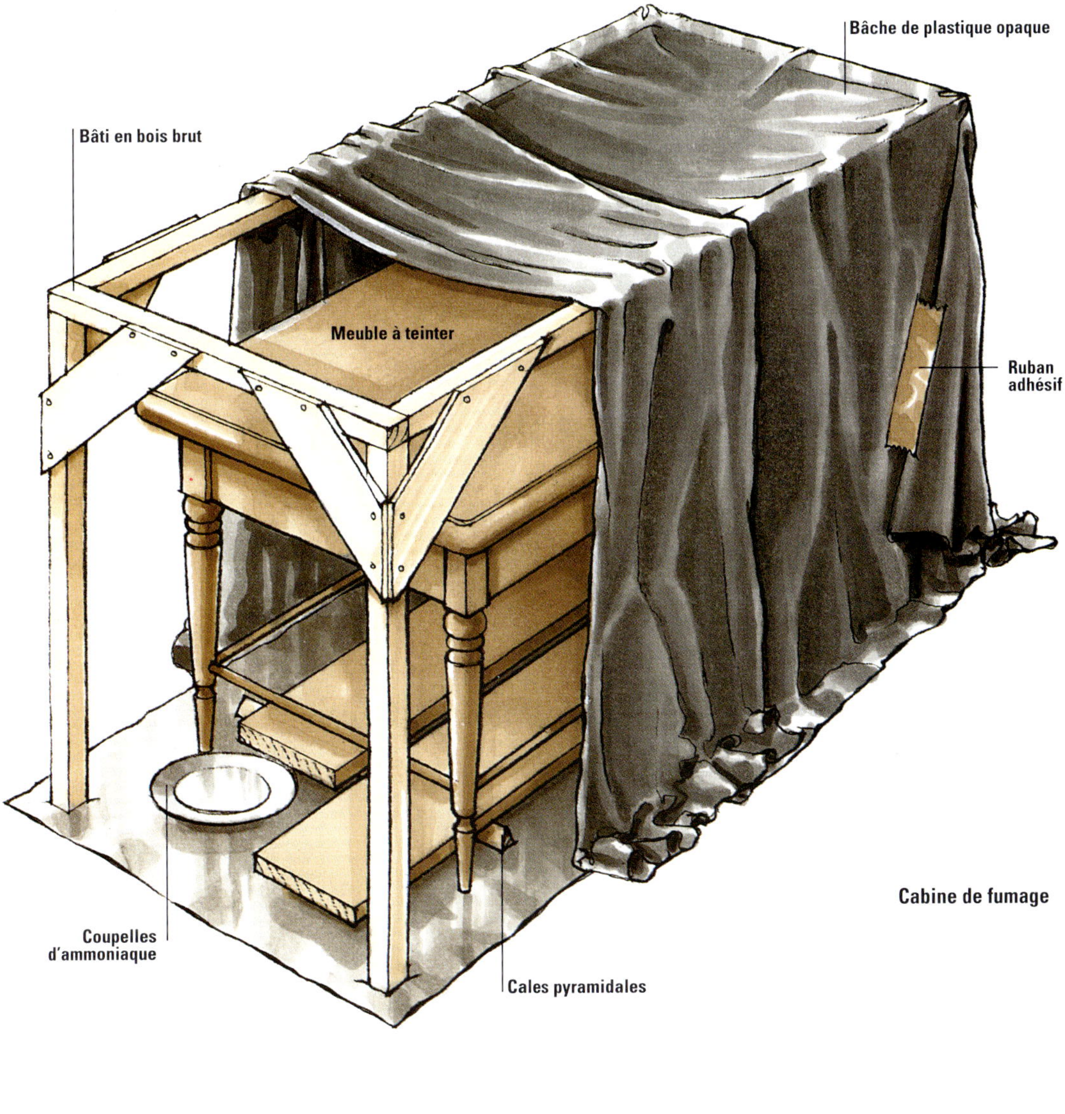

Cabine de fumage

# TEINTES À BOIS

La mise en teinte d'un bois relève davantage de sa préparation que de sa finition à proprement parler. En effet, la vocation première d'une teinte est de modifier la couleur naturelle du bois.

Contrairement aux vernis et aux peintures, qui déposent sur le support une pellicule superficielle transparente ou opaque, incolore ou pigmentée, les teintes imprègnent profondément les fibres et sont donc pratiquement irréversibles, sauf à vous résoudre à un blanchiment vigoureux ! En outre, elles ne protègent pas le bois et doivent être complétées par une finition compatible.

On trouve dans le commerce une gamme très variée de teintes, prêtes à l'emploi, concentrées ou en poudre. Leurs caractéristiques sont dictées par la nature du solvant et du colorant : les pigments translucides en suspension dans la solution se fixent sur la fibre et rehaussent davantage le veinage que les colorants intimement liés au médium, qui "accrochent" moins. Essayez plusieurs produits prêts à l'emploi sur un échantillon de même essence que votre meuble pour apprécier leur mordant. Passée en plusieurs applications, une teinte pigmentée fonce la couleur du bois, alors qu'une teinte à base de colorants ne l'accentue que très peu.

**1** Teintes à l'huile
**2** Teintes acryliques
**3** Alcool dénaturé
**4** Teintes à l'eau prêtes à l'emploi
**5** White spirit
**6** Teintes à l'alcool prêtes à l'emploi
**7** Teintes à l'eau concentrées
**8** Teintes à l'eau en poudre

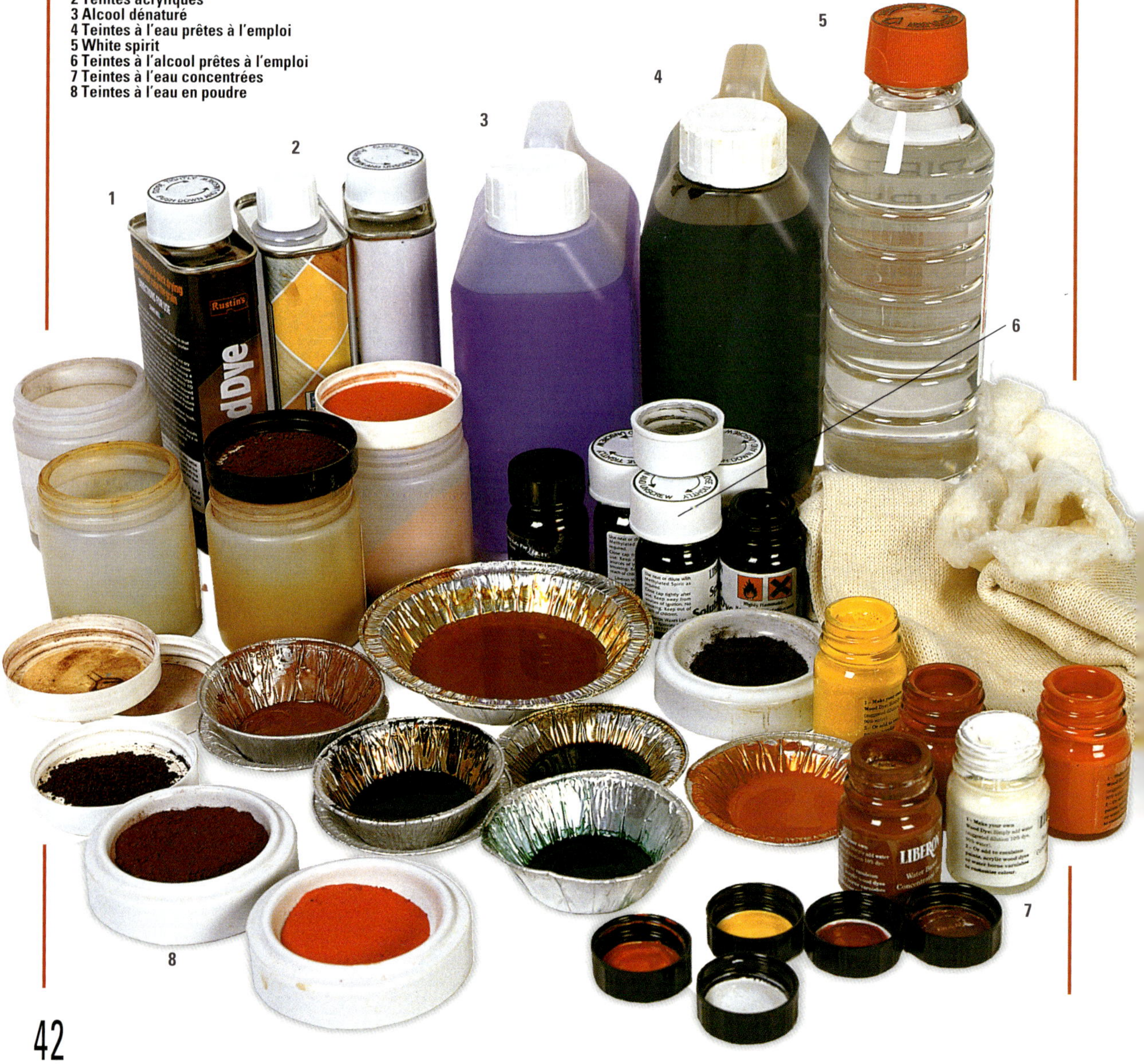

**Teintes à l'huile**
Diluées dans du white spirit ou des solvants à base d'hydrocarbures, on les appelle encore teintes "aux solvants", ou teintes "au gras". Elles pénètrent bien la fibre sans la relever, sèchent rapidement et assurent une coloration uniforme.

Elles existent dans pratiquement tous les tons de bois, que l'on peut mélanger pour trouver la nuance appropriée. L'alliance de certains solvants et de pigments translucides leur confère une grande stabilité à la lumière.

**Teintes à l'alcool**
Fabriquées à partir de couleurs d'aniline dissoutes dans de l'alcool méthylique (ou alcool dénaturé), elles s'évaporent très rapidement. Cette propriété les destine davantage aux amateurs avertis, qui auront assez de doigté pour éviter les traînées et les taches sombres.

Si les teintes prêtes à l'emploi ne vous conviennent pas, dosez votre propre mélange à partir de poudres d'aniline mélangées dans de l'alcool méthylique et liées avec un vernis gomme-laque dilué. Ces poudres aux couleurs vives sont surtout utilisées pour teinter le vernis au tampon.

**Teintes à l'eau**
Proposées dans de nombreuses tonalités imitant les essences courantes, ces teintes sont les plus faciles à utiliser. Elles se présentent sous forme de solutions prêtes à l'emploi ou de poudres ou de cristaux solubles dans l'eau tiède et miscibles à volonté. Leur séchage lent est un atout pour le débutant qui aura tout loisir d'unifier et de rattraper la teinte. Revers de la médaille : elles redressent la fibre.

Le liquide accrochant moins bien sur les aspérités, il est essentiel d'humidifier le bois et de l'égrener avant mise en teinte (cf. page 20). Attendez que le bois coloré soit parfaitement sec avant de lui superposer une finition.

**Teintes acryliques**
De la famille des teintes à l'eau, ce sont des émulsions formulées à partir de résines acryliques qui déposent une pellicule colorée en surface. Plus stables que les précédentes, elles relèvent également beaucoup moins la fibre.

Aux tons de bois classiques, leur nuancier ajoute un assortiment tentant de couleurs pastel. Ne vous fiez cependant pas trop à cette fantaisie, tant les résultats sont imprévisibles sur les bois foncés. Sur les bois durs à texture fine, préférez diluer les teintes acryliques à 10 % dans l'eau.

## QUELLE FINITION CHOISIR ?

*Toutes les teintes d'une même famille sont miscibles entre elles et peuvent être rehaussées, atténuées et diluées à loisir. Gardez-vous toutefois de superposer à une teinte, fût-elle parfaitement sèche, une finition comportant un solvant de même nature : au premier contact, il ferait dégorger ou "saigner" la couleur sur le fini.*

*Ne négligez jamais la compatibilité des teintes et des produits de finition. En cas de doute, bloquez tout d'abord la teinte avec un fond dur... compatible, bien entendu ! Effectuez un essai préalable sur un petit échantillon ou une partie cachée du meuble.*

**Teintes à l'huile**
L'application de vernis ou encaustiques solubles dans le white spirit, l'essence de térébenthine ou un diluant cellulosique sera précédée d'une pellicule de fond dur ou d'une fine couche de vernis gomme-laque.

**Teintes à l'alcool**
A proscrire sous le vernis au tampon, les teintes à l'alcool sont compatibles avec toutes les autres finitions. Seule précaution : nettoyer le bois au chiffon propre après séchage complet de la teinte.

**Teintes à l'eau et acryliques**
Laissez sécher au moins deux jours avant de recouvrir une teinte à l'eau ou acrylique d'un produit à l'huile. La moindre trace d'humidité suffit à former un voile laiteux de condensation sous le fini. Les teintes à l'eau ne bougent normalement pas sous une finition à l'eau, mais pour plus de sécurité, commencez par un petit essai sur une partie dissimulée.

Si vous oubliez de relever la fibre avant la mise en teinte (cf. page 20), poncez très légèrement le bois coloré au papier abrasif fin (n° 220). Dépoussiérez soigneusement à l'aide d'un chiffon huilé avant de passer la finition.

# MISE EN TEINTE

Pour apprécier l'aspect que prendra le bois sous une finition incolore, mouillez la surface ou faites un essai sur une partie cachée du meuble.

Si la profondeur de teinte ne vous satisfait pas pleinement, avant d'entreprendre la mise en teinte, étudiez plusieurs possibilités sur un échantillon de même essence (cf. encadré page ci-contre).

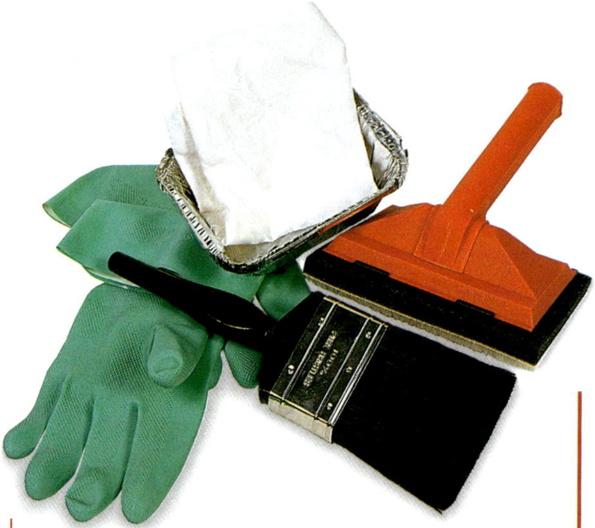

**Plan de travail**
Organisez l'espace et prévoyez les installations adaptées à chaque type de pièce pour éviter de la maculer en cours de travail. Calculez la superficie des surfaces à traiter en fonction du temps d'évaporation de votre teinte, de sorte qu'elle ne sèche pas avant que le produit soit uniformément étendu. Si vous devez la teindre sur les deux faces, commencez par la moins apparente en essuyant aussitôt les coulures sur les chants.

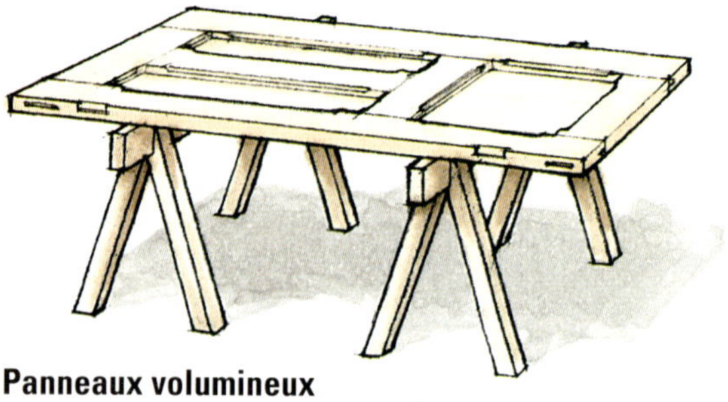

**Panneaux volumineux**
Installez-les de façon à pouvoir vous déplacer autour et intervenir rapidement sur l'ensemble de la surface. Si possible, posez-les à l'horizontale sur des tréteaux.

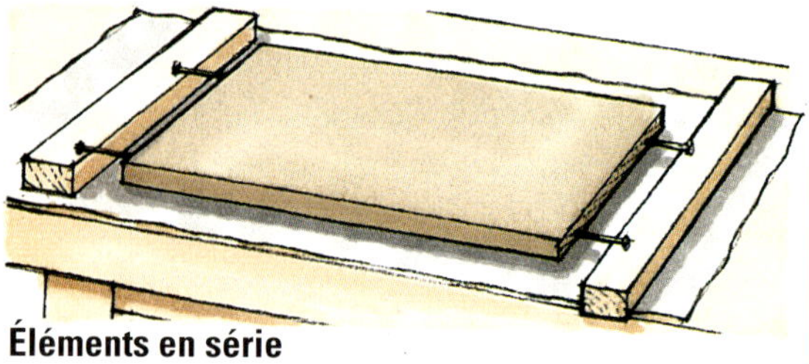

**Éléments en série**
Pour respecter l'unité de ton des divers éléments d'un meuble démonté, teintez-les tous en une même séance. Ainsi, pour une série d'étagères, enfoncez sur les chants courts de chacune deux vis longues qui les soutiendront sur des tasseaux latéraux. Alignez toutes les étagères surélevées sur votre établi et teintez-les tour à tour sur la première face. Retournez-les et renouvelez l'opération. Enfin, relevez-les à la verticale et appuyez-les contre un mur jusqu'à séchage complet.

**Application**
Les teintes à bois peuvent être étendues au pinceau queue-de-morue ou au tampon souple non abrasif. La répartition sera plus homogène avec un applicateur en peau de mouton ou un chiffon doux non pelucheux.
Si votre atelier est équipé d'une hotte d'aspiration (cf. page 83), optez pour la pulvérisation au pistolet. Dans tous les cas, portez des gants étanches en PVC et de vieux vêtements ou un tablier de protection.

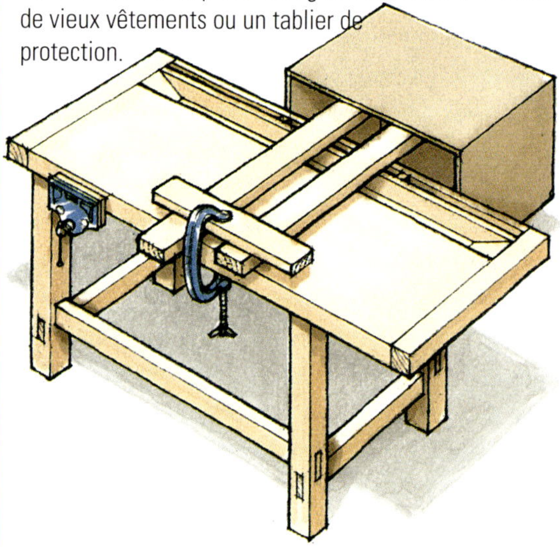

**Tiroirs et commodes**
Commencez par les faces internes ; pour teindre les parties apparentes d'un élément creux, suspendez-le à bonne hauteur sur des traverses solidement fixées à l'établi par des serre-joints.

**Préparation des surfaces**
La teinte n'imprégne uniformément que les bois parfaitement poncés (cf. pages 19 à 24) : traquez les rayures et enfoncements, qui absorberaient davantage de teinte, et éliminez les restes de colle séchée qui s'opposeraient à la pénétration du produit.

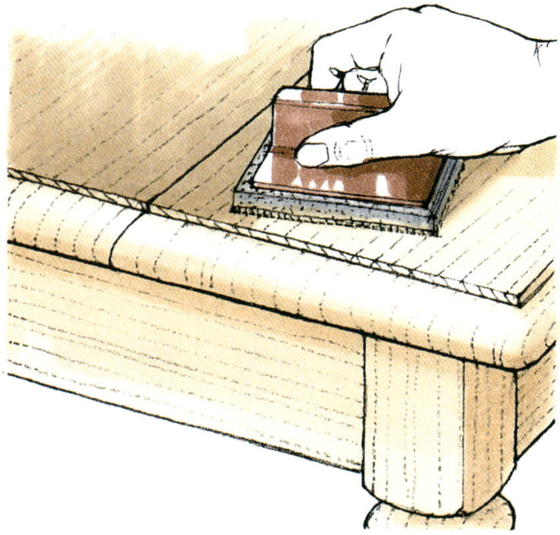

### Surfaces planes

Versez dans une coupelle suffisamment de teinte pour traiter l'ensemble de l'ouvrage. Appliquez-la dans le sens du fil, avec un pinceau ou un tampon de mèche généreusement chargé, en repoussant au fur et à mesure le liquide pour éviter l'apparition de traînées au séchage. Couvrez toute la surface, puis essuyez l'excédent en le faisant pénétrer au chiffon propre. Frottez immédiatement les éclaboussures pour les fondre à la teinte.

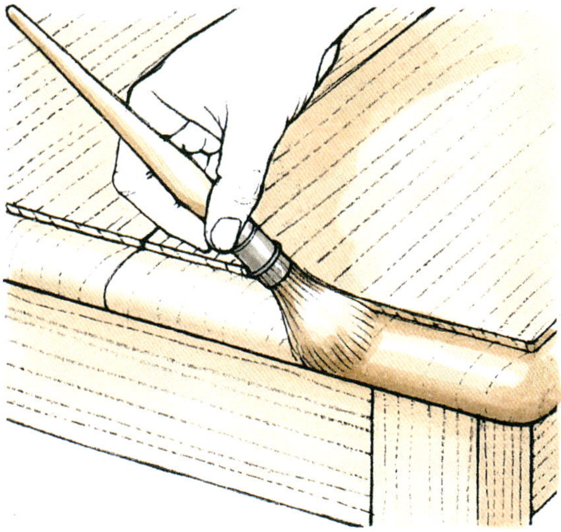

### Bois de bout

Les chants, coupant perpendiculairement la fibre, boivent davantage que les bois de fil et ont tendance à foncer plus facilement. Pour pallier cet inconvénient, isolez le bois de bout sous une couche de vernis gomme-laque incolore ou de fond dur avant mise en teinte. A défaut, passez un vernis dilué que vous laisserez sécher au moins 24 heures. Dans tous les cas, ne superposez que des produits compatibles (cf. page 43).

## ESSAI DE PROFONDEUR DE TEINTE

*Il est souvent difficile d'imaginer la tonalité que prendra une teinte après séchage et finition. Pour éviter toute surprise, effectuez quelques essais sur un échantillon de même essence. Poncez-le aussi finement que le meuble, car un bois mal dégrossi absorbe davantage de teinte et fonce plus facilement.*

*Les teintes à bois éclaircissent au séchage. Appliquez une première couche et laissez sécher ; chevauchez une autre passe pour évaluer la différence de teinte. Au-delà de deux applications, le liquide imprègne moins uniformément le bois et dessine des taches sombres.*

*La superposition d'une même teinte non pigmentée n'accentue que très peu la tonalité. Pour la rehausser, couvrez-la d'une autre teinte de même famille.*

*Lorsque l'échantillon est bien sec, habillez-le, sur la moitié de sa longueur, de la finition destinée au meuble pour voir à quel point elle modifie la teinte de base.*

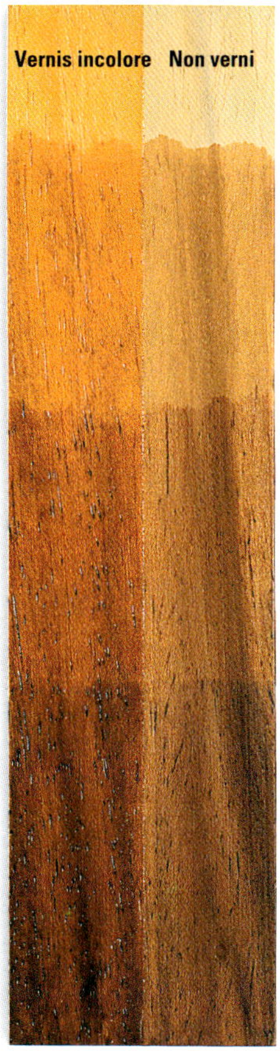


**Échantillon (teintes pigmentées)**

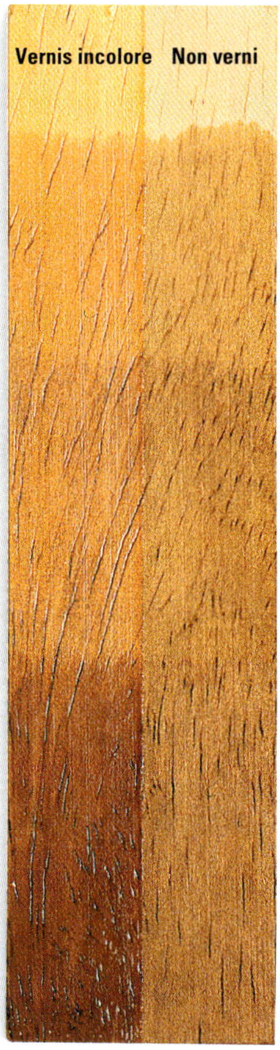


**Échantillon (teintes non pigmentées)**

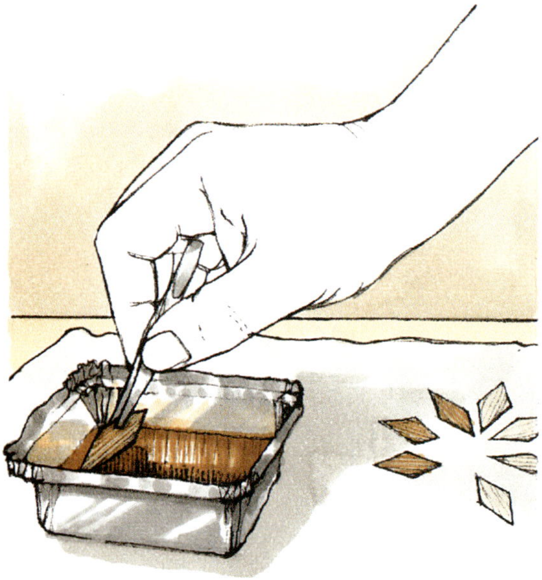

**Placages**

Les placages récents acceptent les mêmes teintes que le bois massif. N'utilisez en revanche que des teintes à l'huile ou à l'alcool sur les placages anciens, car un produit à l'eau pourrait dissoudre la colle animale et les faire cloquer. Teintez les greffes de placages (cf. page 15) et les pièces de marqueterie avant de les coller. Pour une coloration uniforme, trempez-les délicatement dans un bain de teinture.

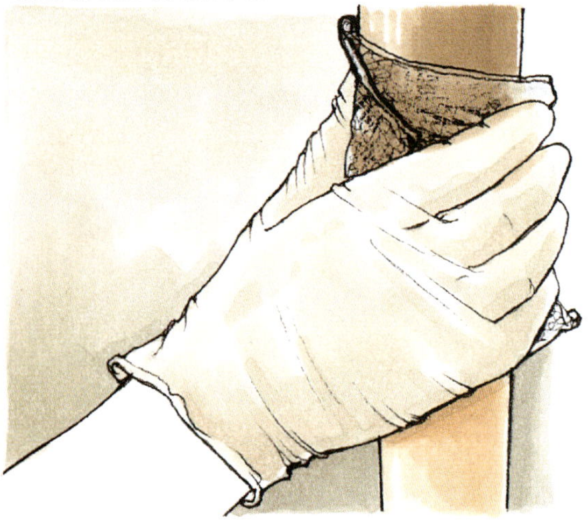

**Pièces tournées**

Appliquez la teinte au chiffon doux ou avec un tampon souple non abrasif. Insistez sur les gorges et cannelures pour faire pénétrer le liquide, puis enroulez le tampon autour de la pièce et frottez de haut en bas en exerçant une pression uniforme. Les pièces tournées sont plus délicates à teinter car elles exposent du bois de bout qui absorbe inégalement le colorant.

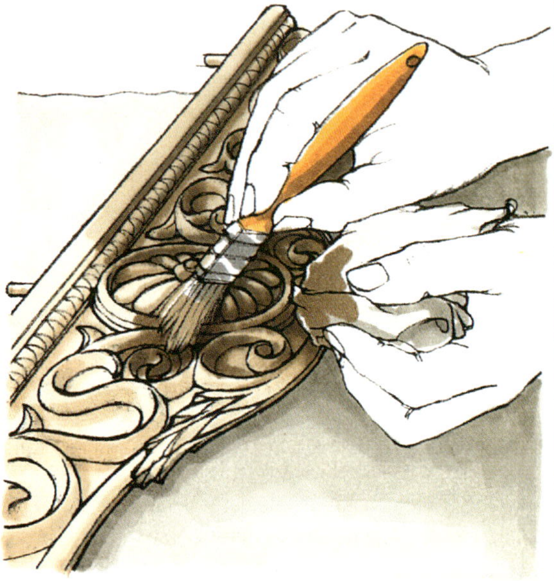

**Pièces ouvragés**

Faites pénétrer la teinte dans les creux et sur les moulures du bout en tamponnant à la verticale la touffe du pinceau et essuyez immédiatement l'excédent avec un chiffon propre ou un papier absorbant.

## BOIS TENDRES

*Très poreux, ils boivent beaucoup plus que les bois durs. Passez de préférence la teinte au chiffon ou à la mèche de coton, car à peine posée sur le bois, la touffe d'un pinceau très chargé forme une petite flaque qui pénètre immédiatement les fibres et forme une tache sombre. Le bois de printemps absorbe plus vite les teintes que le bois d'été, faisant ainsi ressortir sur le veinage des striures de tonalités différentes. Très décoratif sur certaines essences, ce contraste n'est pas toujours du plus bel effet. S'il vous déplaît, habillez plutôt le bois d'une cire ou d'un vernis teintants.*

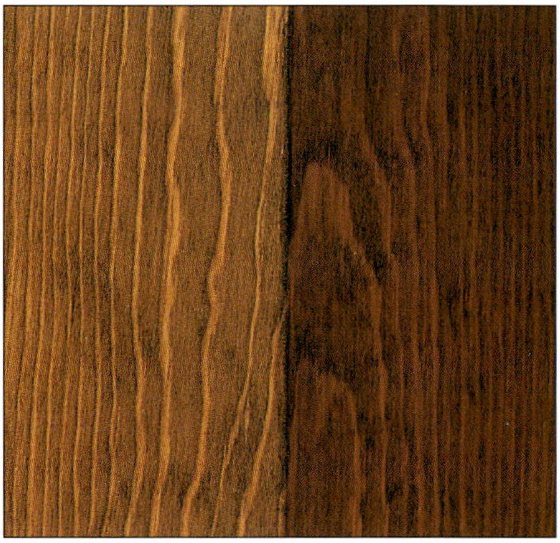

**Teinte à bois (à g.) et vernis teintant sur un bois tendre.**

# FINITIONS TEINTANTES

Vous hésitez à teinter définitivement un bois dans la masse ? Optez pour une lasure, une cire ou un vernis teintant. Ces revêtements décoratifs jouent également un rôle protecteur mais sont plus opacifiants qu'une teinte à bois. Une pellicule légère camoufle joliment une finition ancienne défraîchie, mais plusieurs couches masquent le veinage. Les vernis et lasures se passent au pinceau, alors que les cires teintantes s'appliquent au chiffon, comme les encaustiques (cf. pages 92-93).

## Cires teintantes

Vendues toutes prêtes en différentes nuances, sous forme de pâtes ou de liquides, ces cires sont directement applicables sur le bois nu ou sur une finition existante. Elles n'ont toutefois pas l'éclat des teintes à bois. Les ébénistes y ont surtout recours pour accentuer la profondeur de teinte d'une finition ou rattraper des différences de ton.

A l'état brut, les cires teintantes paraissent plus sombres qu'elles ne le sont en réalité. Ainsi, un ton "chêne foncé" confère au pin une belle coloration brun-doré, sans dissimuler le dessin du fil.

## Lasures

Conçues pour les boiseries extérieures, les lasures sont des produits microporeux assurant une protection efficace des supports : elles forment un revêtement translucide plus ou moins pénétrant, résistant aux intempéries et qui laisse respirer le bois. Appliquées en une ou plusieurs couches, elles ont une excellente tenue et ne risquent ni de s'écailler ni de craqueler.

Outre les tons de bois classiques, elles existent en divers coloris, vifs ou pastel. La lasure incolore est idéale pour rafraîchir des surfaces teintées sans en altérer la couleur. Appliquée par temps humide, une lasure à l'eau sèche difficilement ; préférez-lui une lasure à l'huile.

## Vernis teintants

Il s'agit en fait de vernis polyuréthanes ou acryliques additionnés de pigments translucides finement broyés ou de teintes à l'huile. Ils permettent de raviver un vernis terne ou de rehausser un bois peu décoratif. Bien que relativement résistants, il est préférable de les recouvrir d'un vernis incolore, car une rayure profonde révélerait la finition d'origine. Veillez à les passer en couche régulière en estompant traces de pinceau et traînées.

**Terrasse en bois tendre protégée et colorée par une lasure.**

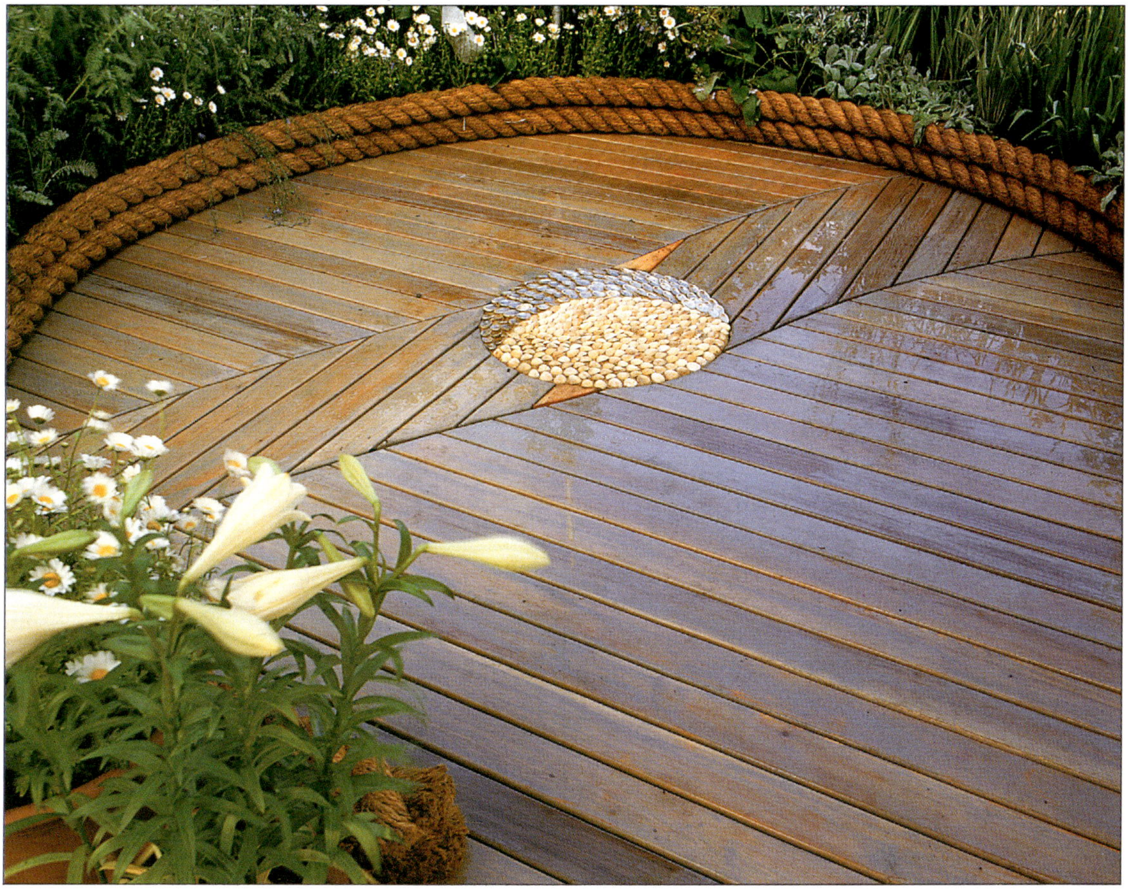

# NUANÇAGE D'UNE TEINTE

Vous aviez pourtant bien dosé vos mélanges et vous étiez sûr de votre fait… mais voilà : la tonalité chaleureuse dont vous rêviez a viré au séchage ! Si elle est trop soutenue, vous avez peut-être un espoir de l'éclaircir. Elle est un peu pâle à votre goût ? N'espérez surtout pas l'assombrir en repassant une teinte musclée : vous n'obtiendriez qu'un mélange terreux sur lequel aucune finition n'accrochera. Rattrapez-la en lui superposant patiemment de très légers voiles colorés.

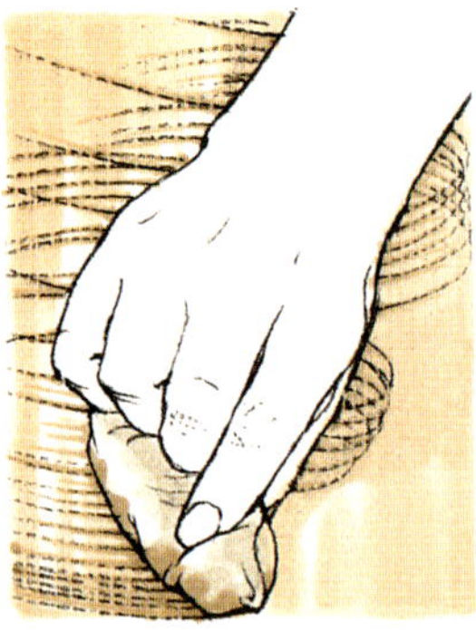

**Rehausser une teinte au vernis gomme-laque…**
Si le bois teinté est destiné à être verni au tampon, colorez légèrement un vernis gomme-laque transparent d'une pincée de poudre d'aniline diluée dans l'alcool méthylique (cf. page 58). Passez une première couche et laissez sécher. Poursuivez les applications de lavis très fins, en forçant progressivement la teinte jusqu'à obtention de la nuance recherchée.

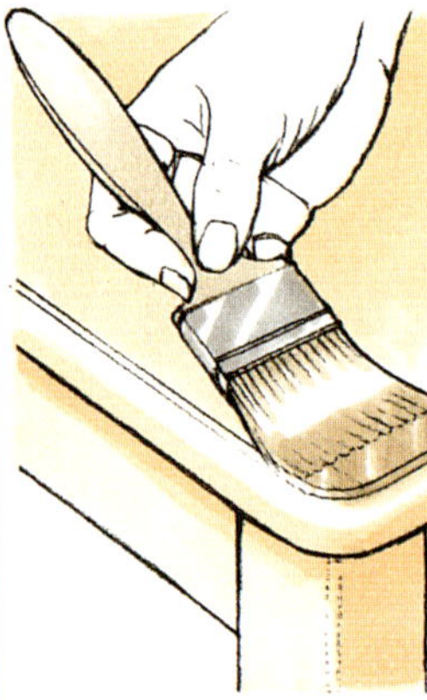

**… au vernis teintant…**
Avant de vernir, isolez le support d'une couche de vernis gomme-laque coloré. Si cette astuce ne suffit pas, étendez un vernis teintant très dilué ou un vernis incolore additionné de quelques gouttes de teinte compatible. Superposez de fines pellicules. Lorsque le résultat vous satisfait, protégez d'une couche de vernis pur.

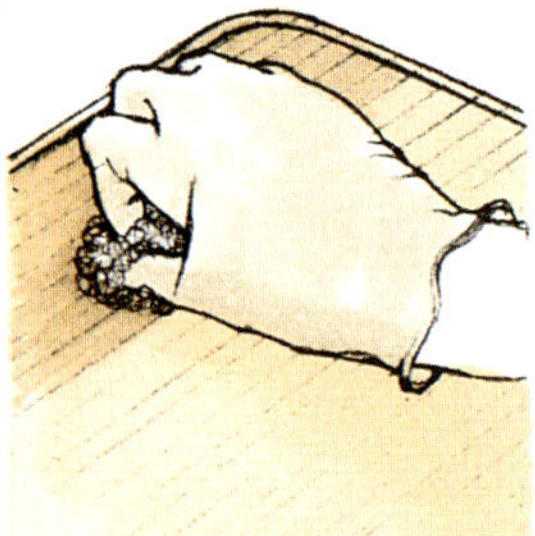

**… ou à la cire teintante**
Au besoin, mettez la dernière main à votre ouvrage en l'habillant d'une cire teintante. Faites pénétrer uniformément la pâte en frottant dans le sens du fil, à l'aide d'un tampon abrasif de nylon ou d'une laine d'acier très fine (n° 0000). Pour un fini satiné, lustrez au chiffon doux.

**Éclaircissage**
Pour estomper les traînées ou rabattre une teinte à l'huile, frottez le bois avec un tampon abrasif de nylon humecté de white spirit. Enlevez un peu de couleur au chiffon, puis répartissez uniformément la teinte dégorgée. Tant que le bois est humide, il est encore temps, au besoin, de modifier la couleur du bois en lui appliquant une nouvelle teinte, plus claire.

## VIEILLISSEMENT DES MOULURES

*Une mise en teinte réussie se juge généralement à l'uniformité de ton obtenue, mais cette qualité peut donner aux pièces ouvragées une allure trop clinquante. Pour plus de véracité, n'hésitez pas à simuler les marques d'usure sur les ressauts et à souligner les reliefs…*

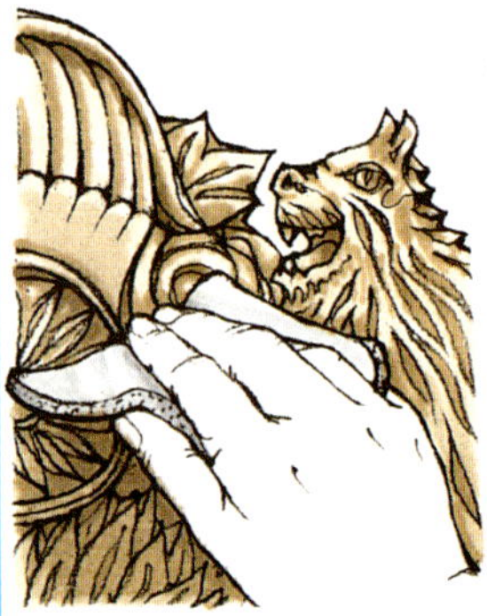

**Rehauts**
Lorsque la teinte est encore humide, enlevez la couleur sur les parties saillantes. Si elle a déjà séché, frottez à main légère avec un tampon abrasif et passez un chiffon imbibé de solvant pour dépoussiérer.

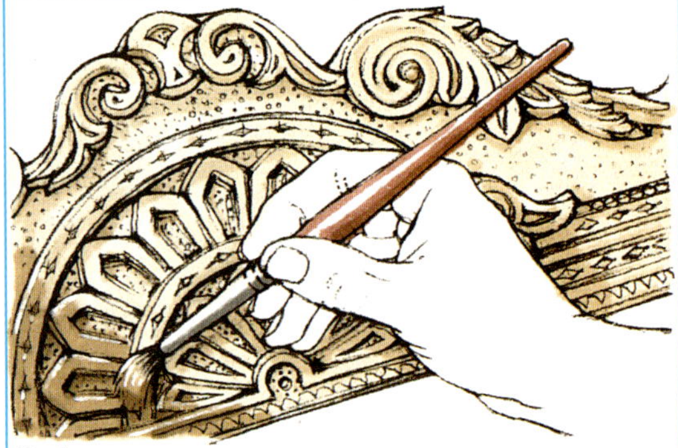

**Ombres**
Ajoutez quelques gouttes de teinte sombre à un vernis gomme-laque dilué (voir ci-dessus) pour accentuer les reliefs les plus délicats. Isolez tout d'abord la surface, puis passez une couche généreuse de vernis coloré sur les moulures, en laissant le liquide s'accumuler dans les cavités. Ressuyez aussitôt la couleur au chiffon doux sur les saillies. Laissez sécher le vernis avant de le protéger sous une finition incolore.

CHAPITRE 4

# Vernis au tampon

Confectionné à partir de gomme-laque dissoute dans l'alcool fin à vernir, le vernis au tampon fit au siècle dernier la réputation des maîtres-ébénistes français. Appliqué dans les règles de l'art, il donne toute sa mesure sur les plus belles essences, mais le maniement du tampon exige une infinie patience et un geste sûr. Moins intimidants, les mattines à la gomme-laque et les vernis anglais passés au pinceau offrent une alternative honorable au restaurateur amateur.

# LA GOMME-LAQUE

Ingrédient de base du vernis au tampon, la gomme-laque est une résine animale produite par la cochenille *Laciffer lacca*, originaire d'Inde et d'Extrême-Orient. Ses larves sécrètent une gomme protectrice qui recouvre les branches et brindilles de certains arbres. Pour favoriser la propagation de ce précieux insecte, les producteurs greffent des bourgeons "colonisés" sur d'autres variétés d'arbres. La récolte se fait en coupant les petites branches dès que leur enveloppe de résine a durci. Cette coque constitue la gomme-laque brute qui, après traitement, intervient dans la fabrication de toute une gamme de produits, dont le vernis au tampon.

**Fabrication artisanale**
Bien que le traitement de la gomme-laque soit aujourd'hui très largement mécanisé, les techniques ancestrales d'épuration et de laminage du matériau brut représentent encore 15 % de la production mondiale.

La gomme-laque est détachée des bâtons fraîchement récoltés, puis pilée et filtrée afin de la séparer des résidus de bois et autres impuretés. Après un lavage à grande eau, ces paillettes épaisses sont rincées puis mises à sécher au soleil. Quelques jours plus tard, elles sont à nouveau filtrées, puis vannées : la gomme-laque en grains, premier type de produits commercialisés, est prête.

Elle peut encore être affinée : l'ouvrier remplit de grains de gomme-laque une "chaussette" de toile et la suspend au-dessus d'un feu de bois. A mesure que la résine fond, il essore le sac de toile et fait goutter le liquide sur un cylindre de terre cuite rempli d'eau chaude. La gomme-laque est étendue en une mince pellicule régulière, puis délicatement détachée de son support. La feuille est alors confiée à un ouvrier spécialisé qui la bloque entre ses pieds, ses mains, voire ses dents et, bras et jambes en croix, l'étire devant le foyer. Après refroidissement, elle est grossièrement pilée en fines écailles.

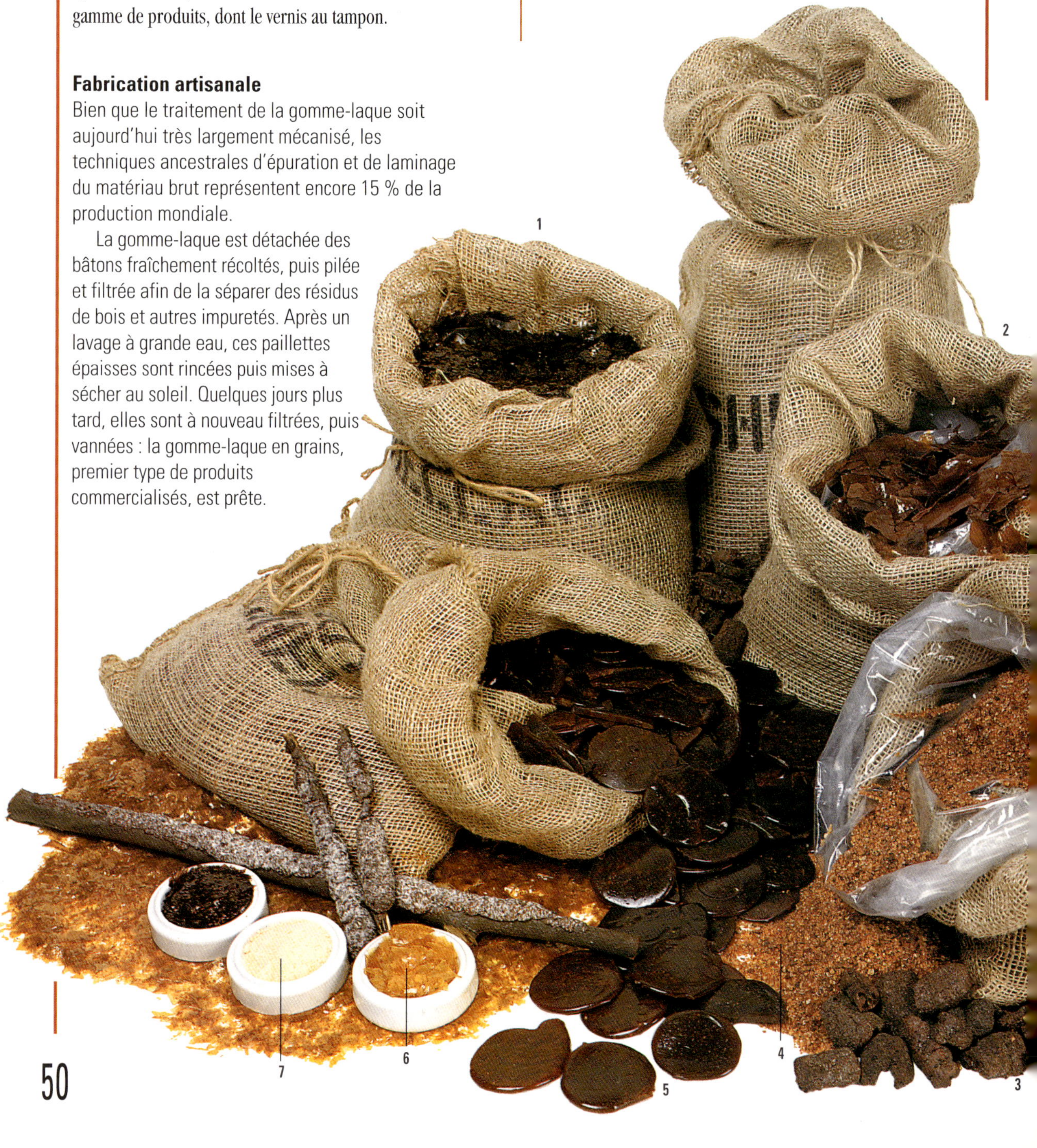

Le procédé varie légèrement pour l'arathoum : la gomme-laque fondue est versée sur des plaques froides de pierre ou d'acier galvanisé, plates ou creusées de moules de 50 à 75 mm de diamètre.

En figeant, elle produit de petites pastilles diaphanes. Les meilleures qualités, ne laissant apparaître aucune impureté, sont réservées à la confection des vernis blonds les plus fins.

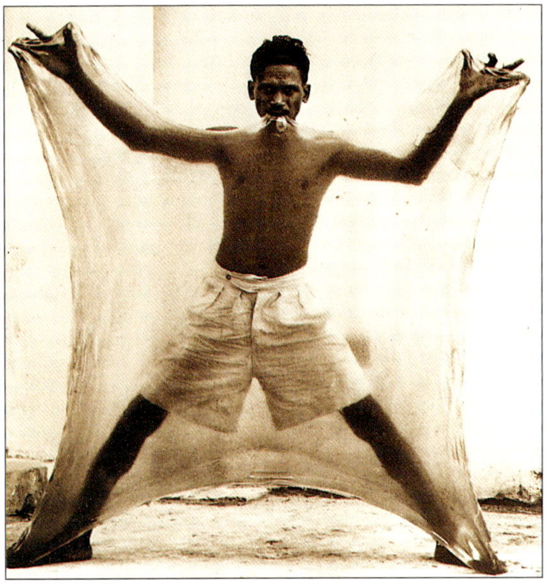

**La feuille patiemment étirée sera réduite en fines écailles.**

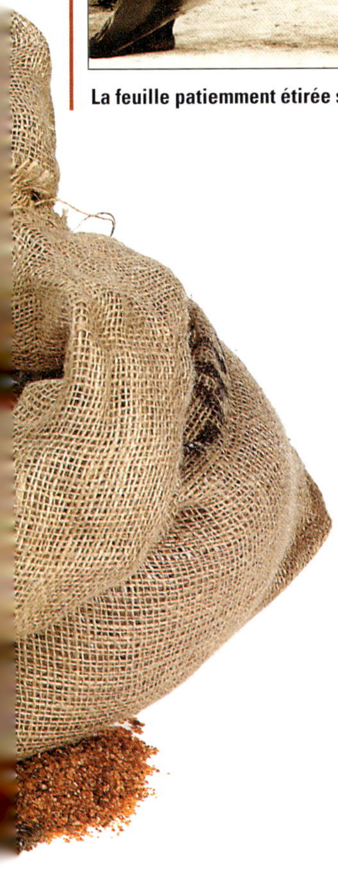

**1 Écailles industrielles**
Les procédés modernes permettent d'obtenir de très fines lamelles.
**2 Écailles artisanales**
Laminées à la main, elles sont relativement grossières.
**3 Gomme-laque en bâton**
Résine brute, récoltée sur les brindilles des arbres.
**4 Gomme-laque en grains**
Pilées et purifiées, ces paillettes sont prêtes à être livrées aux fabricants de vernis.
**5 Arathoum**
Ces pastilles translucides entrent dans la composition des vernis de qualité supérieure.
**6 Gomme-laque décirée**
Débarrassées de leur cire, ces écailles produisant un vernis presque transparent ont la faveur des artisans (cf. page 53).
**7 Gomme-laque blanche**
Décirée et décolorée, elle intervient dans la fabrication industrielle des vernis au tampon incolore (cf. page 53).

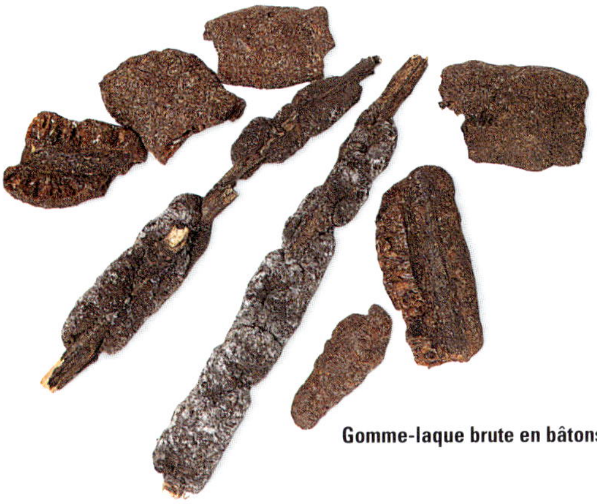

**Gomme-laque brute en bâtons**

## Procédés industriels

Les fabricants équipés d'installations modernes produisent à grande échelle diverses qualités de gomme-laque, en écailles, paillettes ou pastilles.

Soumis à un bain de vapeur, les grains fondus sont filtrés dans des presses hydrauliques, puis étirés entre les cylindres d'un laminoir, pour ressortir en grandes feuilles continues.

Une autre technique consiste à dissoudre les grains dans un bain alcalin avant laminage. Lors de la fusion, la cire se sépare de la résine qui, selon les proportions de la solution, se colore plus ou moins.

## PRÉPARATION DES FONDS À LA GOMME-LAQUE

*Parmi ses multiples vertus, la gomme-laque constitue un excellent isolant des supports. Un vernis gomme-laque ordinaire remplit toutes les fonctions d'un fond dur, formant une pellicule superficielle imperméable aux résidus de préparation qui risqueraient de dégorger sur la finition (cf. page 26). Passé sur les nœuds et le bois de bout des essences résineuses, l'enduit de gomme-laque à prise rapide neutralise les remontées de sève qui réagiraient sous un vernis. Sous un produit à catalyseur, employez impérativement un produit à base de gomme-laque décirée.*

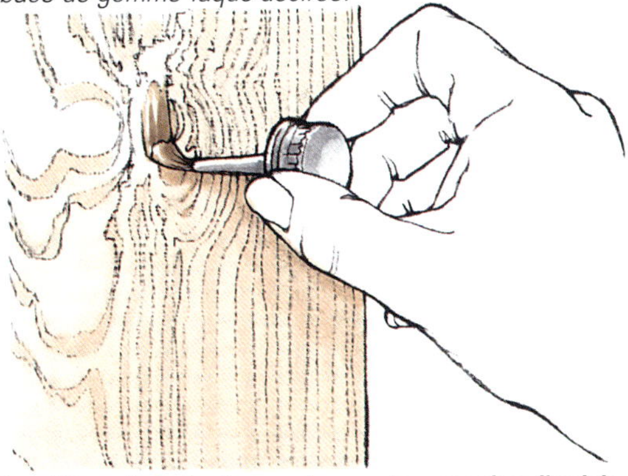

**Avant l'apprêt, isolez les nœuds sous deux couches d'enduit.**

# VERNIS PRÊTS À L'EMPLOI

Les vernisseurs professionnels ont tous leurs secrets de fabrication et préfèrent concocter leur vernis à partir d'écailles minutieusement sélectionnées.

L'amateur trouvera néanmoins dans les drogueries spécialisées un vaste choix de produits prêts à l'emploi d'excellente tenue.

**Vernis gomme-laque**

Confectionné à partir d'écailles de "fine-orange", c'est le vernis au tampon ordinaire. Commercialisé en grande surface et par les marchands de couleurs, il convient à toutes les essences sombres et rehausse agréablement les bois clairs.

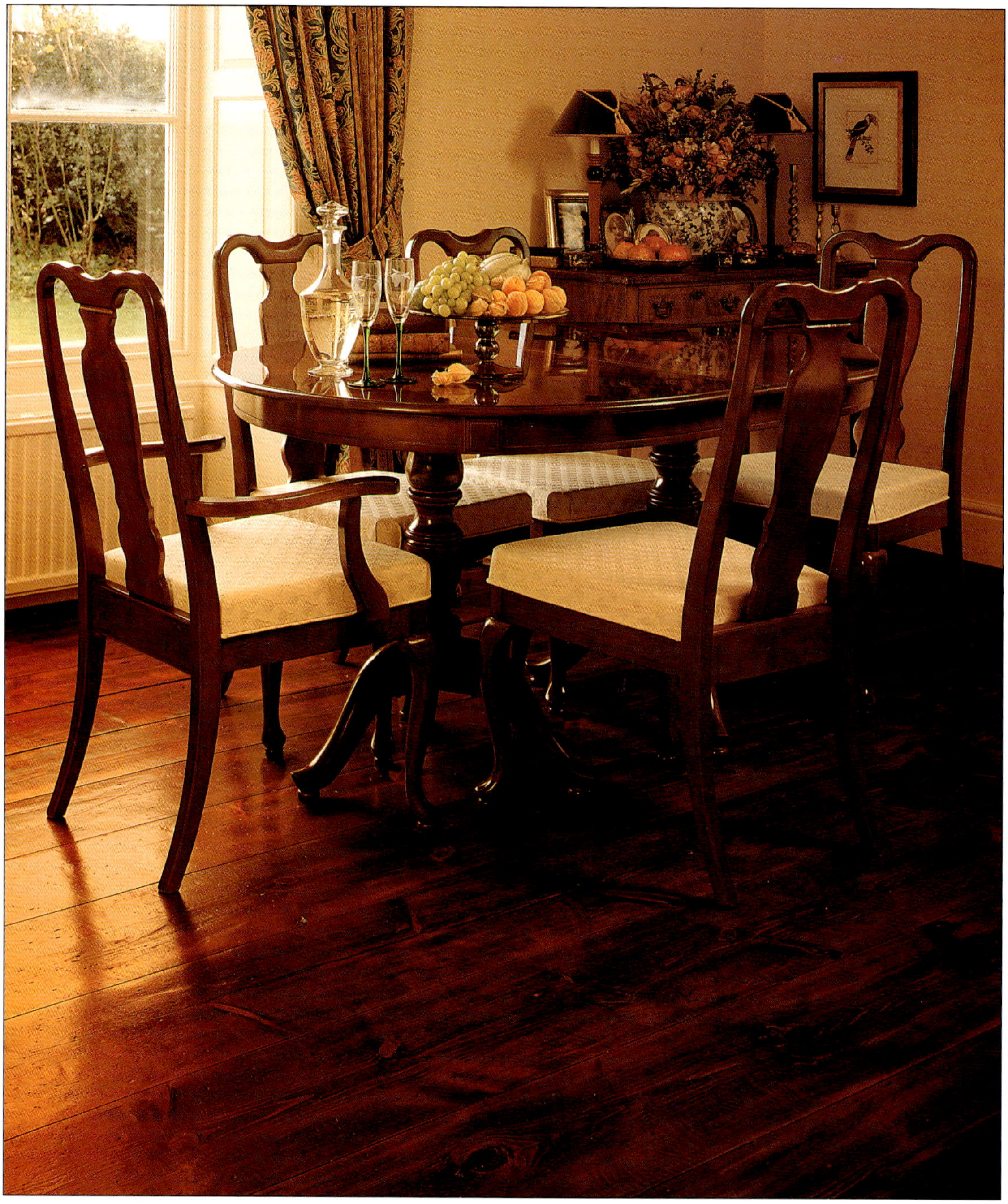

**L'irréprochable poli du vernis au tampon donne toute sa mesure sur les meubles de style.**

**Tampon blanc**
Il s'obtient en décolorant légèrement la gomme-laque, qui prend alors un ton laiteux. Idéal pour la finition des bois clairs, comme l'érable et le frêne, il peut également s'employer en préparation sous une cire. Si le tampon blanc ordinaire est trop souple à votre goût, demandez à votre fournisseur un équivalent additionné d'un durcisseur. Ces produits ne se conservent pas plus de deux ans ; au-delà, ils tirent difficilement.

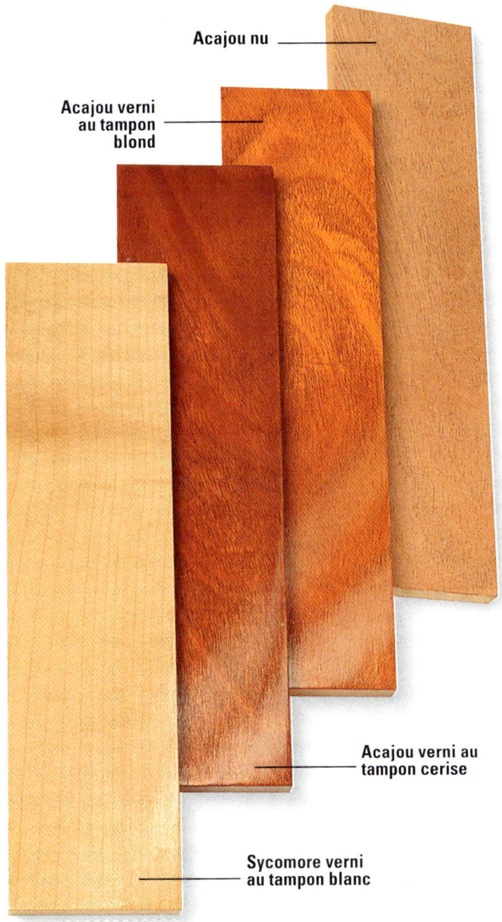


**Charge des vernis au tampon**
La proportion de gomme-laque diluée dans l'alcool fin détermine la viscosité d'un vernis au tampon. On peut ainsi faire des vernis plus ou moins "chargés" selon leur destination. Le vernis au tampon classique vendu dans le commerce contient généralement 170 g de gomme-laque par litre d'alcool. Il se prête à la plupart des applications. Le demi-vernis, composé de 75 g de résine au litre, beaucoup plus léger, convient davantage à la préparation des fonds : c'est le vernis gomme-laque ordinaire. Pour la finition des pièces tournées, les artisans préparent un vernis plus épais, baptisé "vernis des tourneurs", qui comporte 300 g de gomme par litre d'alcool.

**Tampon incolore**
La gomme-laque contient une petite quantité de cire insoluble à l'alcool, que l'on voit parfois surnager dans les pots de vernis stockés depuis longtemps. Très appréciée pour sa souplesse et sa blancheur dans certaines variétés de vernis au tampon, cette cire est ici éliminée pour accroître la transparence de la finition et laisser transparaître la beauté naturelle du bois. Comme le tampon blanc, le tampon incolore a une durée de vie en pot de deux ans.

**Tampon blond**
Adopté par les artisans les plus exigeants, ce vernis habille le bois d'un voile blond chaleureux. Il est généralement préparé avec des écailles de qualité supérieure ou, dans le haut de gamme de certains fabricants, avec des pastilles d'arathoum artisanal. Déciré, il est qualifié de "blond spécial" ou "blond transparent" ; il dépose une pellicule plus dure que le tampon blond ordinaire, et ses reflets dorés sont plus éclatants encore.

**Tampon cerise**
D'un beau brun foncé, c'est le vernis de prédilection des restaurateurs. Tout indiquée pour accentuer le cachet d'un meuble de style, sa profondeur de teinte s'accorde aux essences rougeâtres, telles que l'acajou.

**Tampon noir**
Ce vernis teinté de noir offre un incomparable brillant qui le destine au délicat fini des pianos de concert, des pièces Louis XV et Napoléon III, et des essences sombres. Légèrement couvrant, il a toutefois tendance à masquer le grain.

**Tampon extérieur**
C'est le seul vernis au tampon capable de résister aux ravages de l'eau. Hydrofuge, il est conçu pour les boiseries extérieures et son nuancier décline une palette de tons clairs et sombres.

## GOMME-LAQUE CLAIRE DÉCIRÉE

*Le procédé de décoloration modifie les propriétés de la gomme-laque, qui ne demeure soluble dans l'alcool que deux ou trois jours. Pour pallier cet inconvénient, les fabricants ne la proposent que sous forme de vernis au tampon blanc prêt à l'emploi (voir ci-dessus). Si son aspect laiteux ne vous convient pas, préparez votre propre vernis en faisant dissoudre dans l'alcool fin des écailles de gomme-laque claire décirée.*

# LE VERNIS AU TAMPON TRADITIONNEL

Finition par excellence de tous les meubles en bois précieux, massifs ou plaqués, le vernis au tampon ne tolère aucun compromis. Les vernisseurs d'antan mettaient un point d'honneur à "faire monter" inlassablement le vernis jusqu'à ce que leur pièce miroite sous la transparence d'un irréprochable brillant "miroir". L'avènement des vernis synthétiques nous a si bien habitués à des méthodes d'exécution rapides et simples, que nous n'osons plus aborder la technique ancienne du tampon, subtile alliance de patience, courage et minutie. Ce savoir-faire demeure certes l'apanage du professionnel, mais l'amateur ne risquera rien à essayer ses talents sur un panneau ou un placage ordinaire… avant, peut-être, de se lancer dans une œuvre plus ambitieuse.

Aux XVIII^e^ et XIX^e^ siècles, cette finition suscita un tel engouement qu'elle revêtit pratiquement tous les types de meubles. Sa finesse n'a pourtant d'égale que sa fragilité : tout à fait adaptée à une console Louis XV, un coffret de bois précieux ou une élégante desserte, elle ne résiste pas aux assauts répétés de l'eau, de l'alcool et de la chaleur sur un plateau de table ou un plan de travail (cf. page 30).

D'un extrême raffinement sur des essences à texture fine au veinage décoratif, le vernis au tampon a moins d'intérêt sur les meubles rustiques et les bois tendres. Ses surfaces de prédilection sont l'acajou, le palissandre et le noyer ; le chêne, le frêne et le pin y sont beaucoup moins sensibles.

### Préparation de l'atelier

Si tous les travaux de finition s'effectuent dans un local impeccablement propre et dépoussiéré, cette règle d'or vaut plus encore pour le vernissage au tampon. La gomme-laque étant très vulnérable aux écarts de température et à l'humidité, travaillez dans un atelier sec, maintenu au-dessus de 18° C, et exempt de tout courant d'air.

Installez de préférence l'établi près d'une source de lumière, naturelle ou artificielle, de sorte que l'ouvrage soit uniformément éclairé. Vous repérerez ainsi immédiatement le moindre incident de vernissage et traquerez les menues poussières et impuretés incrustées dans le fini.

### Confection du tampon

Au fil des siècles, les maîtres vernisseurs ont élaboré diverses recettes de vernissage, mais au-delà de ces secrets nés de l'expérience, le principe du vernis au tampon est immuable : il s'agit de déposer jour après jour de fines pellicules de vernis en promenant inlassablement sur le bois un "tampon" de toile garni de ouate de coton ou, mieux encore, de mèche à vernir ou de tricot de laine.

Fabriquez un tampon que vous aurez bien en main, et adapté à la taille de l'ouvrage. Les dimensions proposées ci-après conviennent à presque tous les travaux, mais n'hésitez pas à les réduire pour traiter une petite pièce.

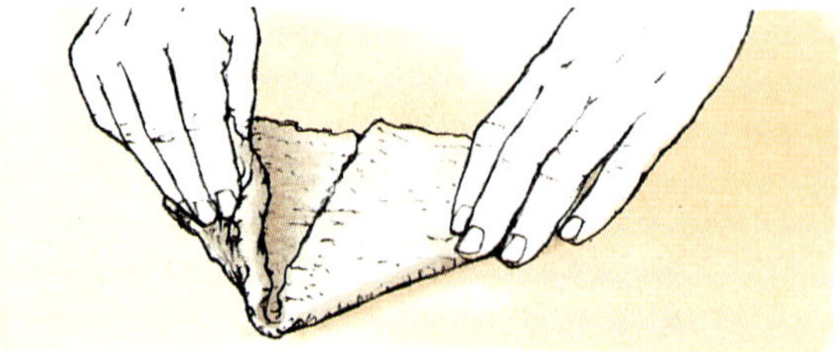

**1 Découpez un carré de ouate blanche** de 15 à 20 cm de côté. Pliez-le en deux, puis ramenez les extrémités du rectangle vers l'intérieur pour former un triangle.

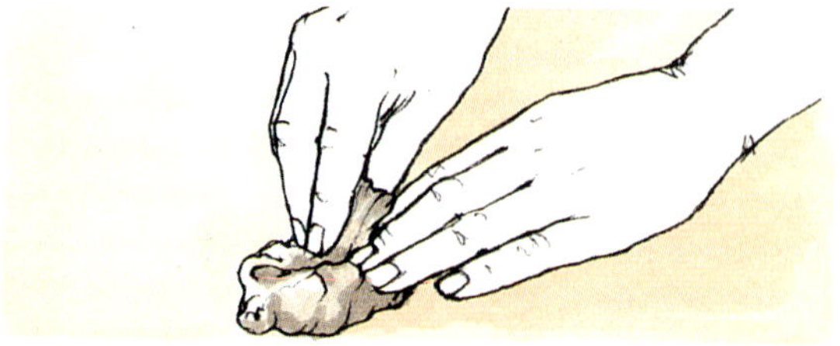

**2 Rabattez la base du triangle** vers le centre, et roulez le tampon sur lui-même. Donnez-lui la forme d'une pierre ponce ou, si votre matériau se défait, chiffonnez-le pour modeler une petite boule bien homogène.

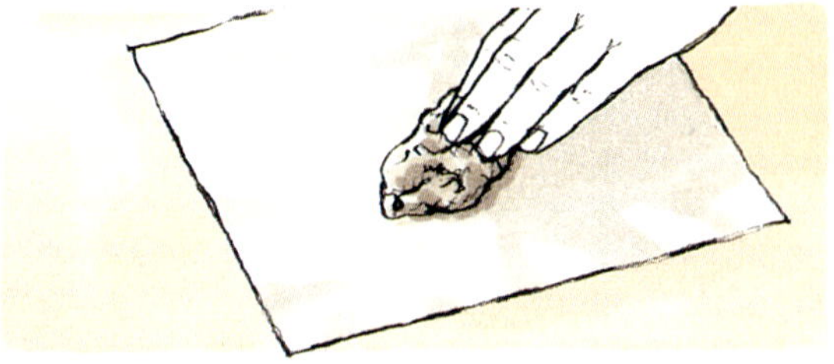

**3 Posez le tampon en diagonale** sur un carré de coton blanc ou de toile à vernir de 25 à 30 cm de côté. Cette enveloppe ne doit en aucun cas pelucher. Un morceau de vieux drap ou un grand mouchoir fera très bien l'affaire.

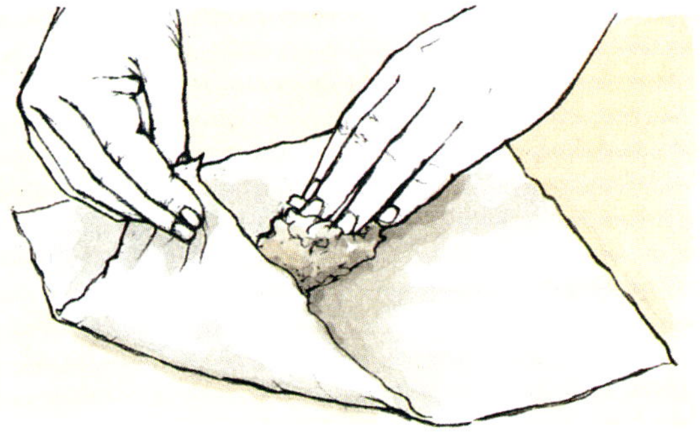

**4 Saisissez délicatement l'extrémité supérieure** de la toile et repliez-la sur la base du tampon.

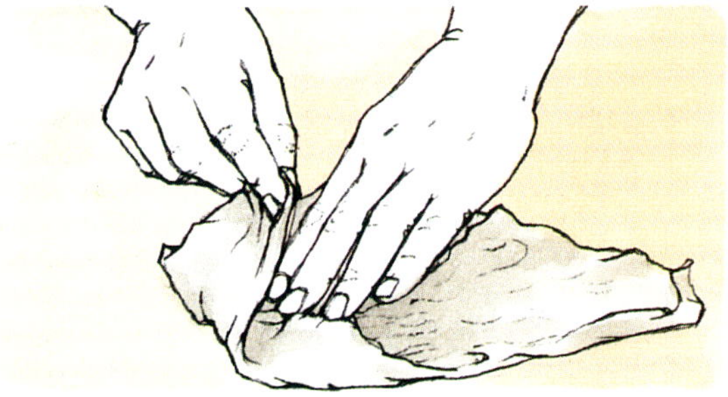

**5 Maintenez le tampon en position** et rabattez un à un les trois autres coins vers le centre pour former une masse homogène.

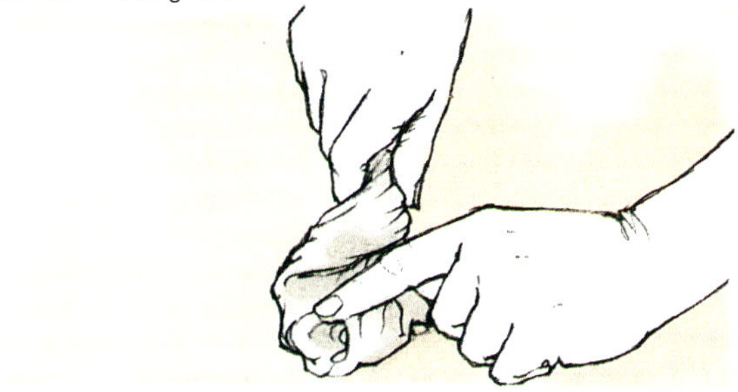

**6 Torsadez la base de la toile** en veillant à bien tendre et lisser la semelle de contact au fur et à mesure, puis ramenez-la sur l'envers du tampon en un bourrelet qui vous assurera une bonne prise en main.

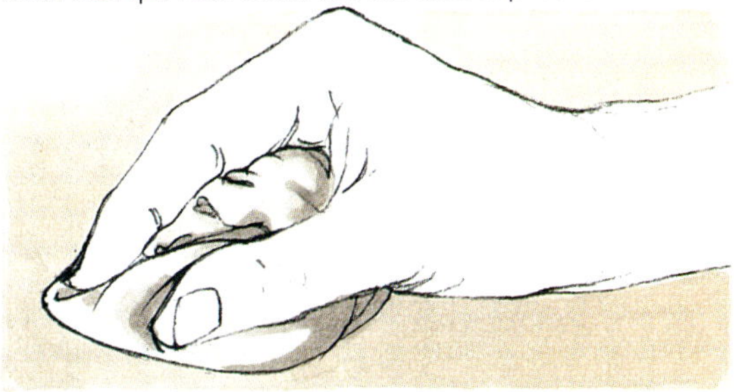

**7 Saisissez le tampon dans le creux de la main** et modelez la pointe entre le pouce et l'index, de façon à la diriger du bout du doigt jusque dans les recoins. La surface de contact doit être bien tendue et légèrement aplatie.

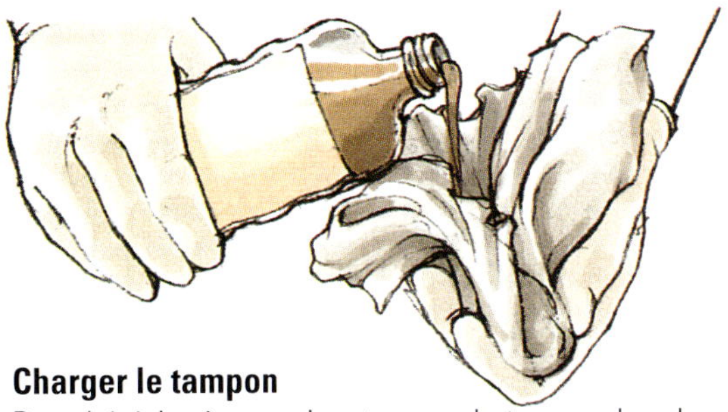

**Charger le tampon**

Deux hérésies à proscrire : tremper le tampon dans le vernis ou verser le produit sur la semelle ! Pour le charger, retournez le tampon sur la paume de la main et ouvrez délicatement l'enveloppe. Versez le vernis au cœur de la ouate en la malaxant un peu pour bien faire pénétrer, mais sans la saturer.

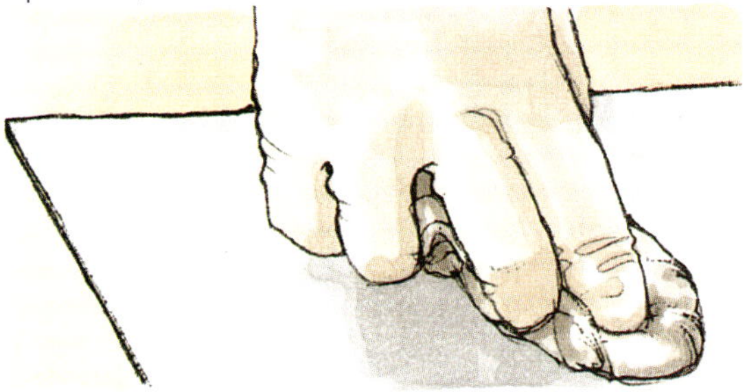

**Amorcer le tampon**

Reformez le tampon et appuyez-le sur une surface plane, parfaitement propre et dépoussiérée (une chute de bois ou un papier cartonné, par exemple). Le vernis doit s'écouler régulièrement au travers de la toile. Si le tampon est trop chargé, essorez-le pour éviter les empâtements. Sur une grande surface, vous serez certainement appelé à le recharger en cours de travail.

## ENTRETIEN

*Après chaque utilisation, rangez le tampon dans un bocal hermétique en verre. Il conservera ainsi sa souplesse et sa douceur pendant des mois. Si la toile est élimée, n'hésitez pas à le jeter avant qu'elle ne raye le vernis. Conservez en revanche la garniture de ouate, qui fera un bouchon idéal pour le remplissage au vernis (cf. page 56).*

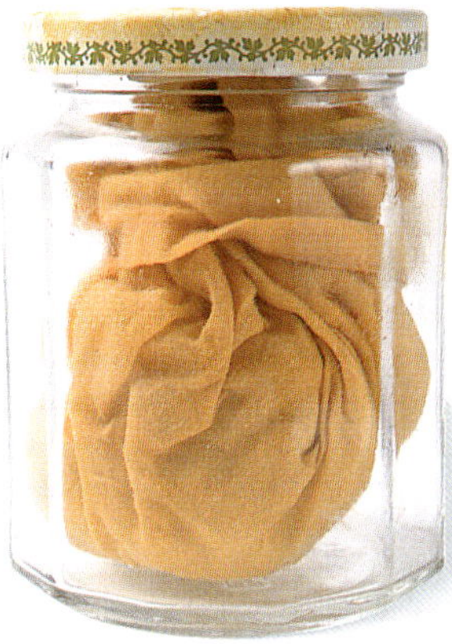

# APPLICATION DU VERNIS AU TAMPON

La devise du vernisseur tient en deux mots : patience et persévérance. Si d'aventure vous vous précipitiez à recouvrir une couche un tant soit peu humide, vous en seriez quitte pour reprendre à zéro votre travail !

L'application d'un vernis au tampon se décompose en plusieurs phases. Les premières passes de vernis sont destinées à isoler le support. Ensuite commence le vernissage proprement dit : une succession de voiles légers donne un premier habillage à la pièce, puis ce vernis est "rechargé" : il s'agit de "faire monter" le vernis pellicule par pellicule, jour après jour. Enfin, l'éclaircissage élimine les traces d'huile et révèle le brillant glacé caractéristique de cette finition. Prévoyez des gants jetables pour protéger vos mains des taches et des solvants.

**1 Préparation**

Comme la plupart des finitions transparentes, le vernis au tampon met en évidence la moindre imperfection de surface. Le support doit être irréprochable : réparez tous les défauts et poncez soigneusement (cf. pages 9 à 25). Si vous souhaitez teinter le bois (cf. pages 42 à 46), faites-le avant le bouche-porage (cf. page 26). Une succession de fines pellicules de vernis gomme-laque finement égrenées au papier au carbure de silicium assure également un très bon remplissage.

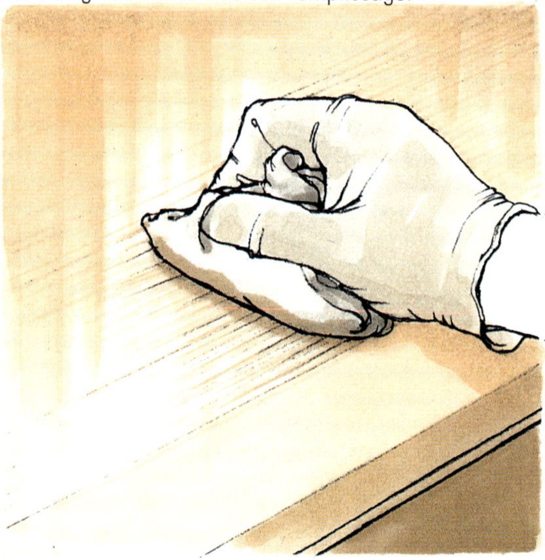

**2 Isolation**

Les professionnels exécutent les premières passes à l'aide d'un petit bouchon de ouate à vernir usagée. A défaut, chargez un tampon neuf de vernis légèrement dilué. Faites tout d'abord courir le tampon en chevauchant de longs allers-retours parallèles au sens du fil. Effleurez à peine la surface, puis à mesure que la semelle s'assèche, appuyez un peu plus fort pour maintenir un écoulement constant. Ne revenez pas sur le vernis frais, même s'il accuse quelques irrégularités. Lorsque la surface est uniformément traitée, laissez durcir le vernis une heure.

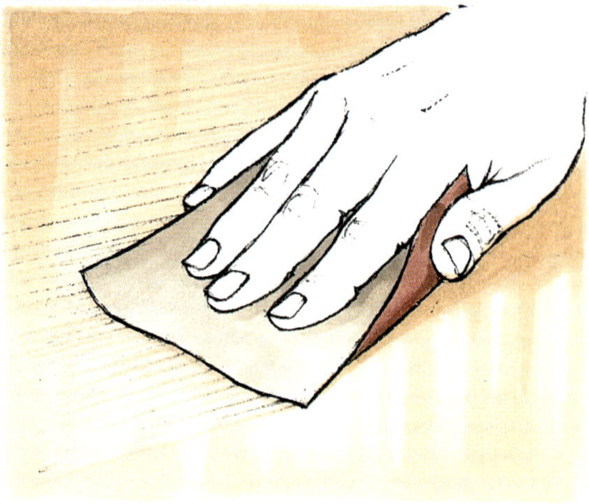

**3 Égalisation**

Poncez à main légère dans le sens du fil avec un papier au carbure de silicium fin (n° 280). Si cette première application n'est pas parfaitement lisse, recouvrez-la d'une autre couche et égrenez à nouveau.

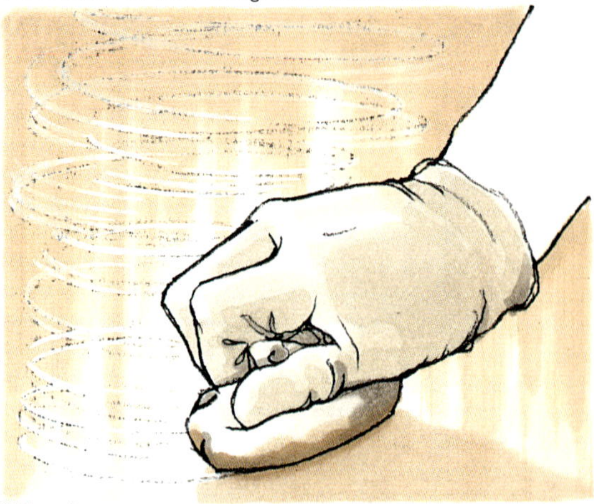

**4 Vernissage**

Pour donner du corps au vernis, chargez le tampon de vernis pur et faites-le glisser en frôlant à peine la surface. Travaillez d'un geste rapide et régulier, sans jamais vous arrêter ni laisser la semelle s'attarder sur le bois. Promenez-le par petites passes circulaires chevauchées, en veillant à couvrir l'ensemble de la pièce, puis soulevez-le de la pièce tout aussi délicatement.

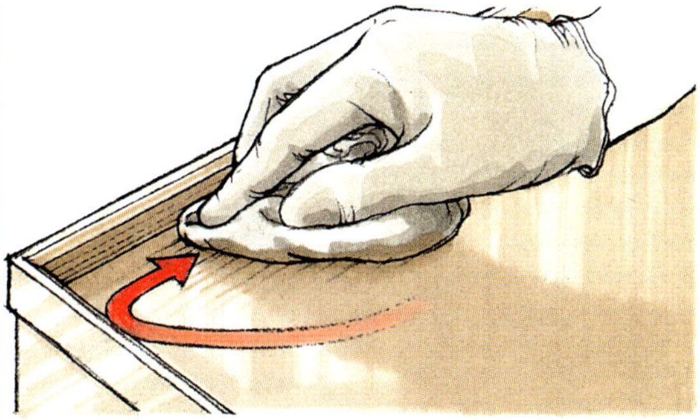

**5 Angles et recoins**

A chaque passage, le tampon doit aller dans les coins pour les couvrir aussi uniformément que le reste de l'ouvrage. Étirez la pointe du tampon du bout de l'index, et dirigez-le vers les angles en effleurant le bois d'un geste délié. Ne tentez pas de frotter une petite surface pour mieux la couvrir : le résultat serait catastrophique !

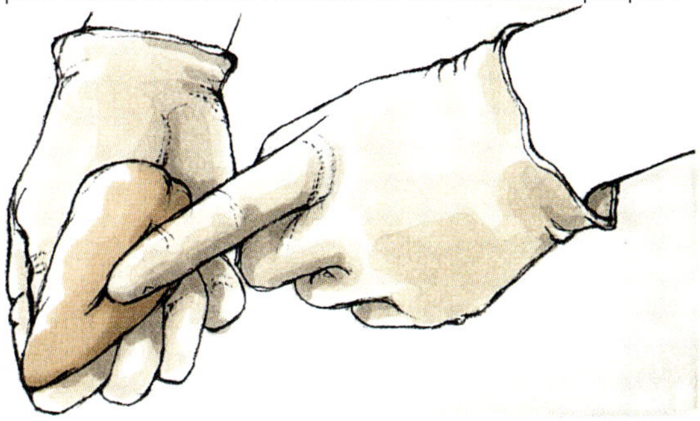

**6 Lubrification du tampon**

Un tampon qui glisse bien laisse une trace brillante qui s'efface presque aussitôt. On dit qu'il "nuage". Lorsque l'alcool commence à dissoudre les couches précédentes de vernis, il a tendance à "accrocher". Passez alors du bout du doigt une goutte d'huile de lin sur la semelle avant de reprendre le travail.

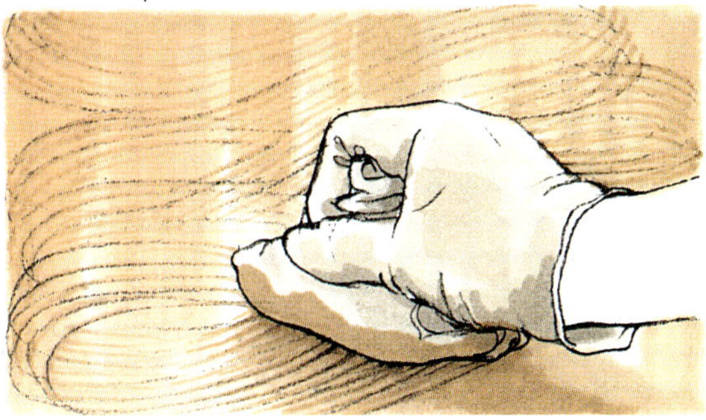

**7 Passes croisées**

Pour répartir uniformément le vernis, repassez le tampon en décrivant de grands huit déliés, sans négliger les angles. Puis, balayez la surface en chevauchant de longs allers-retours dans le sens du fil. Laissez sécher 30 minutes et terminez par deux ou trois tamponnées en alternant les huit et les passes en long. Laissez durcir une nuit.

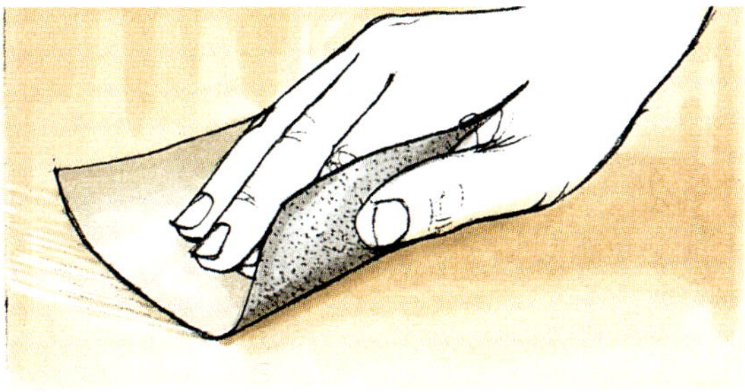

**8 Égrenage**

Le lendemain, examinez la surface en lumière frisante. Au besoin, estompez les derniers défauts par un égrenage très léger. Choisissez un papier autolubrifiant au carbure de silicium à grain très fin (n° 320).

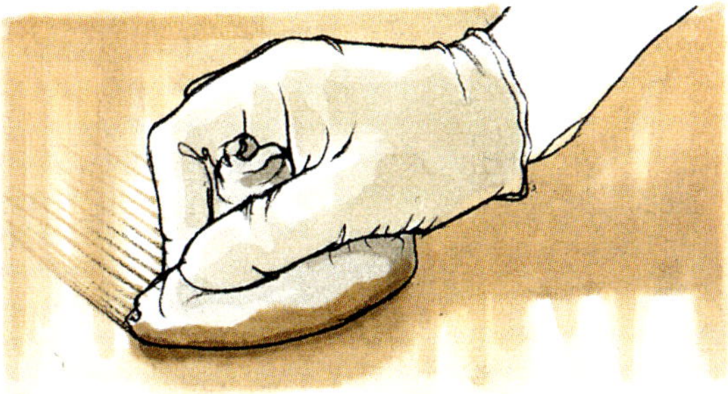

**9 Rechargement**

Lorsque le vernis a bien tiré, il peut être repris pour être rechargé : passez trois ou quatre tamponnées à une demi-heure d'intervalle, et laissez durcir toute la nuit. Renouvelez cette opération pendant plusieurs jours, jusqu'à obtention de la tonalité recherchée et d'un vernis uni et brillant.

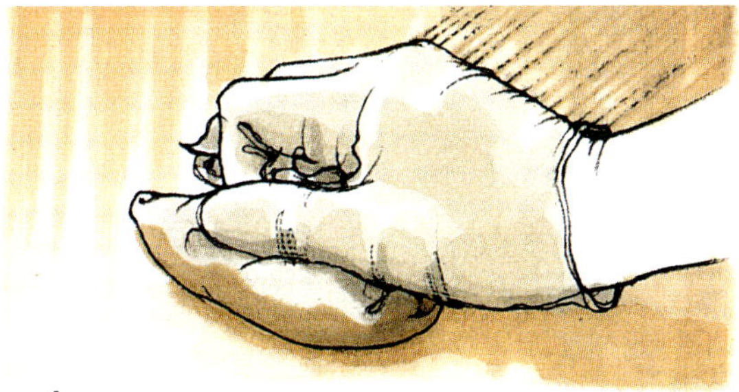

**10 Éclaircissage à l'alcool**

Le tampon lubrifié a laissé des traces d'huile. Elles disparaîtront à l'éclaircissage, qui fera ressortir tout l'éclat du vernis. Une toile neuve absorbera mieux l'huile qu'une semelle usée. Chargez le tampon de quelques gouttes d'alcool à vernir et essorez-le bien. Caressez le bois par longues passes longitudinales, en accentuant un peu la pression à mesure que le tampon s'assèche. En aucun cas, il ne doit adhérer au vernis. Laissez évaporer l'alcool et éliminez les dernières traînées en espaçant les tamponnées de deux ou trois minutes. Attendez une demi-heure avant de dépoussiérer l'ouvrage. Comptez une semaine pour que le vernis achève de tirer.

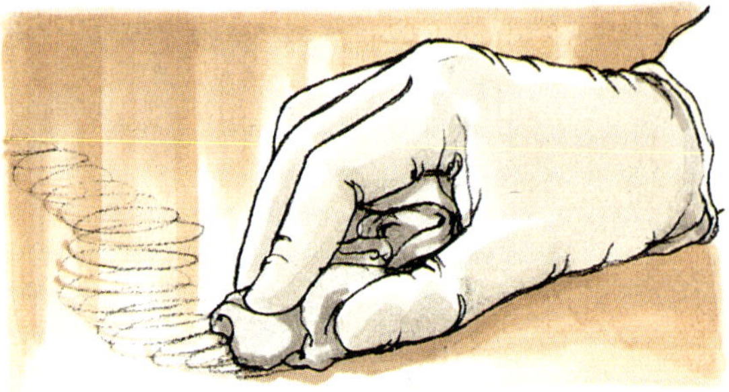

**Finition brillante**
Si au bout d'une semaine votre vernis a parfaitement durci mais qu'il vous paraît un peu terne, frottez vigoureusement la surface au chiffon doux chargé de pâte à polir "spéciale tampon" ou de popote (cf. page 28). Très légèrement abrasifs, ces produits accentuent le brillant du fini. Achevez par un lustrage à la peau de chamois bien sèche.

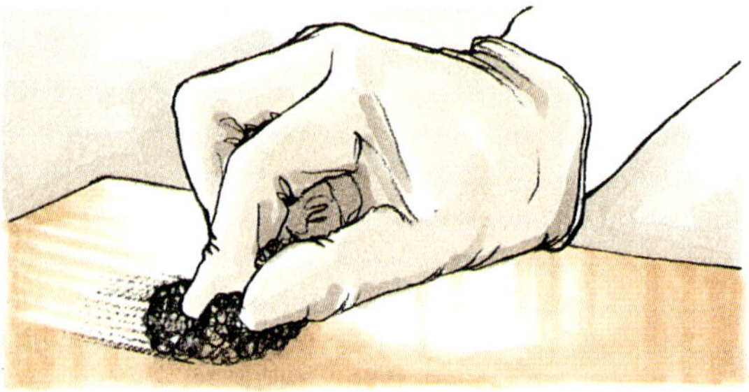

**Dépolissage**
Si, au contraire, vous préférez une finition satinée ou mate, dépolissez le vernis à la laine d'acier fine (n° 000) imbibée d'encaustique. Travaillez à main légère dans le sens du fil, jusqu'à ce que le vernis soit uniformément rabattu. Lustrez à la peau de chamois.

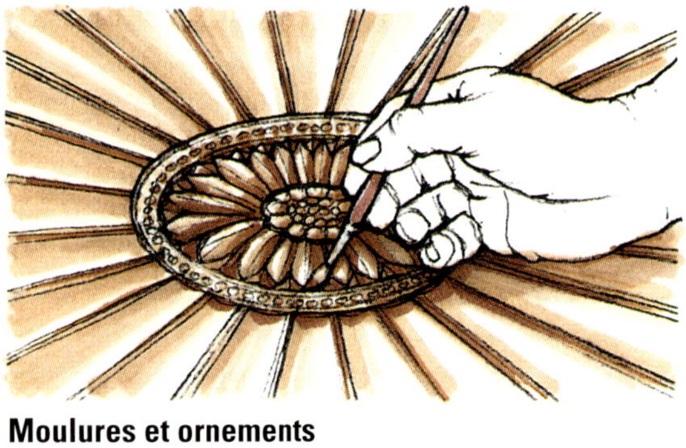

**Moulures et ornements**
Pour traiter les arêtes des bois ouvragés sans les dégarnir et atteindre les creux, passez plutôt un vernis légèrement dilué à l'aide d'un pinceau fin en petit gris. Ne chargez pas trop la tirure et laissez le vernis s'écouler naturellement dans les cavités. Un geste trop appuyé fera apparaître des traces de pinceau au séchage.

Laissez tirer le vernis, puis éclaircissez très délicatement les parties saillantes au tampon chargé d'alcool (cf. page 57). Lustrez à la peau de chamois.

## RACCORDS DE TEINTE

*Tout l'art du vernisseur chevronné tient à ce doigté exceptionnel qui lui permet de modifier imperceptiblement la tonalité du vernis à mesure qu'il le voit prendre corps. Cette opération délicate s'impose parfois pour rattraper les différences de ton entre certaines pièces d'un meuble en cours d'exécution, ou reprendre un vernis ancien défraîchi. Lors du vernissage, prenez un peu de recul et examinez l'ouvrage sous plusieurs angles et éclairages : si l'unité d'ensemble laisse à désirer ou si le vernis prend une coloration inattendue, il est encore temps de refondre la teinte.*

**Coloration du vernis**
Quelques voiles légers de vernis habilement teinté suffisent à maquiller les contrastes de couleur. Si vous choisissez de les appliquer pendant la phase du vernissage, bloquez ensuite la teinte et protégez-la sous plusieurs pellicules de vernis pur.

Quelques gouttes de teinte à l'alcool prête à l'emploi suffisent à foncer un vernis, mais vous doserez plus précisément encore le mélange en utilisant des poudres d'aniline. Vendues sous le nom de teintes vives ou "teintes folles", elles existent en rouge, noir, jaune, vert, bleu orange et brun. Leur pouvoir colorant étant très élevé, n'en incorporez qu'une petite pincée dans l'alcool et mélangez cette solution à parts égales dans le vernis. Avec un peu d'expérience, vous obtiendrez toutes les nuances possibles.

Il est plus facile de foncer un bois que de l'éclaircir. Préparez donc toujours des coloris très pâles : par superpositions, vous parviendrez exactement à la tonalité recherchée.

**Application**
Effectuez un essai sur une chute ou un morceau de papier. Le vernis teinté s'applique à main légère à l'aide d'un tampon ou d'un bouchon de ouate. A défaut, utilisez un pinceau mouilleur dont les soies frôleront à peine le bois. Efforcez-vous de fondre cette application aux premières couches en estompant les traînées et, le cas échéant, les contours de la zone teintée.

Laissez sécher et examinez le résultat. La couleur n'est pas encore assez profonde ? Superposez-lui un autre voile de vernis teinté. Si les contours du raccord ressortent sur le vernis, rabattez-les en égrenant au papier au carbure de silicium très fin (n° 320).

Lorsqu'il ne paraît plus rien de votre intervention, poursuivez le rechargement. Passez délicatement les premières tamponnées pour ne pas enlever la couleur.

# VERNISSAGE AU PINCEAU

Le superbe brillant du vernis au tampon vous tente, mais vous ne vous sentez pas prêt à manier le tampon comme un "pro" ? Il vous reste la solution du vernissage au pinceau. Ne vous bercez cependant pas d'illusions : le magnifique "poli miroir" du véritable tampon est inégalable, et passer au pinceau un vernis aussi fin relèverait du sacrilège. Certains artisans peu scrupuleux s'y sont essayés, tels ces croque-morts anglais qui expédiaient l'habillage des cercueils en trois coups de pinceau et une petite tamponnée… Certes, les yeux rougis de l'assistance éplorée leur permettaient cette supercherie !

Ne perdez pas espoir pour autant : il existe dans le commerce des mattines à la gomme-laque et des vernis anglais de fort bonne tenue. Moins siccatifs que leur illustre cousin, ils se travaillent volontiers au pinceau doux et laissent tout le temps d'effacer les traces et traînées des soies.

Préparez et colorez le support comme pour un vernis au tampon.

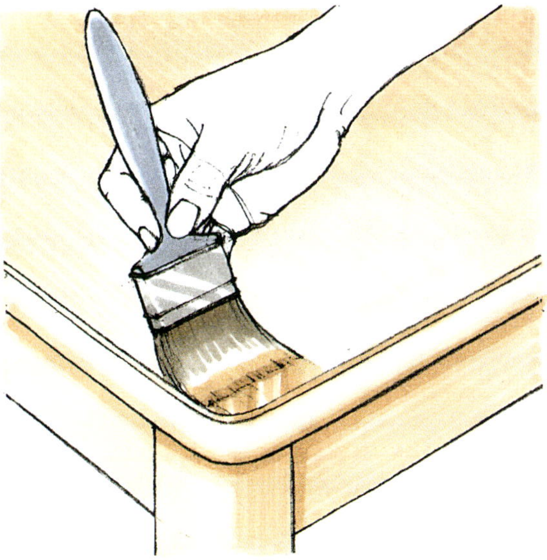

**1 Application**
N'essayez pas d'étaler une mattine ou un vernis anglais de la même façon qu'un vernis au tampon ; travaillez dans le sens du fil, par passes droites, en laissant la charge du pinceau s'écouler naturellement sur le bois. Estompez les coulures, traînées et surépaisseurs en repassant rapidement un coup en long. Redoublez de prudence à l'approche des chants, très vulnérables aux coulures. Rattrapez aussitôt les empâtements au chiffon propre. Si le produit a déjà séché, effacez-les par un ponçage soigneux.

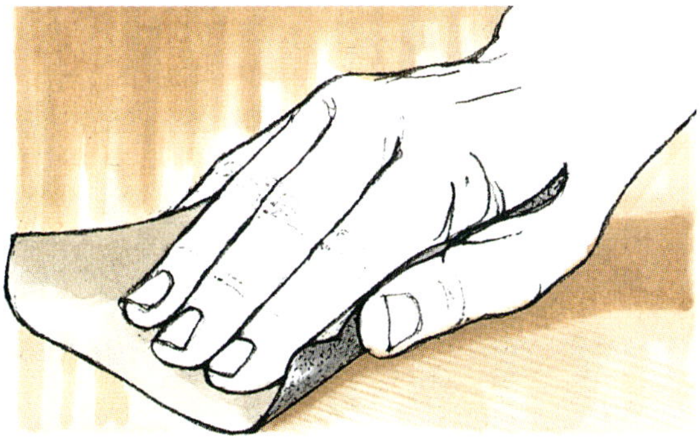

**2 Égrenage**
Les temps de prise varient d'un produit à un autre, mais il faut généralement compter une bonne heure pour que la finition tire. Égalisez alors la première couche, qui doit être parfaitement lisse au toucher. Repassez ensuite deux couches de vernis. Un nouvel égrenage ne s'impose que si le fini présente quelques aspérités.

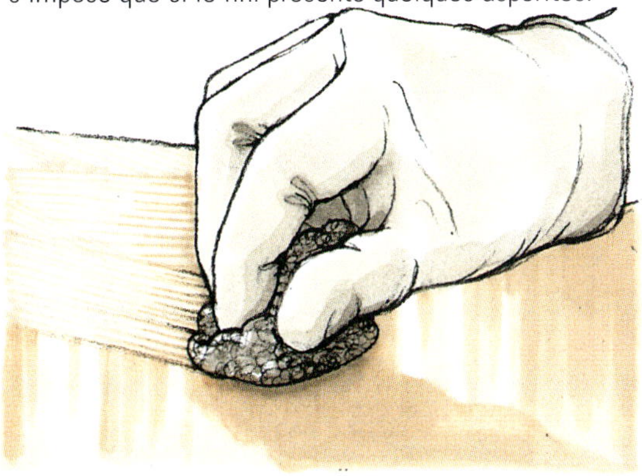

**3 Polissage**
Votre pièce est déjà revêtue d'une belle parure, mais il lui manque l'éclat du vernis au tampon classique. Pour donner un beau brillant à la finition, polissez-la délicatement avec une laine d'acier fine (n° 000) chargée d'une noix d'encaustique. Polissez toute la surface, en prenant garde de ne pas entamer le vernis.

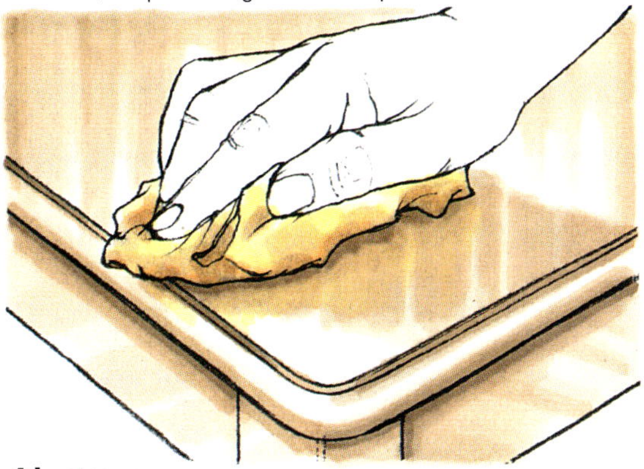

**4 Lustrage**
Laissez sécher l'encaustique un bon quart d'heure, puis lustrez énergiquement à la peau de chamois.

# DÉFAUTS DE FINITION

La réalisation d'un vernis au tampon est semée d'embûches, mais les accidents de vernissage sont rarement irréparables.

**Piqûres**

*En séchant, le vernis s'est installé dans les pores insuffisamment remplis.*

Laissez tirer le vernis, puis enlevez-le à l'aide d'une cale à poncer garnie de papier au carbure de silicium. Bouche-porez le support au vernis gomme-laque et revernissez.

**Voile blanc**

*Le vernis est recouvert d'une pellicule laiteuse, due à une condensation d'humidité en cours de séchage ; cet accident peut provenir de l'humidité ambiante de l'atelier, d'une tache d'eau qui aurait mal séché ou du bois lui-même, encore mi-sec.*

L'humidité aura imprégné le bois. Seule solution : retirer le vernis et reprendre entièrement la finition.

**Ressuage**

*Un dépôt diffus, rappelant un peu les taches de moisissure, se forme sur un vernis ancien ou fraîchement appliqué.*

Effacez le défaut avec un chiffon à peine humide, puis essuyez à l'aide d'une peau de chamois ou d'un essuie-tout.

**Dégorgement**

*Les pellicules de fond ont été recouvertes avant d'avoir parfaitement tiré. Le vernis remonte sous la couche de finition.*

Espacez les applications d'une bonne demi-heure et laissez tirer le vernis toute une nuit (cf. page 57).

**Traces de tampon**

*Le tampon s'est arrêté sur le vernis frais, imprimant sa trace au fini.*

Laissez durcir le vernis jusqu'au lendemain matin, puis effacez délicatement le défaut au papier au carbure de silicium. N'insistez pas trop, sous peine d'entamer les pellicules de fond.

**Cordes**

*Une pression trop forte sur un tampon généreusement chargé a formé des petits amas sur le vernis.*

Même remède que pour les rayures.

**Coulures**

*Un tampon ou un pinceau surchargé laisse dans son sillage des coulures et des empâtements. L'accident se produit surtout lors de l'application du vernis dilué ou quand l'applicateur bute sur une arête ou une saillie.*

N'essayez pas d'étaler les coulures sur un vernis frais. Laissez tout d'abord durcir, puis traitez comme les traces de tampon.

**Rayures**

*Si le tampon "gratte" et égratigne le vernis, il se peut que la semelle soit usée, plissée ou incrustée de poussières. Changez l'enveloppe. Les toiles de fibres synthétiques, trop agressives, sont à proscrire.*

Dépoussiérez bien la surface après égrenage et choisissez une chute parfaitement propre pour essorer le tampon après chargement (cf. page 55). Attendez que le vernis ait bien tiré pour poncer délicatement les rayures et autres défauts.

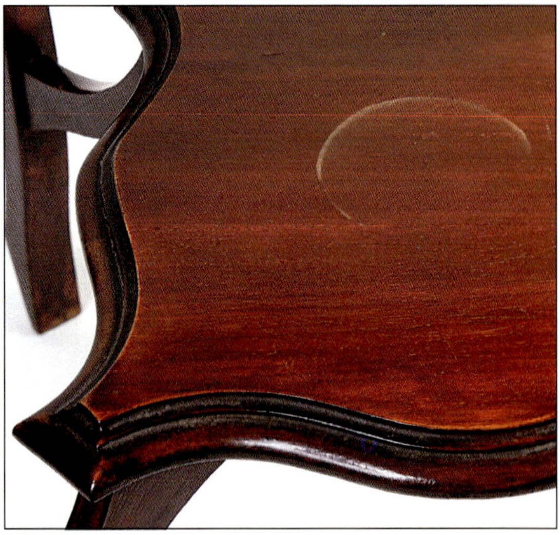

**Auréoles**

*Ces cernes blanchâtres sont dus aux méfaits de l'eau, de la chaleur ou de l'alcool. Un verre mal essuyé suffit à dessiner une auréole sur un vernis au tampon.*

Diverses recettes viennent à bout de cette décoloration (cf. page 30). A défaut de popote, essayez un détergent de carrosserie automobile ou un nettoyant liquide pour métaux.

# VERNIS CLASSIQUES ET MODERNES

CHAPITRE 5

Mis à part le vernis au tampon, dont le raffinement n'a d'égal que la difficulté d'application, l'artisan du bois dispose d'un large éventail de vernis, que l'industrie chimique a beaucoup contribué à enrichir. A leur vocation protectrice et esthétique, ces produits allient de multiples vertus qui simplifient leur application, réduisent leur temps de séchage, les rendent plus résistants ou accentuent leur transparence… Au fil de ces pages, vous découvrirez celui qui répondra au mieux à vos attentes.

# CHOIX DU VERNIS

Qu'il dépose sur le meuble une pellicule transparente ou légèrement ambrée, un vernis doit remplir une double mission : protéger le bois et mettre en valeur le caractère de son veinage. Si certains sont enrichis de colorants, de pigments ou d'adjuvants, tous sont composés de résines, naturelles ou synthétiques, dissoutes dans des liquides volatils. Ce sont ces résines qui, en se solidarisant, constituent le "liant" et forment le revêtement final.

On distingue deux grandes catégories de vernis en fonction de leur principe de séchage, qui peut être d'origine physique ou chimique. Dans le premier cas, le film se forme par évaporation des solvants. Dans le second, une réaction chimique est induite, soit entre les liants des différents composants, soit par l'action conjuguée de l'évaporation des solvants et de la réaction du liant sur lui-même ou avec un agent extérieur (oxydation, par exemple). Ces processus déterminent les caractéristiques de chaque vernis, désigné par la nature de son liant ou de son solvant. Les produits de dernière génération, formulés à partir de résines de synthèse, offrent des performances très supérieures aux vernis classiques.

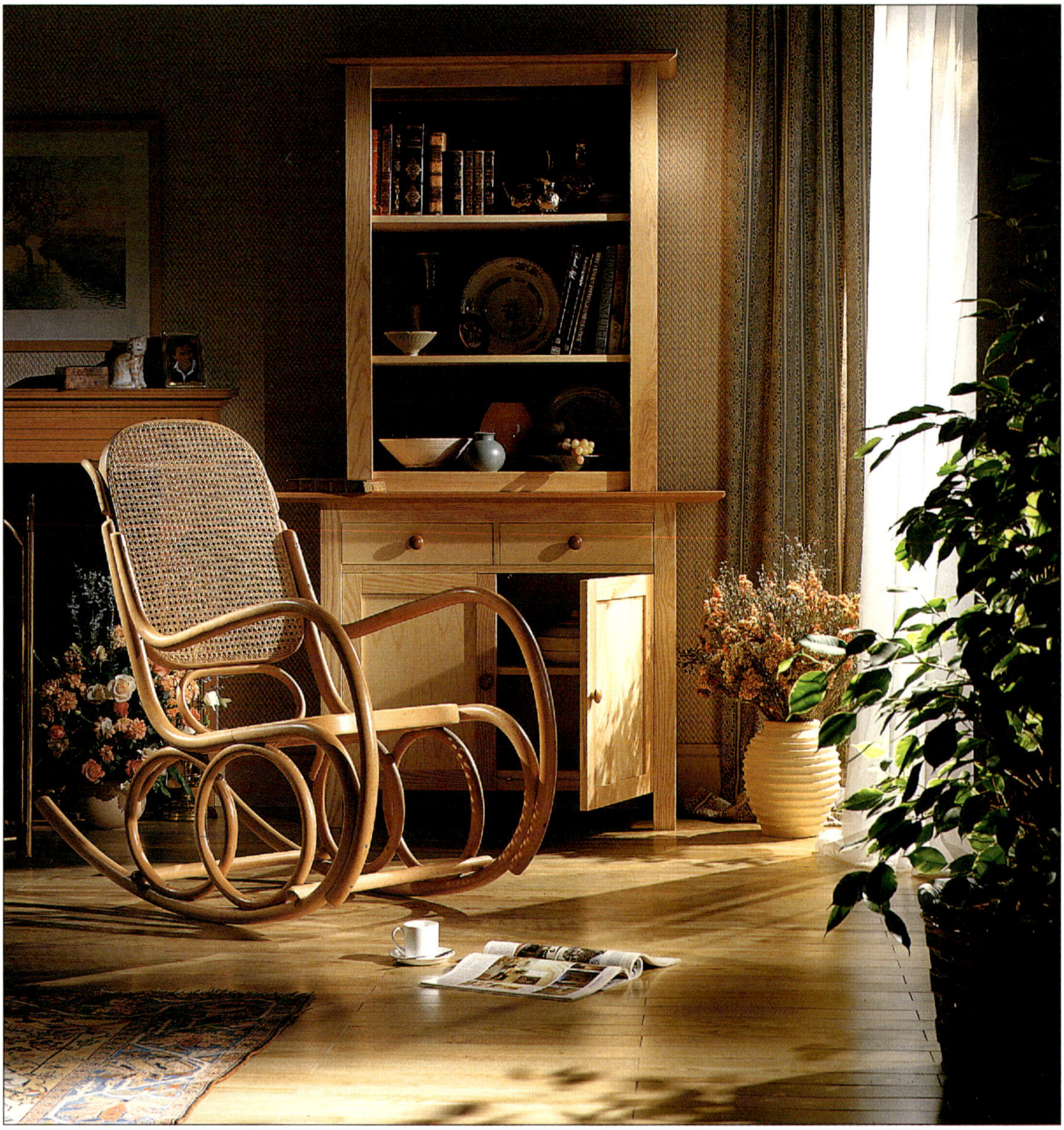

**Adaptés à tous les bois d'ameublement, les vernis polyuréthanes allient résistance et luminosité.**

## Vernis gras

Le vernis gras traditionnel se compose de résines végétales fossilisées mélangées à l'huile de lin et diluées dans l'essence de térébenthine. L'industrie chimique a remplacé ces gommes naturelles par des liants de synthèse (résines phénoliques, alkydes et polyuréthanes), solubles au white spirit ou autres hydrocarbures.

Parfois appelés "vernis aux solvants", ils sèchent en profondeur par l'action oxydante de l'air : après évaporation du solvant, l'huile absorbe l'oxygène ambiant et provoque une réaction chimique qui rend le film insensible à son solvant.

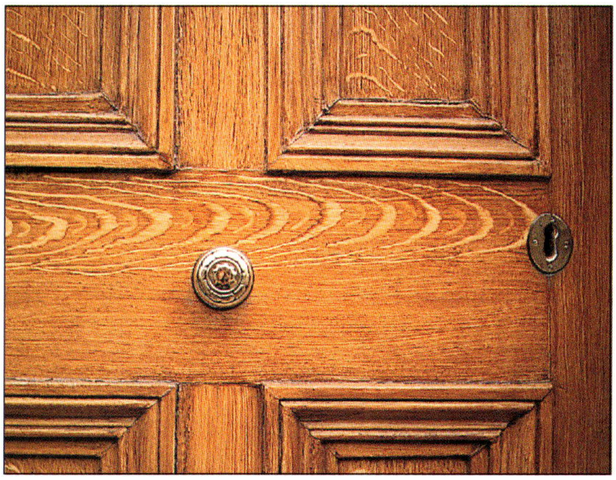

**Porte de sapin en faux bois protégée d'un vernis extérieur.**

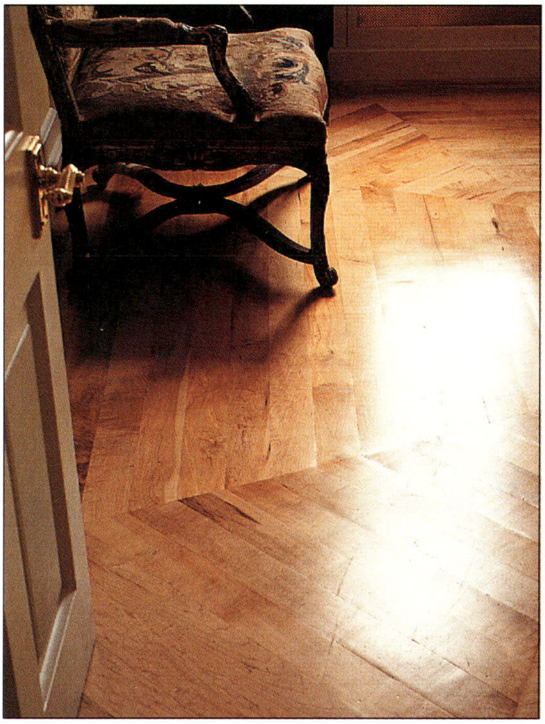

**Les vitrificateurs assurent une parfaite protection des parquets.**

Les proportions de résines et d'huile conditionnent les propriétés du produit : un vernis "fort", très chargé en huile, donne une finition relativement résistante, souple et étanche, adaptée aux boiseries extérieures. Un vernis "court" ou "maigre", dans lequel la charge résineuse domine, sèche plus rapidement et dépose une pellicule plus dure qui, au polissage, se pare d'un magnifique brillant — qualité qui lui vaut également le nom de "vernis à polir". Il convient davantage aux finitions d'ébénisterie et aux boiseries intérieures.

La nature de la résine mise en œuvre est également déterminante : l'alliance de résines alkydes et d'huile de toung confère aux vernis extérieurs une excellente résistance aux chocs et aux intempéries. Les plus performants sont sans conteste les vernis marins, également commercialisés sous les noms de "vernis bateau" ou "vernis montagne", indiqués pour les bois exposés à la pollution ou aux rigueurs climatiques. Les résines polyuréthanes interviennent plus volontiers dans la formulation des vernis intérieurs, tels que les vitrificateurs de parquets qui doivent être très résistants aux chocs et à l'usure. La plupart des vernis gras sont vendus prêts à l'emploi ; ceux qui contiennent des pigments ou des agents de matité doivent être homogénéisés avant usage (cf. page 66).

## Vernis à l'alcool

Dans la lignée des vernis traditionnels, il est constitué de résines naturelles – de la gomme-laque, le plus souvent – dissoutes dans l'alcool méthylique. Il durcit rapidement par évaporation de l'alcool, mais le revêtement peut être éliminé par son solvant. Il se distingue du vernis au tampon et du vernis gomme-laque par une plus forte concentration de liant. Très peu utilisé par les vernisseurs modernes, il reste très apprécié en couche de fond avant mise en peinture des bois ayant subi un traitement antiparasitaire par injection de créosote.

## Vernis polyuréthanes à deux composants

Ces vernis sont conditionnés en deux flacons comportant le composant de base et un durcisseur à base d'isocyanates, qui doivent être précisément dosés et mélangés juste avant usage. Ils forment un revêtement transparent et très dur, offrant une bien meilleure résistance à la chaleur, à l'alcool et aux produits chimiques que les vernis gras. Seule ombre au tableau : dès la première application, ils dégagent en séchant des émanations désagréables, voire toxiques. Leur emploi est par conséquent fortement déconseillé aux personnes souffrant de problèmes respiratoires. Dans certains pays, ils sont strictement réservés aux industriels équipés de systèmes d'aspiration conformes aux normes les plus contraignantes.

**Lasures (ci-contre)**
Formulées à base de solvants dérivés de la pétrochimie ou d'eau, les lasures participent à la fois des vernis, des teintes à bois et des peintures. En finition incolore, ou en divers tons de bois et coloris pastel, mates ou satinées, elles imprègnent plus ou moins profondément la fibre tout en laissant transparaître la structure du bois (cf. page 47). Selon les marques, elles assurent une protection hydrofuge, anti-UV, insecticide et fongicide, qui les destine à la décoration des boiseries extérieures.

Elles n'offrent un fini vraiment durable que si elles sont appliquées sur un support parfaitement décapé et neutralisé. Certains fabricants proposent des lasures totalement opacifiantes, pratiques pour masquer une peinture ancienne.

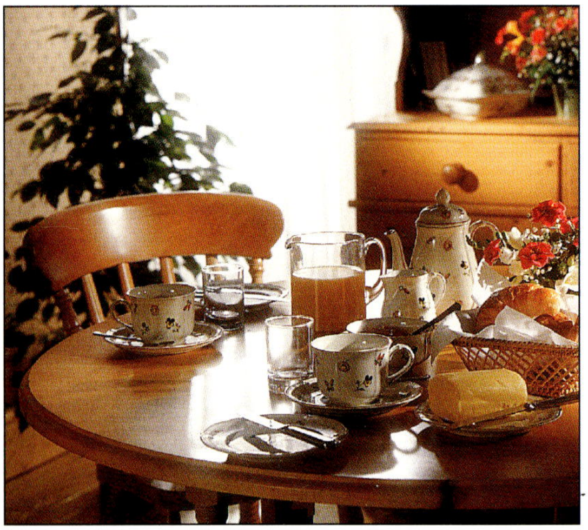

**Vernis acryliques (ci-dessus)**
Derniers nés de la gamme des vernis, ce sont des émulsions de résines acryliques en dispersion stable dans l'eau. D'aspect laiteux à l'application, ils affichent une fois secs une irréprochable transparence.

Le processus de formation du feuil est particulier : les vernis acryliques comportent une petite proportion d'agents coalescents qui, après évaporation de l'eau, provoquent la fusion des substances résineuses filmogènes. Cette réaction ne peut se produire que dans un milieu relativement chaud et sec : un excès d'humidité risque en effet de faire évaporer les coalescents avant l'eau, s'opposant ainsi à la tension de la pellicule.

Ces vernis offrent un revêtement étanche qui peut gagner à être assoupli avec un diluant cellulosique. Contrairement à leurs concurrents à l'huile ou à l'alcool, ils sont ininflammables, pratiquement inodores et ne dégagent aucune émanation toxique ; leur séchage rapide permet d'achever la plupart des ouvrages dans la journée et les pinceaux se lavent à l'eau claire.

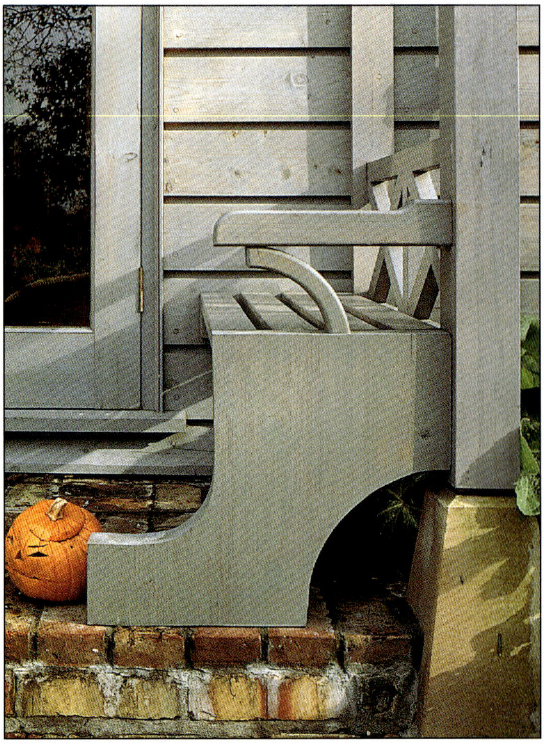

**Vernis teintants (ci-dessous)**
Agrémentés de teintes ou de pigments, ces vernis gras ou acryliques permettent de teinter et de protéger le bois en une seule passe. Leur nuancier décline un large éventail de tons de bois et pastel (voir aussi page 47).

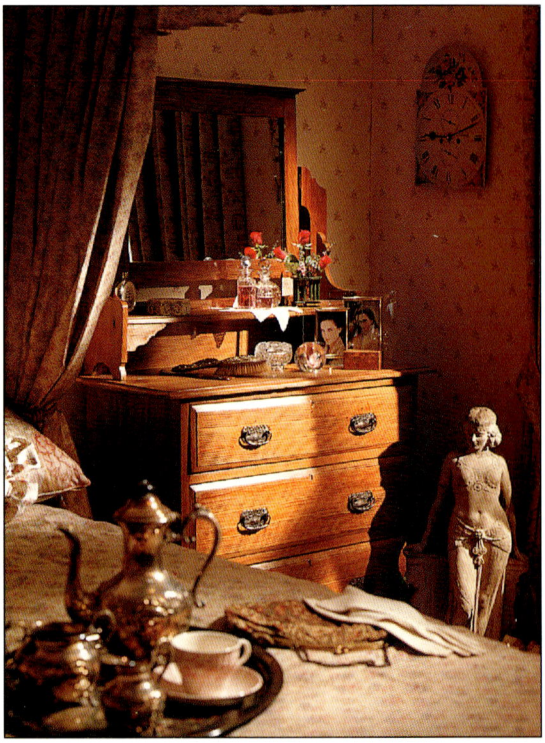

## Vernis à catalyseur

Ces produits comportent deux composants essentiels : la base elle-même, à laquelle on ajoute un catalyseur acide qui assure la polymérisation des molécules de résine. Après séchage de la croûte superficielle par évaporation des solvants ou oxydation, cette réaction durcit la pellicule à cœur et forme un film remarquablement dur, inaltérable et totalement insensible aux solvants, à la chaleur et à l'usure.

Conditionnés en deux flacons, ils imposent un travail en deux phases : après l'application du premier composant, il faut attendre que les solvants s'évaporent, puis passer le catalyseur pour amorcer le durcissement à froid dans la masse. Dans certains cas, le mélange du vernis et du catalyseur s'effectue juste avant emploi, mais la durée de vie du produit est très courte. Présentés en un seul pot, les vernis précatalysés sont plus simples à mettre en œuvre mais tirent moins vite et offrent un revêtement moins résistant.

Les principaux représentants de cette famille sont les vernis urée-formol et les polyesters. Les premiers sont enrichis de résines mélamines qui leur confèrent une bonne tenue aux chocs thermiques et de résines alkydes, jouant le rôle de plastifiant ; les seconds, n'incorporant que très peu de solvant, sèchent plus rapidement et déposent sur le bois un revêtement épais et brillant. Garants d'une admirable transparence, les vernis à catalyseurs n'ont aucune tendance au jaunissement. Ils présentent par ailleurs un excellent pouvoir garnissant, qui réduit le nombre de couches à appliquer. Cette formulation est reprise pour la confection de laques opaques, noires ou blanches, qui offrent les mêmes performances physiques.

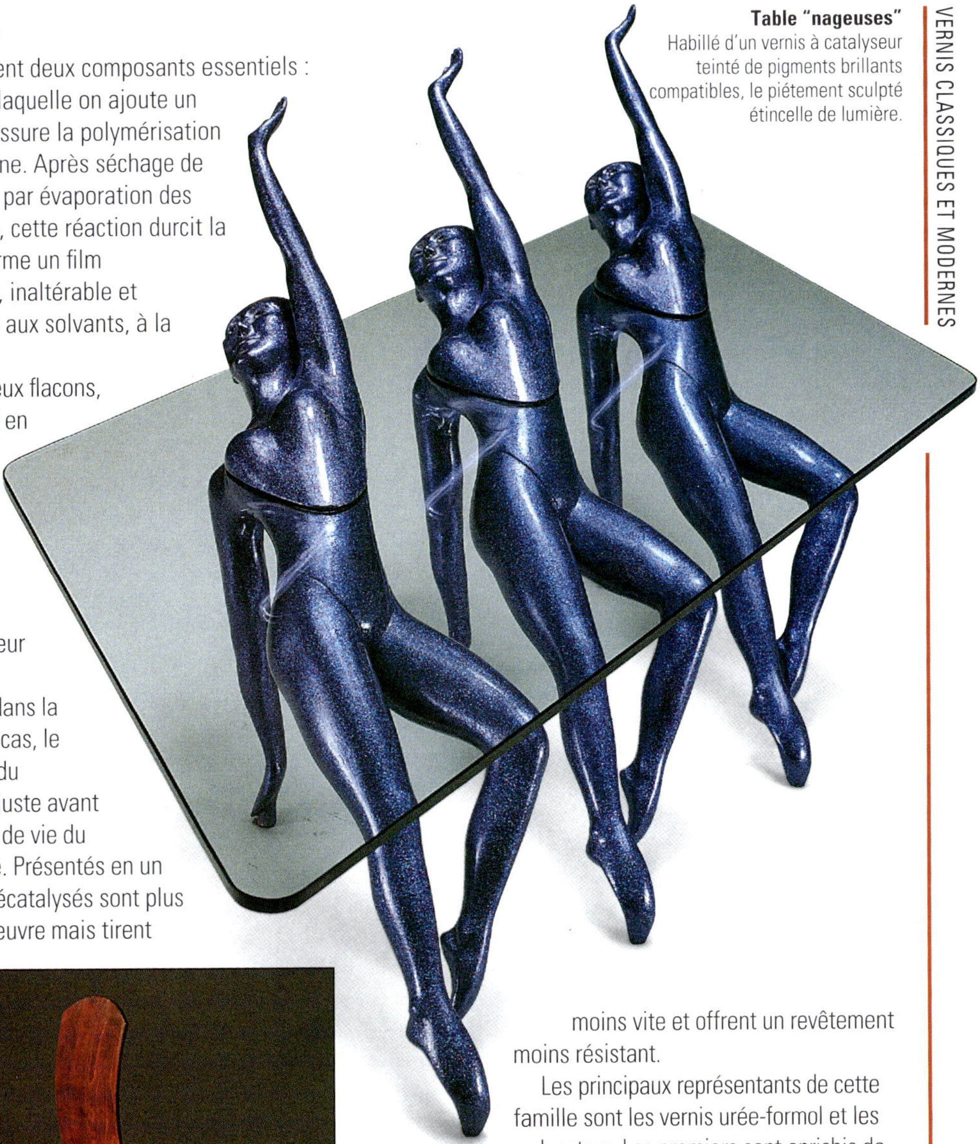

**Table "nageuses"**
Habillé d'un vernis à catalyseur teinté de pigments brillants compatibles, le piètement sculpté étincelle de lumière.

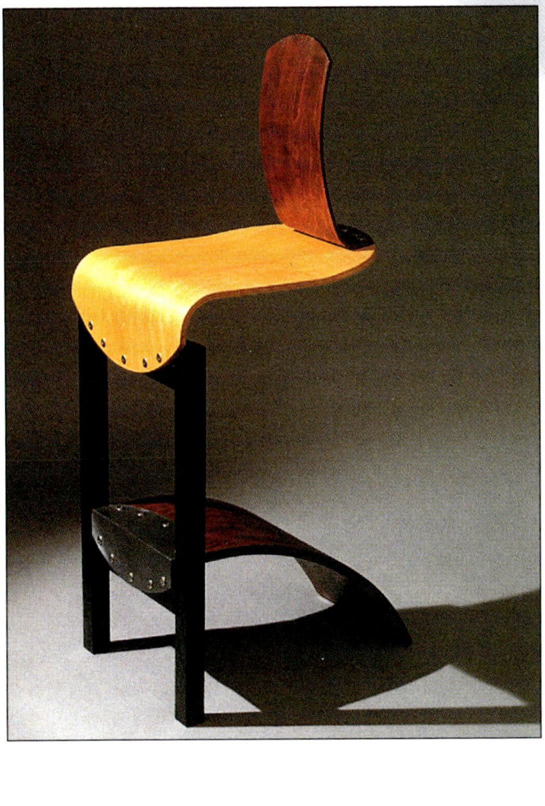

**Tabouret de stratifié**
Le hêtre stratifié a été teinté dans la masse et revêtu d'un vernis à catalyseur transparent.

# CARACTÉRISTIQUES DES VERNIS

Les fabricants combinent des additifs à la formulation de base de leurs vernis pour conférer au film sec des propriétés spécifiques, adaptées aux performances recherchées. Inspirez-vous de ce récapitulatif des principales caractéristiques des vernis pour choisir votre produit en toute connaissance de cause.

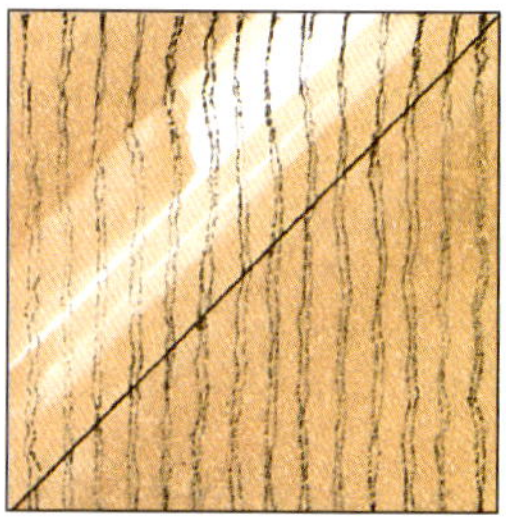

**Finition brillante, satinée ou mate**
Au séchage, les vernis forment un film brillant, à moins qu'ils ne comportent des agents de matité qui leur confèrent un aspect satiné ou mat. La plupart des produits sont proposés dans les trois finitions. A défaut, ils peuvent être modifiés par superposition d'un vernis transparent compatible offrant la finition souhaitée.

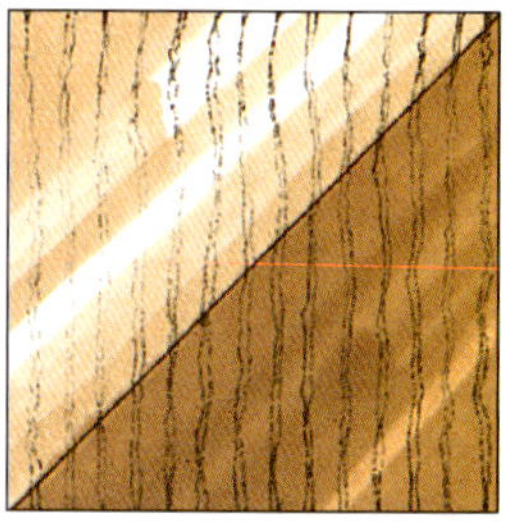

**Transparence et coloris**
S'ils laissent transparaître le veinage d'un bois dans toute sa splendeur, les vernis transparents accentuent légèrement sa tonalité naturelle. Humidifiez la surface pour avoir un aperçu de l'aspect final. La vocation des vernis teintants et les lasures est totalement différente : chargés de pigments ou de teintes, ils apportent une nouvelle coloration au matériau.

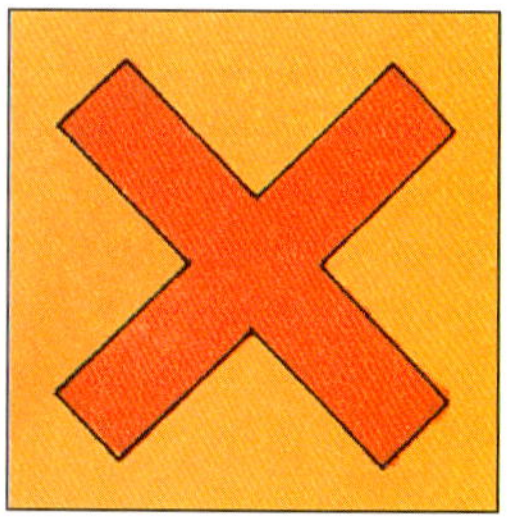

**Jaunissement**
Avec le temps, les vernis gras ont tendance à foncer ou à jaunir, alors que les produits acryliques et à catalyseur préservent tout leur lustre.

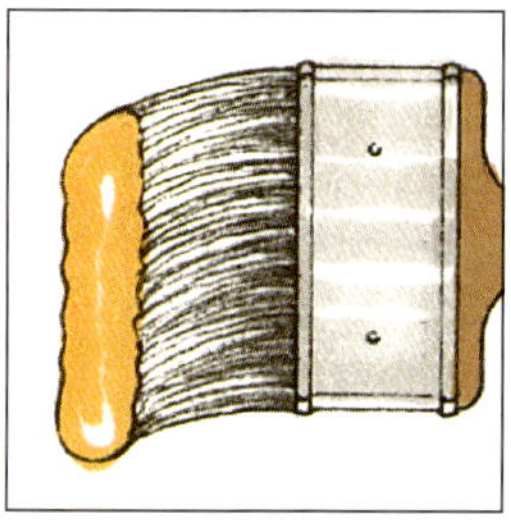

**Viscosité**
La gamme de vernis liquides s'est enrichie de produits thixotropiques : présentés sous forme de gel épais, ils retrouvent leur fluidité sous le pinceau et évitent les coulures sur les surfaces verticales.

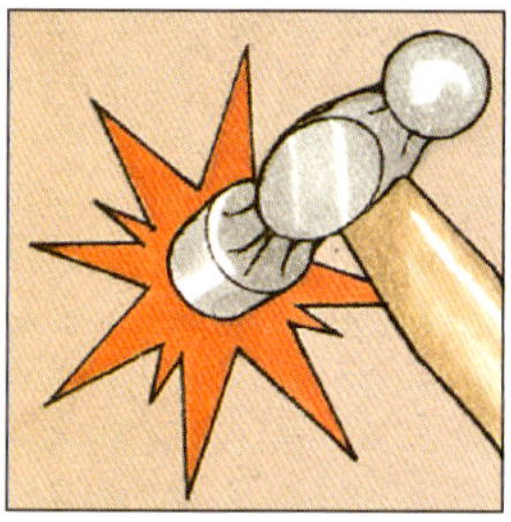

**Longévité**
L'étiquette des vernis synthétiques présentant une résistance exceptionnelle à l'usure, aux rayures, à l'abrasion et aux chocs porte généralement la mention "longue durée".

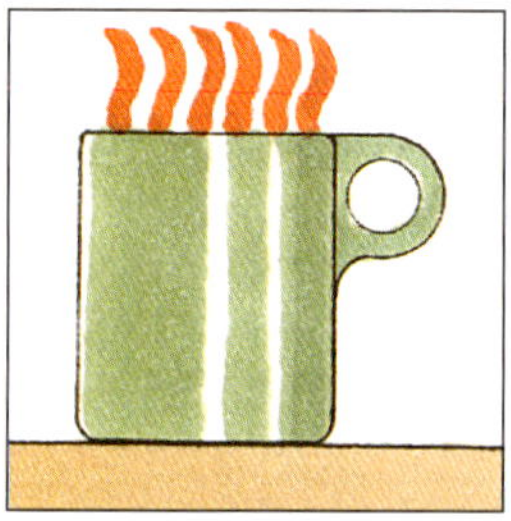

**Résistance à la chaleur**
Les vernis affichant cette caractéristique sont tout indiqués pour les tables, dessertes et plans de travail appelés à recevoir des plats chauds.

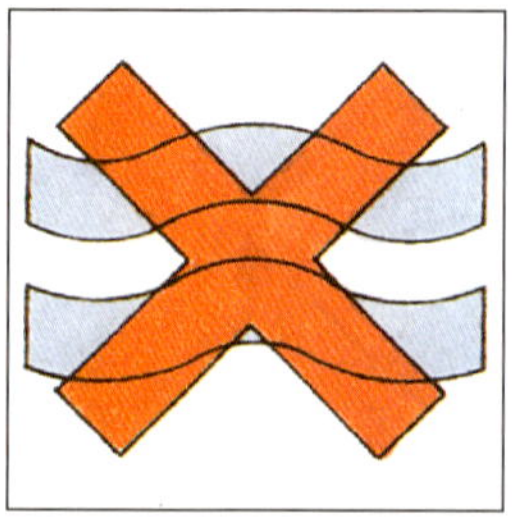

**Étanchéité**
Les vernis hydrofuges forment une pellicule imperméable à l'humidité ambiante et insensible aux gouttes d'eau.

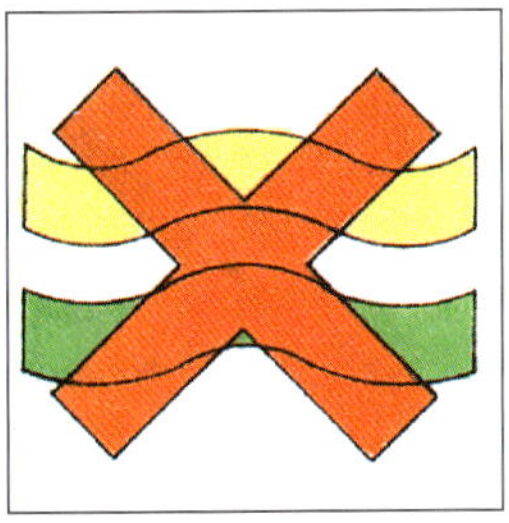

**Insolubilité**
Aucun solvant, pas même l'alcool, ne risque de tacher ni de dissoudre la pellicule d'un vernis insoluble.

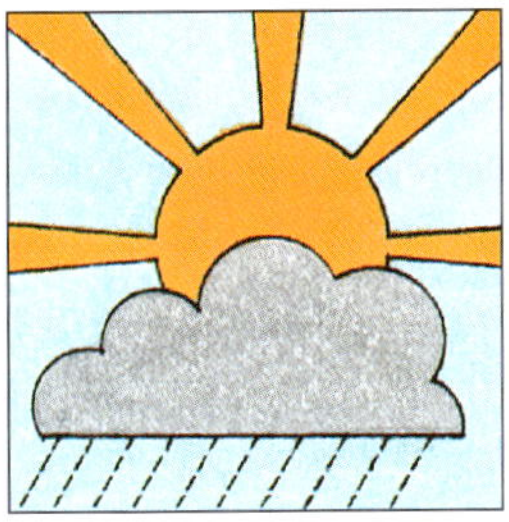

**Résistance aux intempéries**
Tous les vernis extérieurs présentent une excellente résistance aux agressions atmosphériques. Ils ne s'écaillent ni ne se fissurent ; enrichis d'agents anti-UV, ils confèrent au bois une bonne stabilité à la lumière.

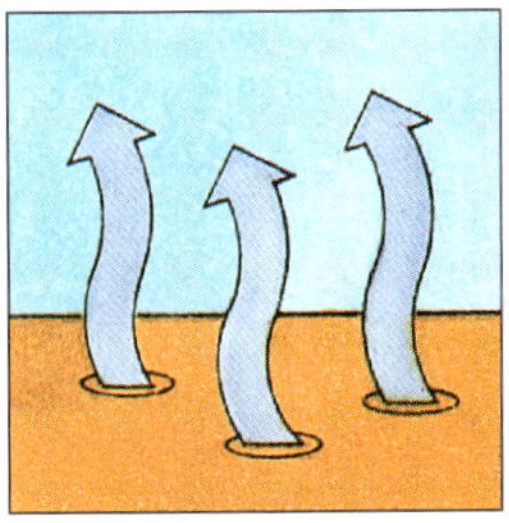

**Microporosité**
Les vernis extérieurs et les lasures constituent des revêtements microporeux qui imperméabilisent le bois tout en le laissant respirer.

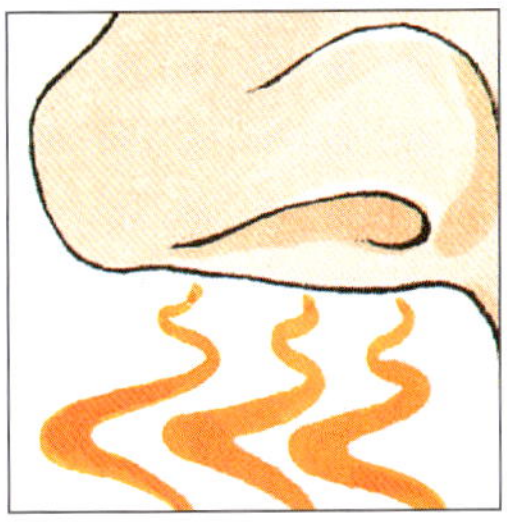

**"Sans odeur"**
Les vernis à très faible teneur en solvants (acryliques, par exemple) ne dégagent pratiquement pas d'odeur. Cette caractéristique s'accompagne souvent du label "NF environnement", signalant les produits les plus écologiques et les moins toxiques.

**Toxicité**
La réglementation oblige les fabricants à indiquer clairement les effets d'une ingestion de leurs produits ou de l'inhalation des vapeurs. Les normes régissant les finitions du mobilier scolaire et des jouets sont draconiennes.

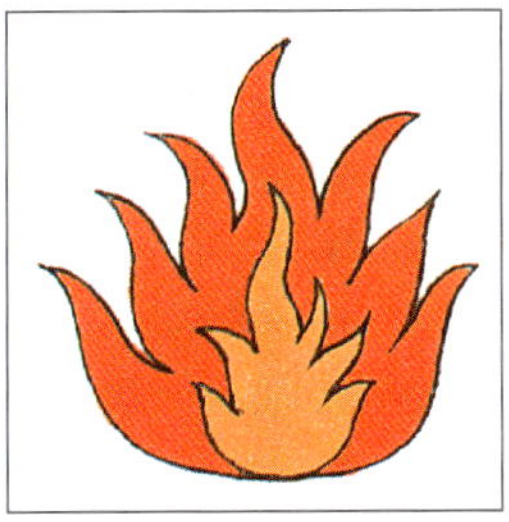

**Inflammabilité**
Les produits à base de solvants dérivés de la pétrochimie dégagent des émanations hautement inflammables. Les vernis hydrosolubles sont en revanche totalement ininflammables.

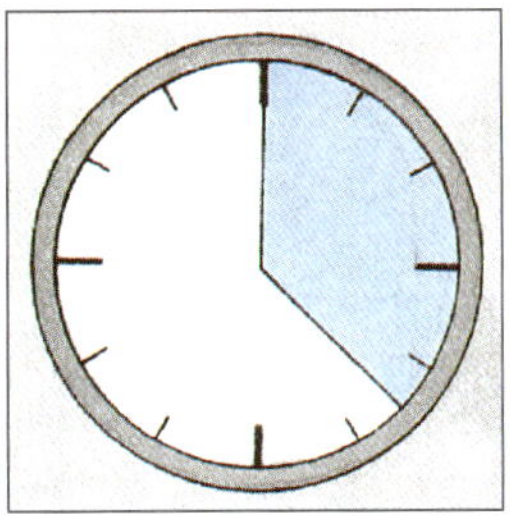

**Temps de séchage et de tirage**
Ne confondez pas séchage superficiel et séchage dans la masse : ces deux valeurs sont indiquées, mais une pellicule ne peut être recouverte qu'après durcissement à cœur. D'un produit à l'autre, ces délais de prise varient. Les vernis à séchage rapide permettent de terminer rapidement une pièce, mais ne laissent guère le temps d'effacer les traces de pinceau et d'étirer le vernis. Un séchage lent rend le vernis plus vulnérable aux incrustations de poussières.

# GESTES ET OUTILS DU VERNISSEUR

Le vernissage au pistolet est tentant, mais il fait intervenir des installations complexes qui ne se justifient que pour les ouvrages très volumineux. Bien plus abordable à tous égards, le vernissage au pinceau fournit d'excellents résultats… sous la main d'un artisan patient, bien outillé et méticuleux.

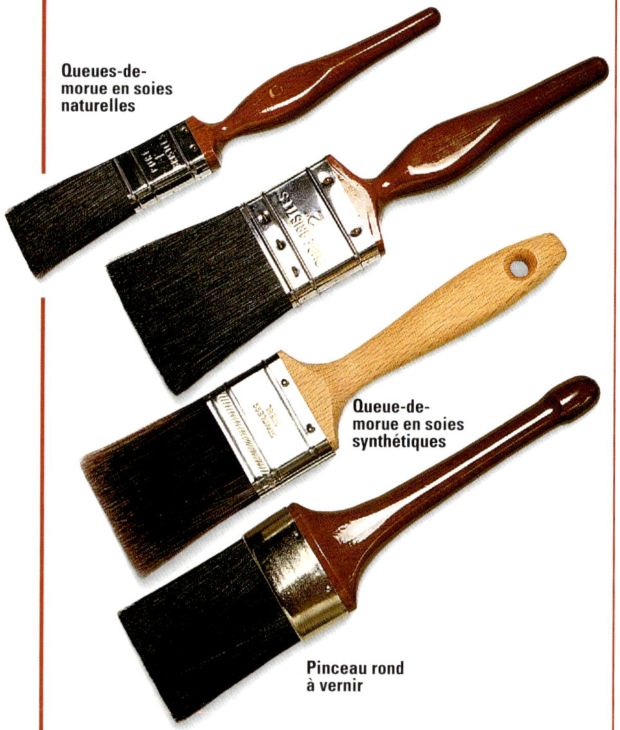


**Brosserie**

La réussite d'un vernis tient en premier lieu à la qualité du pinceau : investissez dans une bonne queue-de-morue à vernir, de préférence en soies naturelles. Un peu plus chères, elles étalent beaucoup mieux le vernis et ne se défont pas. Prévoyez une brosse à vernir ronde pour les grandes surfaces et le vernissage des chants et de rebords. Réservez les soies synthétiques, en nylon si possible, à l'application des vernis à l'eau et acryliques.

Munissez-vous d'une queue-de-morue de 50 mm de large pour couvrir les grandes surfaces et d'une autre de 25 mm pour les moulures et petits bois. Si vous envisagez de vitrifier un parquet, ne vous laissez pas tenter par un pinceau trop large qui, à la longue, devient difficile à manier. Limitez-vous à un spalter à vernir n°100 ou simplifiez-vous la tâche en montant un rouleau à peindre sur manche.

N'utilisez jamais un pinceau de vernissage pour appliquer un autre produit : quelques résidus de peinture séchés suffisent à faire tourner un vernis !

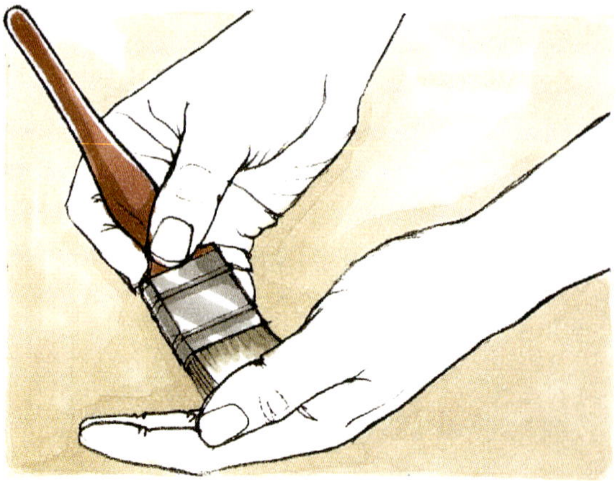

**1 Préparation du pinceau**

Avant de passer un vernis gras avec un pinceau neuf, travaillez la tirure dans la paume de la main pour la débarrasser des petites soies qui risqueraient de tomber sur le vernis.

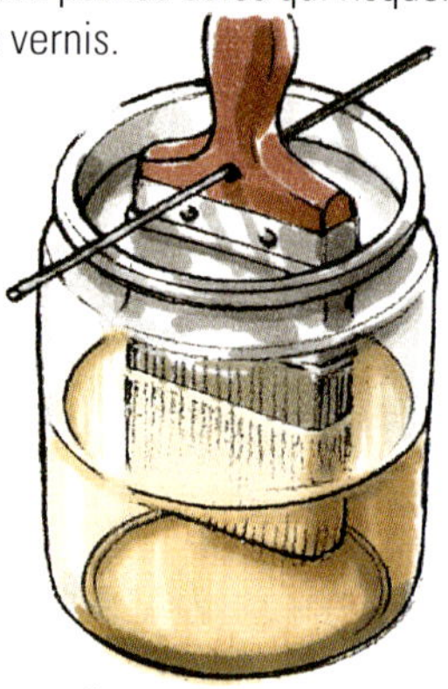

**2 Huilage des soies**

Faites tremper les trois-quarts de la touffe une journée dans un bocal à-demi rempli d'huile de lin. Ne la laissez pas toucher le fond du récipient : vous casseriez les soies qui ne chargeraient plus correctement le produit. Enfilez un fil de fer dans le petit trou ménagé au-dessus de la virole et tendez-le sur les rebords du bocal.

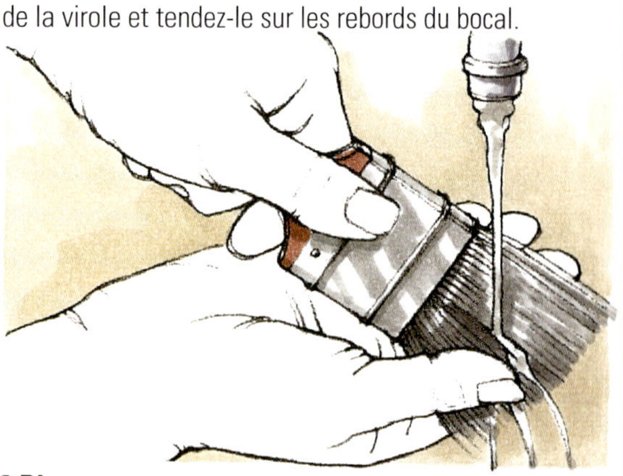

**3 Rinçage**

Le lendemain, essorez le pinceau sur un papier propre pour le débarrasser de son huile. Rincez-le au white spirit, puis lissez la touffe au savon sous un filet d'eau tiède et laissez sécher.

Nettoyage et entretien des pinceaux

Lavez les pinceaux chargés de vernis acrylique immédiatement après usage. S'ils ont déjà durci, trempez-les dans un diluant cellulosique pour dissoudre le vernis. Entre deux applications de vernis gras, suspendez le pinceau dans l'eau pour garder toute leur souplesse aux soies. Essuyez-la touffe au papier essuie-tout avant de le recharger. En fin de travail, rincez-le au white spirit, puis lavez la tirure à l'eau chaude savonneuse.

Redonnez-lui forme en lissant les soies du bout des doigts et enveloppez-la dans un papier d'emballage maintenu par un élastique passé autour de la virole. Rangez le pinceau ou accrochez-le à une grille murale.

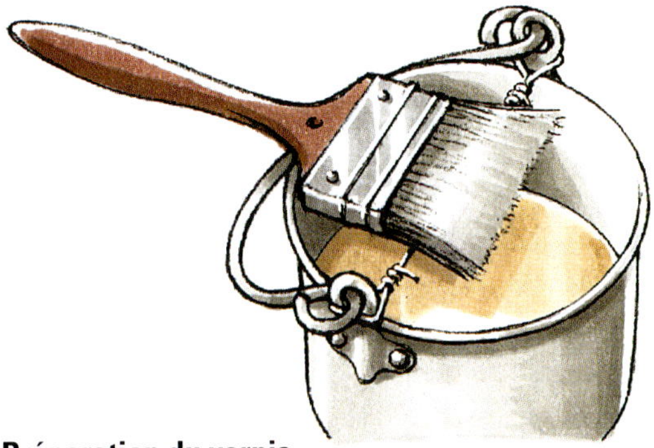

**Préparation du vernis**

Les vernis mats, satinés et teintants doivent être homogénéisés avant usage : remuez le liquide jusqu'à ce qu'il ne reste plus de sédiment au fond du pot. Cette méthode est inutile pour les produits thixotropiques.

Au lieu de plonger le pinceau dans le bidon, versez la quantité de vernis nécessaire dans un camion propre, et refermez aussitôt le pot. Tendez un fil de fer en travers du camion pour poser le pinceau en cours de travail.

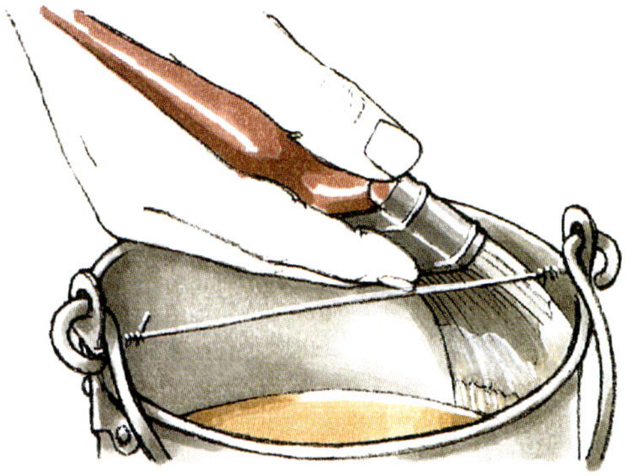

**Chargement du pinceau**

Ne trempez pas plus d'un tiers de la tirure dans le vernis. Si vous surchargez le pinceau, le produit sec s'incrustera sur la racine des soies qui perdront leur élasticité. Appuyez la touffe contre les parois du camion pour éliminer l'excédent. Ne frottez jamais le pinceau sur le rebord du pot, sous peine de favoriser l'apparition de bulles d'air qui ressortiront sur l'ouvrage.

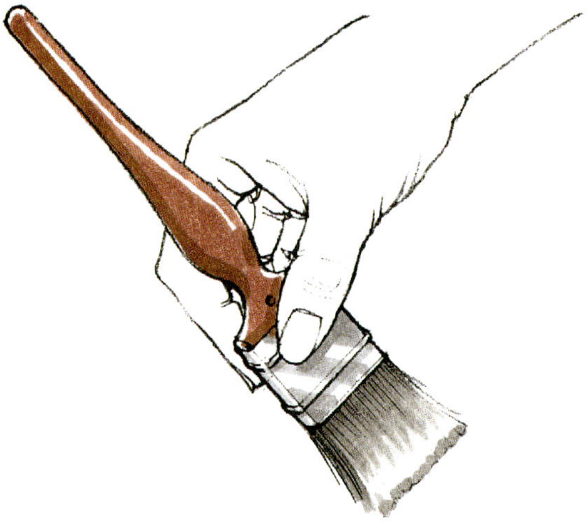

**Maniement**

Une bonne prise en main du pinceau assure une plus grande liberté de mouvement et un meilleur contrôle de l'écoulement du vernis. Tenez-le comme un crayon, en pinçant la virole entre le pouce et l'index. Guidez son déplacement d'un geste souple du poignet.

## PRÉPARATION DES FONDS

*L'atelier de vernissage doit être maintenu au-dessus de 18° C, parfaitement dépoussiéré et bien aéré. Brossez vos vêtements de travail pour les débarrasser des impuretés, fibres textiles et cheveux qui risqueraient de tomber sur le vernis frais.*

**Bois neuf ou déciré**

La surface doit être impeccable et exempte de graisse ou de cire. Essuyez les bois durs avec un chiffon imbibé de white spirit. Après décirage, mieux vaut isoler le support pour empêcher les remontées des résidus d'huile de silicone de l'encaustique ancienne (cf. page 26). Vérifiez toujours la compatibilité du fond dur et du vernis de finition.

**Bois vernis**

Si le vernis d'origine est en piteux état, décapez-le entièrement (cf. pages 31 à 35). Si vous choisissez de le conserver, lavez-le minutieusement jusqu'à disparition de tout résidu de poisse ou de graisse. Rabattez les vernis brillants au papier à l'eau au carbure de silicium.

**Boiseries extérieures**

Pour une parfaite adhérence, appliquez les vernis extérieurs par temps sec et chaud, sur des supports n'ayant pas été soumis aux intempéries depuis plusieurs jours. Les vernis acryliques sont les plus vulnérables au froid et à l'humidité (cf. page 64).

# VERNIS SIMPLES

L'application au pinceau des vernis gras et acryliques est à la portée de tous les amateurs mais, armé de quelques astuces et tours de main, vous éviterez les écueils qui guettent le néophyte !

**Panneaux**
Posée bien à plat sur des tréteaux, une surface plane sera plus facile à vernir. Si néanmoins vous ne pouvez démonter une porte ou un panneau vertical, prenez toutes les précautions d'usage pour éviter les coulures.

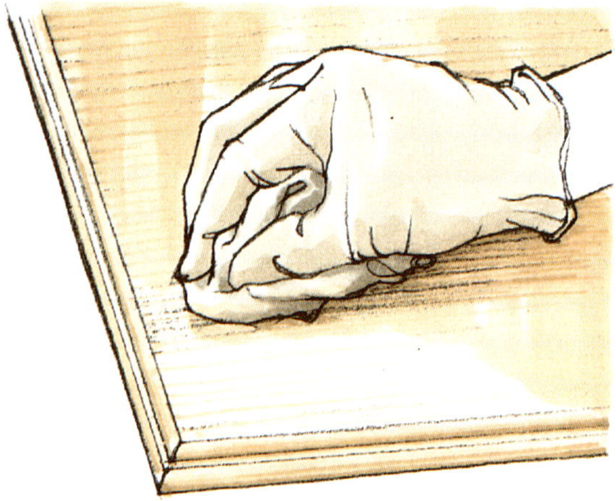

**1 Impression de vernis gras**
Avant le vernissage proprement dit, habillez le bois nu d'une couche de vernis gras dilué à 10 %. Appliquez cet apprêt au pinceau ou, à l'instar des professionnels, faites-le pénétrer dans la fibre à l'aide d'un chiffon doux.

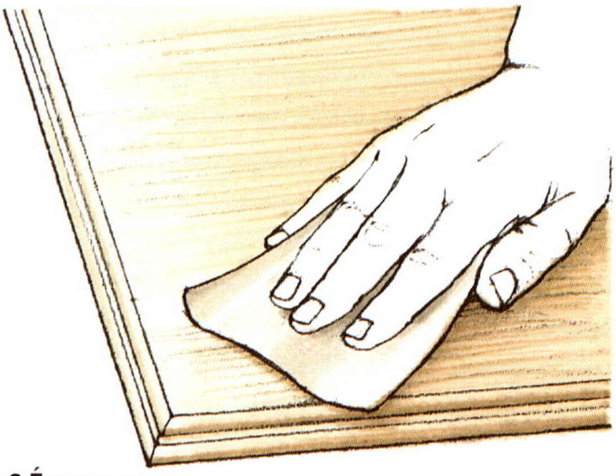

**2 Égrenage**
Laissez durcir l'impression jusqu'au lendemain matin, puis placez l'ouvrage sous un bon éclairage afin de déceler les moindres aspérités. Égrenez délicatement dans le sens du fil au papier à l'eau à grain fin (n°280) à peine humidifié. Dépoussiérez avec un chiffon imprégné de white spirit, puis séchez au papier absorbant.

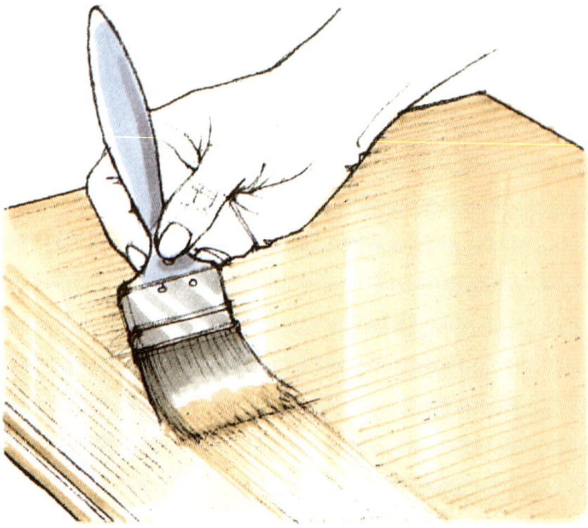

**3 Vernissage**
Posez une première couche de vernis pur dans le sens du fil, puis croisez les passes afin d'étirer uniformément la pellicule. Travaillez de proche en proche, en fondant les contours du vernis encore frais et en repoussant le produit au fur et à mesure. Le rythme doit être relativement soutenu, car le vernis commençant à sécher au bout de 10 minutes, tout repentir imprime une trace de pinceau indélébile. Enfin, "dressez" le vernis en effleurant le bois dans le sens du fil, afin de laisser un fini soyeux. Sur une surface verticale, travaillez de bas en haut. Deux couches de vernis pur suffisent à faire monter un beau vernis. Il gagnera en profondeur si vous égrenez chaque application après séchage.

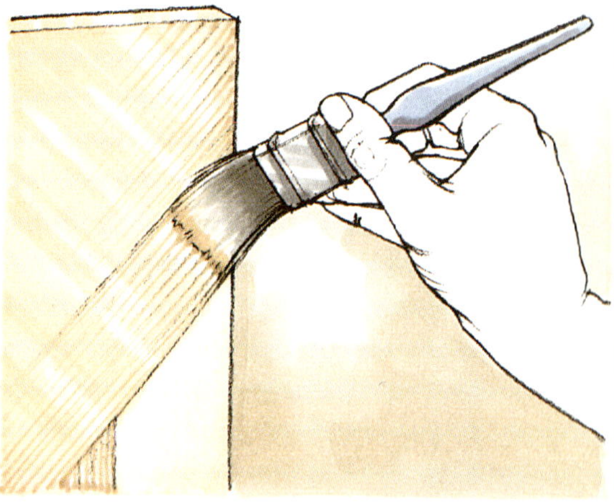

**Chants**
A l'approche des rives et des chants d'un panneau, travaillez du centre vers les bords. Pour éviter les surépaisseurs et les coulures, prenez garde de ne pas "essorer" les soies sur les arêtes.

Efforcez-vous de traiter les chants en même temps que le reste de la pièce. A défaut, vernissez-les en priorité, puis laissez sécher avant d'attaquer les surfaces planes. Si le liquide coule sur les rebords de l'ouvrage, rattrapez-le immédiatement au chiffon.

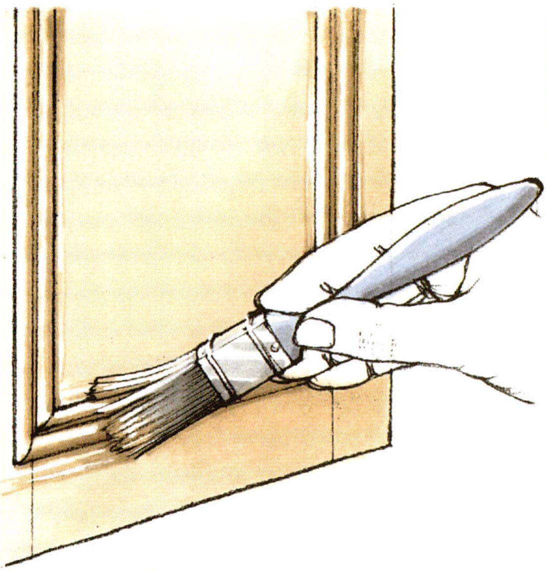

### Moulures

Passé perpendiculairement aux moulures, le pinceau risque de goutter sur les surfaces voisines. Vernissez ces éléments dans leur longueur à l'aide d'une queue-de-morue étroite. Pour vernir une porte à cadre et à panneau, commencez par les moulures, en partant des coins vers le centre, et passez ensuite au panneau.

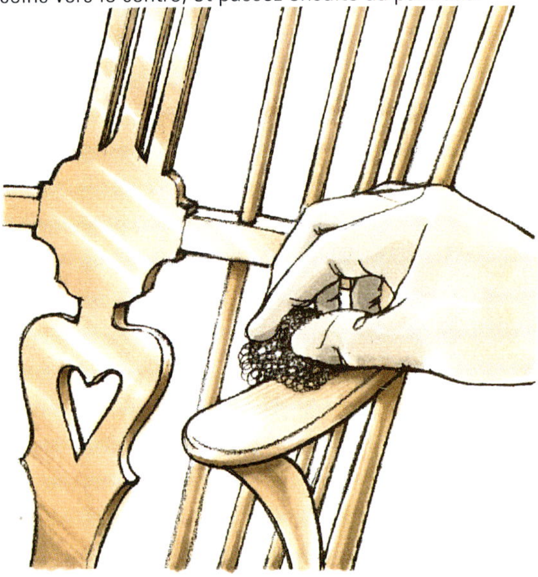

### Dépolissage d'une finition brillante

Au séchage, les vernis mats et satinés présentent une texture extrêmement fine qui disperse la lumière. Un vernis brillant maté accentue la délicatesse de cet effet, particulièrement heureux sur un plateau de table ou des accoudoirs de fauteuil.

Dépolissez la finition brillante à la laine d'acier fine (n° 000) imprégnée d'encaustique, puis achevez par un lustrage doux à la peau de chamois.

## VERNIS ACRYLIQUE

*Le vernis acrylique se pose pratiquement de la même façon qu'un vernis gras, mais ses composants réagissent différemment sur le bois et les produits de préparation. La moindre négligence suffit à laisser des traces de pinceau ou des coulures sur le fini .*

### Relèvement de la fibre

Le vernis acrylique présente l'inconvénient d'imprégner la fibre du bois qui gonfle et se relève. Or, la surface finie doit être lisse et régulière ; pour ce faire, détrempez le bois, puis poncez-le avant vernissage (cf. page 20). Autre solution : passez une première couche de vernis en impression sur le bois nu, égrenez-la au papier à l'eau fin (n° 220) légèrement mouillé et recouvrez-la d'une seconde application. Retirez les résidus de ponçage au chiffon humecté d'eau. Le chiffon gras est à proscrire : les remontées d'huile condamneraient la couche de finition.

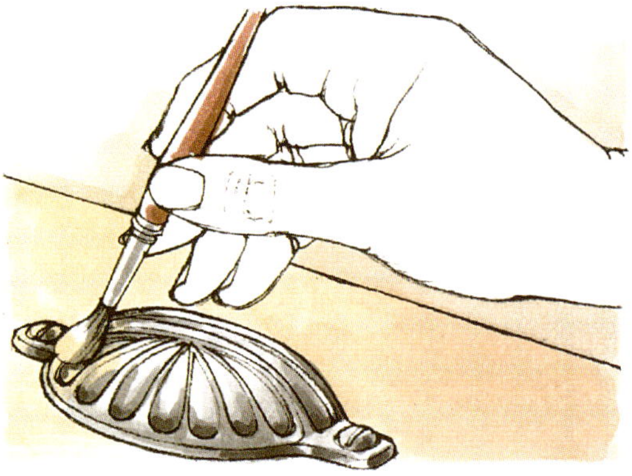

### Taches de rouille

Retirez tous les accessoires métalliques, vis et clous des meuble destinés à recevoir un vernis acrylique ou protégez-les sous un vernis gomme-laque déciré et incolore, tel que le tampon blanc (cf. page 53). Pour égaliser entre les couches, évitez la laine d'acier qui provoquerait à la longue des taches de rouille. Préférez une brosse en acier laitonné ou un tampon abrasif souple (cf. page 17).

### Vernissage

Chargez généreusement le pinceau et étendez une première couche dans le sens du fil, puis dressez le vernis en l'étirant dans toutes les directions, comme pour le vernis gras (voir ci-contre). Le vernis acrylique séchant en moins d'une demi-heure, fondez aussi vite que possible les traces de pinceau et les surépaisseurs, surtout par temps chaud.
Attendez deux heures avant de recouvrir le vernis. Trois couches suffisent à protéger le bois.

# VERNIS CATALYSÉS

Bien qu'ils ne présentent aucune difficulté particulière d'application, les produits à catalyseur ne réagissent absolument pas comme les vernis classiques en séchant. Apprenez à les connaître pour éviter les défauts de préparation et les erreurs de vernissage qui compromettraient leur durcissement.

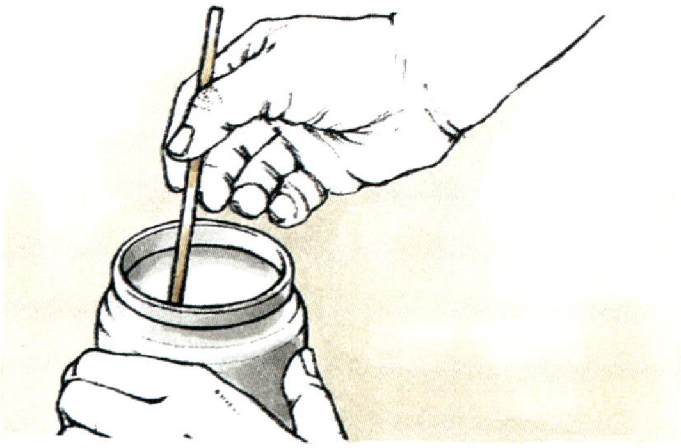

**Préparation du vernis**
Dosez les deux composants selon les indications du fabricant et mélangez-les dans un bocal en verre ou en polyéthylène. Le métal et les autres plastiques sont à proscrire, car ils se dégraderaient sous l'action du durcisseur et leurs particules en suspension dans le liquide empêcheraient le vernis de tirer.

Ce mélange n'est guère utilisable que deux à trois jours. Vous prolongerez sa durée de vie à une semaine environ en couvrant le bocal d'une feuille de polyéthylène, voire davantage en le plaçant au réfrigérateur. Pensez alors à l'étiqueter clairement.

**Entretien des pinceaux**
Les vernis à catalyseur peuvent être appliqués au pinceau, au pistolet, voire, pour les grandes surfaces, au rouleau de mousse synthétique.

Le vernis devient insoluble dès la phase de polymérisation. Nettoyez les pinceaux dans un diluant spécifique immédiatement après usage. Entre deux applications, vous pouvez les laisser tremper dans le camion de vernis, à condition toutefois de couvrir hermétiquement l'ensemble d'une feuille de polyéthylène.

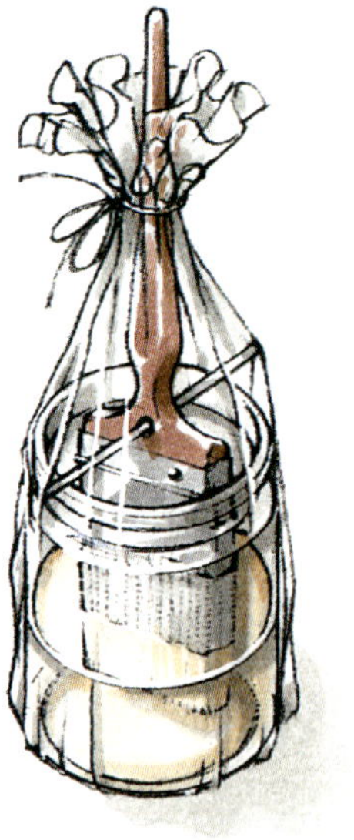

**Préparation du support**
Les vernis à catalyseur doivent être appliqués sur un support parfaitement poncé et nettoyé. La moindre remontée de colle compromettrait le durcissement à cœur du feuil. Si vous envisagez de colorer un bois avant vernissage, choisissez une teinte compatible avec la solution acide du durcisseur.

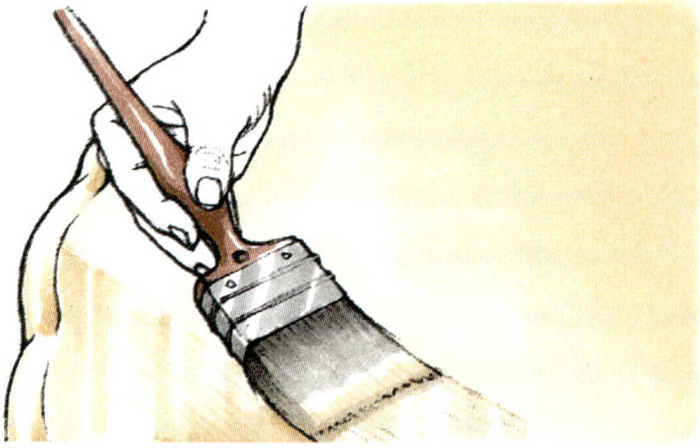

**Vernissage**
Le local sera maintenu entre 18° C et 24° C et correctement ventilé. Chargez le pinceau et laissez le vernis inonder le bois, en le repoussant progressivement. Déposez une couche épaisse en rattrapant les coulures et les affaissements. La surface sera sèche en un quart d'heure, mais attendez 1 heure avant de la recouvrir. Ne posez la troisième couche que le lendemain. L'égrenage n'est indispensable que pour effacer les défauts superficiels. Si vous utilisez un abrasif additionné de stéarine (cf. page 18), dépoussiérez avec un chiffon humecté de diluant spécifique au vernis.

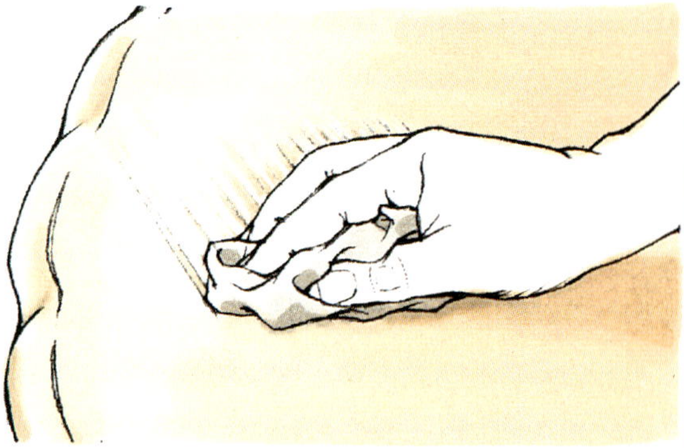

**Finition**
Laissez tirer la dernière couche quelques jours, puis dépolissez-la au papier à l'eau humide jusqu'à obtention d'un aspect mat. Des traces brillantes trahissent un affaissement du feuil (cf. page 74). Chargez un chiffon légèrement humide d'encaustique et frottez délicatement.. Achevez par un lustrage à la peau de chamois. Pour un aspect satiné, dépolissez le vernis sec avec un tampon de laine d'acier fine (n° 000) imprégnée d'encaustique (avec une laine d'acier moyenne (n° 00) pour un fini mat).

# VERNIS CELLULOSIQUES

Très appréciés des artisans pour leur brillant et leur incomparable transparence, les vernis cellulosiques confèrent aux meubles une élégance digne d'un vernis au tampon. Ils durcissent dans la masse par seule évaporation du solvant et déposent sur le bois un feuil léger, très sensible à l'action des diluants cellulosiques. Ainsi, chaque nouvelle application dissout partiellement la précédente et s'y mêle pour former une pellicule homogène.

Leur séchage rapide permet de les recouvrir au bout d'une demi-heure mais, revers de la médaille, les rend très vulnérables aux incrustations de poussières.

Bien moins résistants à l'eau, à la chaleur et à l'abrasion que leurs concurrents poluyréthanes ou catalysés, les produits cellulosiques sont très inflammables et dégagent des vapeurs toxiques. Ventilez l'atelier de vernissage et portez impérativement un demi-masque respiratoire lors de leur manipulation.

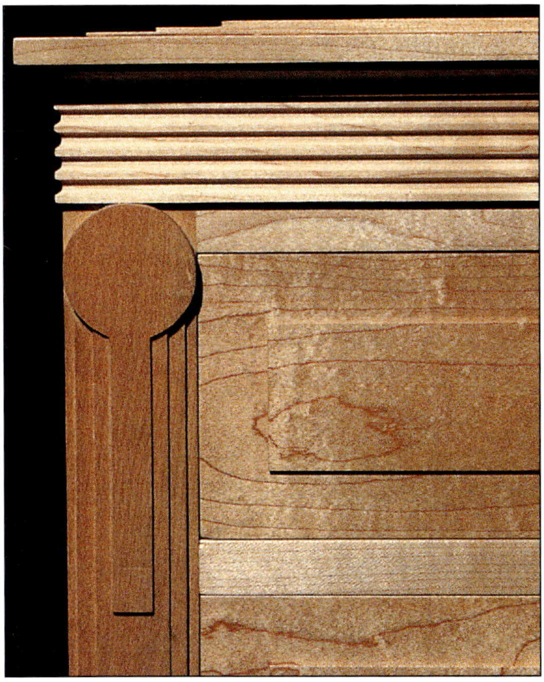

**Application au pistolet ou au pinceau**
Les vernis cellulosiques classiques sèchent si vite que seule la pulvérisation au pistolet est à même de garantir un résultat irréprochable (cf. pages 80 à 88). Si votre atelier n'est pas équipé pour ce type de travaux, optez pour un vernis additionné d'un retardateur, conçu pour l'application au pinceau.

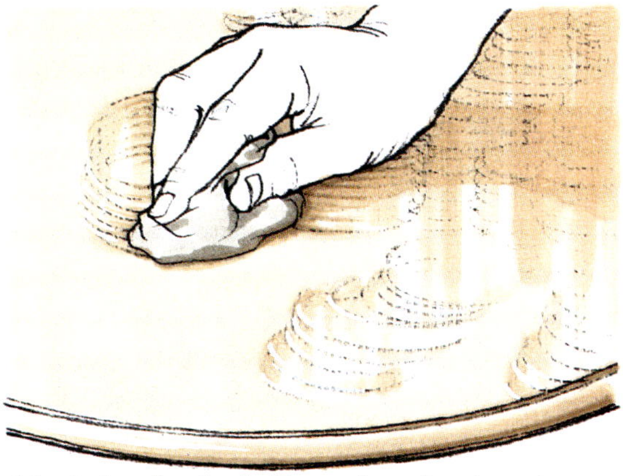

**1 Isolation des fonds** Bloquez la surface à vernir d'une mince couche de vernis mélangé à parts égales dans un diluant cellulosique, appliqué au chiffon.

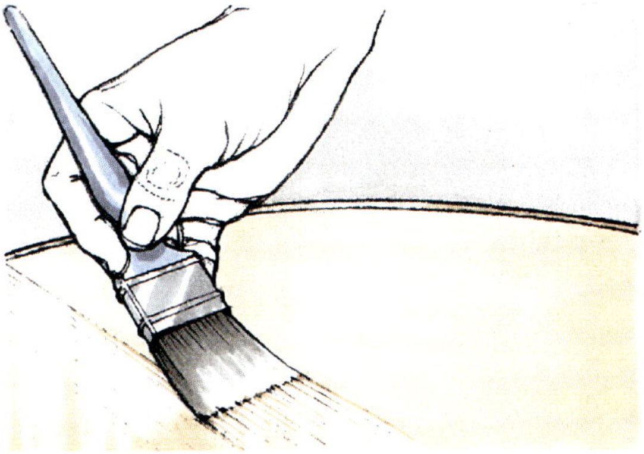

**2 Vernissage**
Superposez plusieurs applications généreuses de vernis pur. Inclinez le pinceau à un angle de 45° et balayez la surface de longues passes longitudinales légèrement chevauchées. Ne tentez pas d'étirer le vernis en croisant les passes, car le pinceau dessinerait des marques très visibles sur le film sec.

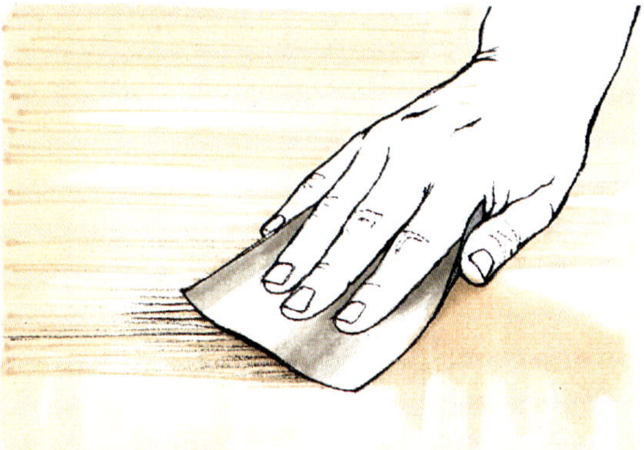

**3 Dépolissage**
Attendez 1 heure avant d'égrener la dernière couche avec un papier à l'eau ou un papier autolubrifiant à grain fin (n° 240). Au besoin, dépolissez à la popote d'ébéniste ou à la pâte à polir.

# DÉFAUTS DE FINITION

Chaque type de vernis présente une sensibilité particulière à l'application et au séchage, phases qui sont à l'origine des défauts les plus courants.

**VERNIS SIMPLES**

**Coulures et affaissement du feuil**

*Le produit mal étalé coule sur le support ou provoque des affaiblissements ponctuels de la pellicule.*
Rattrapez les coulures dans le frais en les rabattant vers le haut à la brosse sèche.

Si les surépaisseurs ont séché, réduisez-les au papier à l'eau humide. Au besoin, éliminez-les tout d'abord délicatement au ciseau à bois afin de poncer le moins possible votre ouvrage.

**Grains de poussière**

*L'incrustation de particules de poussières et d'impuretés est malheureusement presque inévitable en cours de vernissage.*
Sur un vernis frais, essayez de retirer les poussières les plus visibles du bout d'un cure-dent effilé. Le produit encore fluide remplira rapidement le trou et reconstituera la pellicule.

Si le film a commencé à tirer, attendez le lendemain, puis égrenez le fini au papier à l'eau.

**Soies incrustées**

*Presque tous les pinceaux, d'aussi bonne qualité soient-ils, ont tendance à perdre leurs poils.*
Essayez de récupérer du bout du pinceau les soies prises dans le vernis. Si le film est sec, tentez de les extraire à l'aide de la pointe d'un cutter bien affûté, puis effacez les traces par un ponçage doux au papier à l'eau.

**Frisage**

*Si à l'égrenage, le vernis "roule" sous le papier et se met en petits pelotons, c'est signe que la pellicule n'a pas fini de tirer. Un vernis sec au toucher n'est pas nécessairement durci à cœur. Pour vous en assurer, appuyez doucement un doigt sur la pellicule : s'il laisse une empreinte, il est trop tôt pour égrener.*
Laissez sécher une journée de plus et égalisez au papier à l'eau

**Traits de pinceau**

*Ces marques proviennent généralement des repentirs effectués sur un vernis qui commence tout juste à sécher.*
Si votre pinceau glisse accidentellement sur le vernis en cours de séchage, n'essayez pas de rattraper aussitôt la traînée ; laissez tirer le film jusqu'au lendemain, puis poncez délicatement le défaut.

**Cratères**

*Des résidus de cire au silicone déposés dans les pores remontent sous le vernis qui n'adhère plus et forme de petites cloches éclatées.*
Voir page 88.

**VERNIS ACRYLIQUES**

**Farinage du film**

*Si l'atelier est trop humide, les agents coalescents s'évaporent avant l'eau, empêchant ainsi l'homogénéisation de la pellicule. qui poudre.*
Retirez le vernis à la brosse d'acier laitonné et revernissez.

**Séchage précoce**

*Par temps chaud et sec, les vernis hydrosolubles sèchent beaucoup plus vite qu'ils ne le devraient.*
Diluez le vernis à 10 %.

**VERNIS CATALYSÉS**

**Mauvais durcissement du feuil**

*Plusieurs facteurs peuvent inhiber le processus de séchage : résidus de graisse ou de cire sur le support, bouche-porage à la céruse, dosage insuffisant de durcisseur dans le mélange, température ambiante inférieure à 18° C.*
Installez l'ouvrage dans une pièce bien chauffée et laissez tirer le vernis plusieurs jours. S'il s'agit d'un parquet, recouvrez-le d'une bâche en polyéthylène jusqu'à durcissement en profondeur de la finition.

**Bullage et crispation du feuil**

*La couche d'impression a été recouverte avant d'avoir durci et est dissoute par le solvant de la finition.*
Laissez reposer l'ouvrage quelques jours dans un atelier bien chauffé.

**Brouillard de lustrage**

*Lustré avant qu'il n'ait achevé de tirer, le vernis garde toute sa matité.*
Installez la pièce dans un atelier bien chauffé et attendez quelques jours avant de reprendre le lustrage.

**Refus de vernis**

*Un égrenage au papier à l'eau à base de stéarine risque de déposer des particules qui empêcheront la bonne adhérence des couches de finition.*
Dépoussiérez la surface à l'aide d'un chiffon imprégné de diluant spécifique avant de passer la couche suivante.

# PEINTURES ET FINITIONS AU PISTOLET

CHAPITRE 6

Confectionnées à partir des mêmes résines et solvants que les vernis, les peintures partagent avec les finitions transparentes de nombreuses caractéristiques. Elles s'en distinguent toutefois par leur pouvoir couvrant et colorant, qui les destine davantage à la décoration des essences plus ordinaires, des huisseries ou des panneaux manufacturés. Les petites surfaces s'accommodent bien d'une application au pinceau, mais pour une pièce de grandes dimensions, optez pour la pulvérisation au pistolet.

# APPRÊTS, SOUS-COUCHES ET FINITIONS

Contrairement aux vernis qui assurent aussi bien la protection du support que l'habillage des bois, la mise en peinture fait intervenir trois produits légèrement différents, chacun remplissant une mission bien précise : l'apprêt isole le bâti et constitue l'assise sur laquelle viendront accrocher deux ou trois sous-couches de protection relativement denses et mates ; enfin, la peinture de finition confère à la pièce sa couleur définitive, d'aspect mat, satiné ou brillant.

## APPRÊTAGE

### Apprêt à l'huile

Choisissez un apprêt blanc ou rose, selon la profondeur de ton et l'opacité des applications suivantes. Les apprêts traditionnels, préparés à partir d'un mélange de blanc et de rouge de plomb, subsistent encore sous les peintures anciennes. Les fabricants ont désormais banni de leurs formulations cette substance, responsable du saturnisme. Comptez une nuit avant de recouvrir un apprêt à l'huile.

### Apprêt acryliques

Utilisé pour boucher les supports appelés à recevoir une peinture acrylique, cet apprêt sèche en quatre heures environ. Comme tous les produits hydrosolubles, il fait rouiller les accessoires métalliques, qui doivent être protégés d'une couche de tampon blond incolore (cf. page 53). A défaut, prévoyez un apprêt acrylique enrichi d'agents antioxydants.

### Primaire à l'aluminium

Additionné de particules d'aluminium, cet apprêt à l'huile améliore la tenue du bois aux intempéries. Excellent isolant des bois durs – et surtout huileux – et des essences résineuses, il est vivement recommandé pour apprêter les bois d'œuvre assombris par un traitement antiparasitaire ou brûlés par un décapage thermique.

## PROTECTION

### Sous-couche glycérophtalique

Destinée à recouvrir et masquer l'apprêt et le fil du bois, la sous-couche laisse une pellicule de fond régulière et mate, qu'il convient d'égaliser au papier à l'eau avant finition. Proposées en blanc, gris et d'autres coloris neutres, les sous-couches glycérophtaliques doivent tirer toute une nuit pour assurer un bon accrochage du produit final. Tous les produits glycérophtaliques sont solubles au white spirit.

### Sous-couche acrylique

Le grand avantage des sous-couches acryliques tient à leur séchage rapide, qui permet d'enchaîner en une journée les phases de préparation et de finition. Certaines peuvent être recouvertes en moins d'une heure. Vous trouverez également dans le commerce des produits acryliques alliant les fonctions d'apprêt et de sous-couche. Les fonds préparés à l'acrylique peuvent être habillés d'une peinture hydrosoluble ou glycérophtalique.

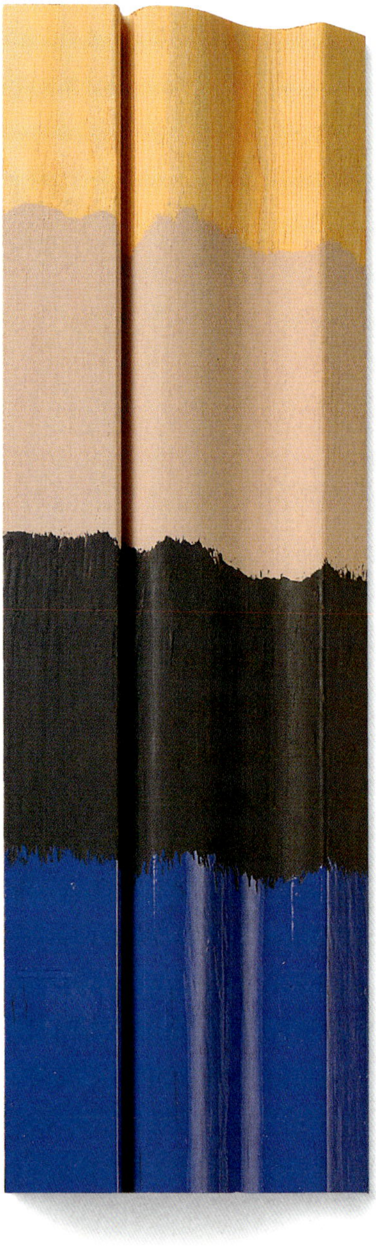

**Bois nu**
Le support est égrené après relèvement des fibres.

**Apprêt**
Isole le support et fournit une base d'ancrage aux couches suivantes.

**Sous-couche**
Passée en deux ou trois applications, elle masque l'apprêt et protège le bois d'une pellicule résistante.

**Finition**
La couche finale de peinture dépose en surface un film coloré et impeccablement lisse.

## FINITION

**Peinture glycérophtalique**

Proposée en finition mate, satinée ou brillante, ce type de peinture a surtout une vocation esthétique. Son corps et son velouté lui vaut parfois le nom de "laque". Sauf indication contraire, elle convient aussi bien aux boiseries intérieures qu'extérieures. Les finitions "haute brillance" offrent une meilleure tenue aux intempéries que les produits satinés. Conditionnées sous forme de gel, les peintures thixotropiques ne doivent être remuées que si le médium est remonté au-dessus de la base. Le cas échéant, attendez que le gel se soit reformé avant de passer le produit. Sec au toucher au bout de 2 à 6 heures, le film n'aura vraiment durci qu'après 24 heures.

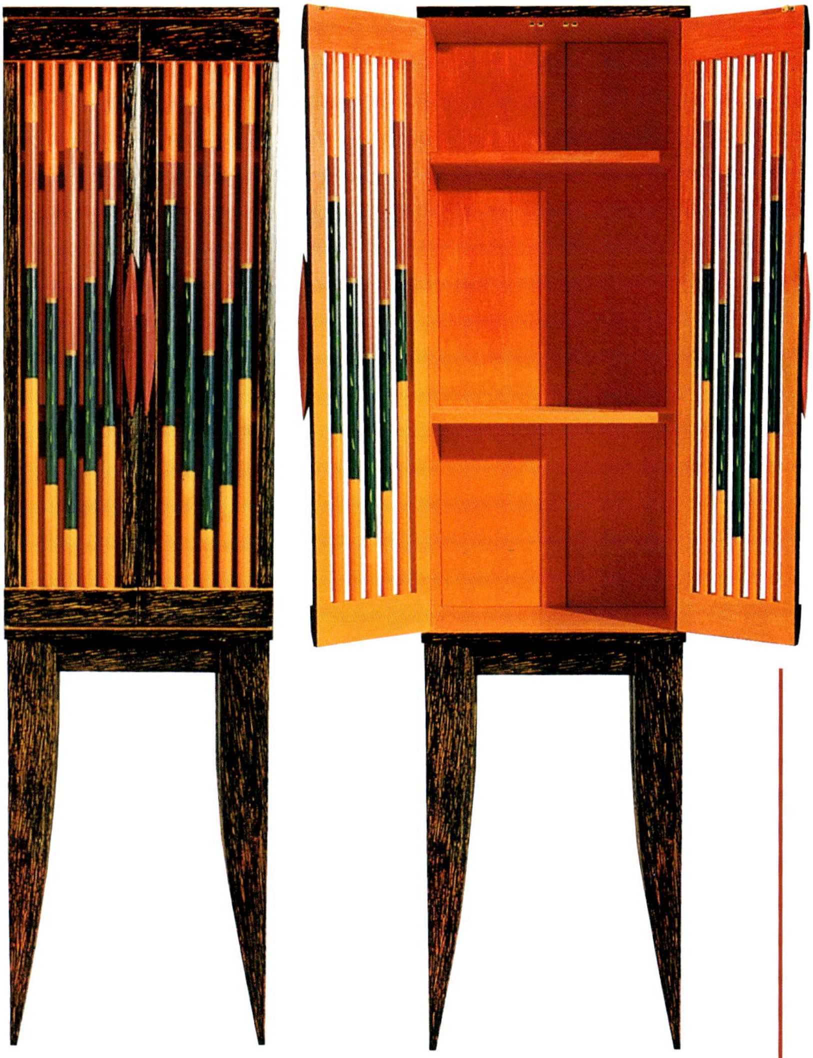

**Peinture monocouche**

Ce type de peinture glycérophtalique se pose directement sur l'apprêt. En finition brillante ou satinée, elle est très chargée en pigments et présente une viscosité élevée. Son pouvoir couvrant suffit à dissimuler les peintures anciennes et les couleurs vives, à condition que l'application soit assez épaisse.

**Peinture acrylique**

Elle sèche par évaporation de l'eau, puis réaction des agents coalescents qui agglutinent les molécules de résines en un film homogène. Un milieu ambiant trop froid ou trop humide inhibe ce processus, et par là même la tension de la pellicule (cf. page 64). Les laques acryliques satinées et mates réfléchissent un peu moins la lumière que leurs concurrentes glycérophtaliques. En revanche, elles sèchent bien plus vite et sont ininflammables, non toxiques et pratiquement inodores. Si vous souhaitez en habiller des boiseries extérieures, demandez un produit adapté à votre fournisseur

**Peinture à la caséine**

Commercialisée sous forme de poudres colorées à diluer dans l'eau, elle confère au bois une charmante allure rustique. La caséine fait office de liant dans ce mélange additionné de chaux et d'argile et coloré par des pigments de terre. Au séchage, les peintures à la caséine offrent un fini mat. Si vous souhaitez des reflets satinés, n'hésitez pas à les lustrer. Recouvertes d'un vernis transparent, elles tiendront plus longtemps. Très appréciées des restaurateurs de meubles, elles sont également du plus bel effet sur des supports neufs. Elles se posent alors directement sur le bois nu. S'il s'agit de masquer une peinture existante, faites précéder leur application d'un apprêt spécifique.

**Peinture métallisée**

Destinées à la finition des petits objets délicats, elles existent dans une gamme de tons dorés, cuivrés et argentés. Solubles au white spirit ou à l'eau selon les formulations, elles sont relativement fragiles ; sur un objet utilitaire, mieux vaut les protéger d'un vernis transparent compatible et légèrement dilué.
Pensez à bien les agiter avant usage et appliquez-les avec un pinceau très souple.

# FINITIONS PEINTES

Depuis l'avènement du matériel de pulvérisation, les finitions traditionnelles peintes à la main ont perdu beaucoup de terrain. S'il est vrai que seule une main experte peut prétendre rivaliser avec l'irréprochable lissé des revêtements passés au pistolet, nombreux sont les artisans qui préfèrent voir leur ouvrage prendre peu à peu tournure sous leur pinceau, sans pour autant sacrifier aux exigences de qualité.

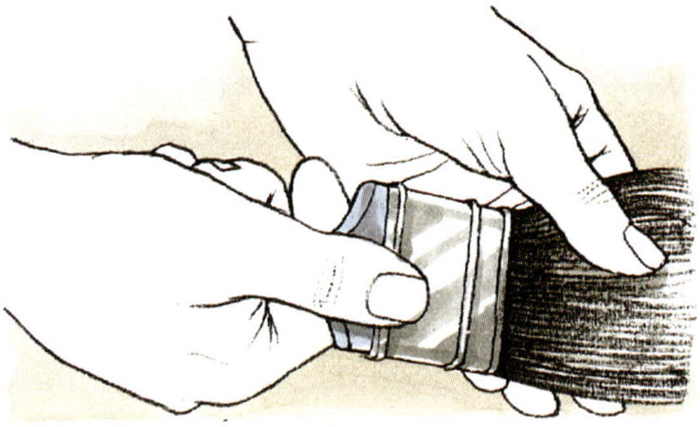

**Choix des pinceaux**

Pour apprécier la qualité de la tirure, séparez les soies du bout des doigts : la touffe doit être épaisse et dense ; assurez-vous que les soies ont suffisamment de ressort pour se remettre aussitôt en place. La base du poil doit être solidement enserrée et collée dans la virole métallique, elle-même bien emmanchée. Prévoyez une queue-de-morue n° 50 pour les surfaces planes et une n° 25 pour les petits travaux de précision.

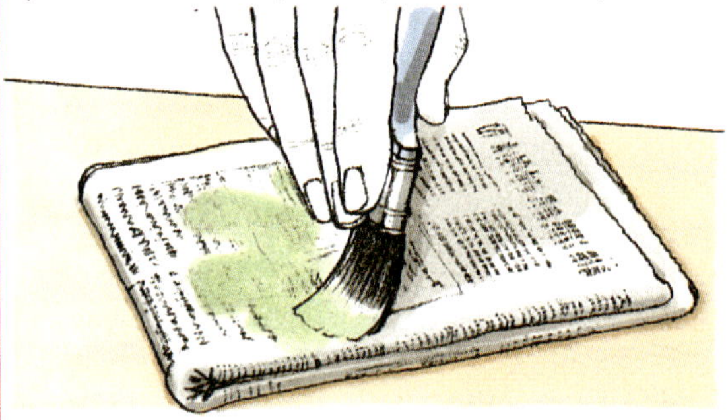

**Entretien**

En fin de travail et avant une pause, essorez le pinceau ou l'applicateur sur un papier journal. S'il est chargé de produit acrylique, lavez-le à l'eau claire. Retirez les restes de peinture glycérophtalique au white spirit, puis nettoyez-le à l'eau chaude légèrement savonneuse. Lissez les soies pour reformer la touffe avant de le ranger (cf. page 69). Si la peinture a durci, faites-la dissoudre dans un diluant ou un décapant spécifique, puis rincez à l'eau savonneuse. La peinture acrylique s'enlève au diluant cellulosique.

**Brosserie**

Les soies de porc chargent le mieux les peintures glycérophtaliques. A performances à peu près égales, les mélanges de soies de porc et de poil de poney ou d'oreille de bœuf sont un peu plus économiques. Les produits acryliques réagissent mieux aux fibres de synthèse effilées et présentant une fleur multiple qui, comme les soies naturelles, chargent bien le produit et font la pointe. Vous obtiendrez d'excellents résultats sur surface plane avec un applicateur de mousse synthétique garni d'un carré de peau de mouton. Les petits pinceaux mousse, en 30 à 80 mm de large, ont la faveur de certains artisans pour les petits bois, pièces tournées et moulures. Avant la première utilisation, époussetez la surface du tampon à la brosse douce. Un rouleau en peau de mouton simplifie la tâche sur les portes et panneaux de grandes dimensions.

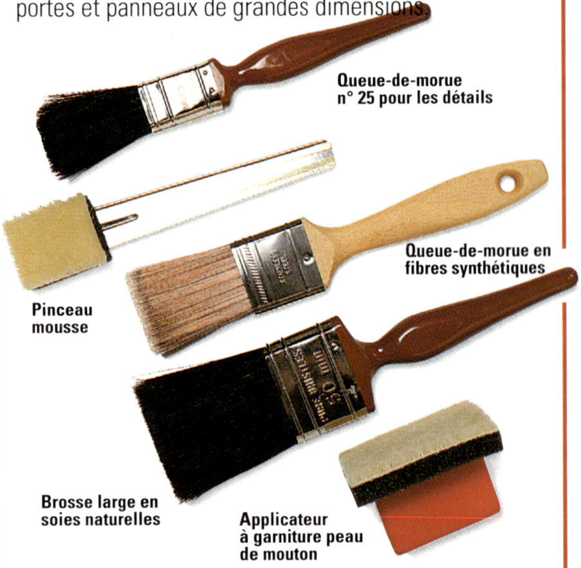


## CHARGER UN APPLICATEUR

*Les tampons applicateurs sont fournis avec un bac à peinture muni d'un rouleau sur lequel on passe la garniture pour bien distribuer la charge de produit.*

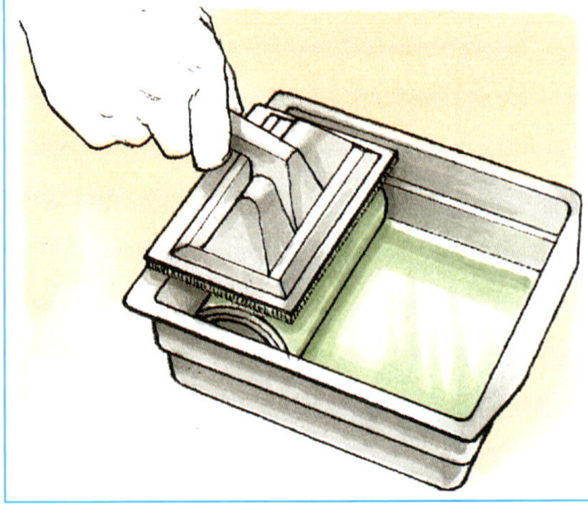

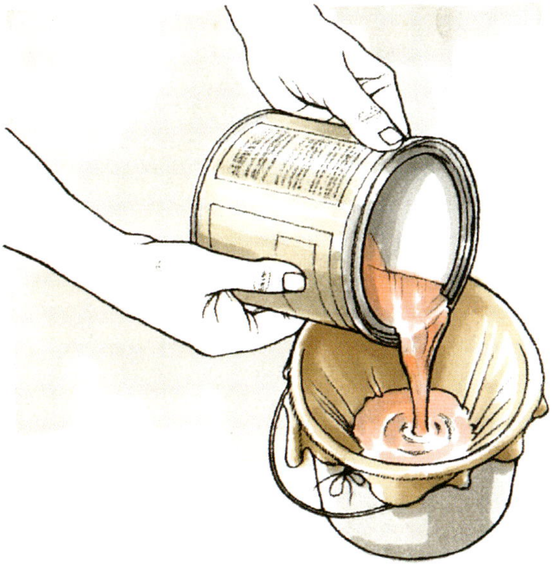

**Transvasez la quantité de peinture** nécessaire dans un camion propre dans lequel vous tremperez la touffe du pinceau (cf. page 69). Si le pot de peinture a été entamé, filtrez le produit à travers un voile de mousseline ou un vieux collant fixé sur le rebord du camion. Si une peau s'est formée au-dessus du liquide, décollez-la des parois à l'aide d'un couteau et retirez-la avant de filtrer la peinture. Cette technique est à proscrire pour les peintures thixotropiques.

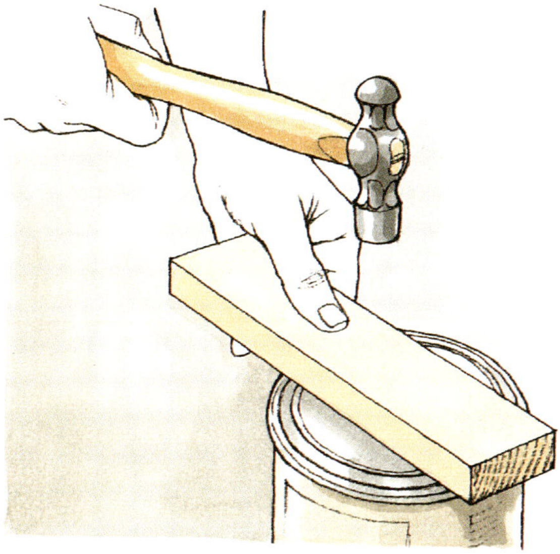

**Refermez hermétiquement le bidon**, en prenant soin d'essuyer le rebord au chiffon. Posez un tasseau de bois sur le pot et donnez quelques coups de marteau pour bien enfoncer le couvercle dans son logement. Agitez le récipient avant de le ranger pour éviter la formation d'une peau superficielle.

## TECHNIQUES D'APPLICATION

*Ne posez l'apprêt ou la sous-couche que sur un support propre et lissé. Relevez la fibre et égrenez avant application de produits hydrosolubles (cf. page 20). Méfiez-vous des nœuds : s'ils sont encore frais, la résine dégorgera sous le fini et fera tourner la couleur. Bloquez-les sous un enduit de gomme-laque (cf. page 51) avant la mise en peinture. Lorsque vous recouvrez une peinture ancienne, décapez-la si elle est écaillée ou cloquée (cf. pages 31 à 35) ; si elle est en bon état, dégraissez et dépoussiérez. Poncez les revêtements brillants au papier abrasif à grain fin.*

### Le bon moment

Peignez les boiseries extérieures par temps chaud et sec. En plein air, le premier ennemi est le vent.

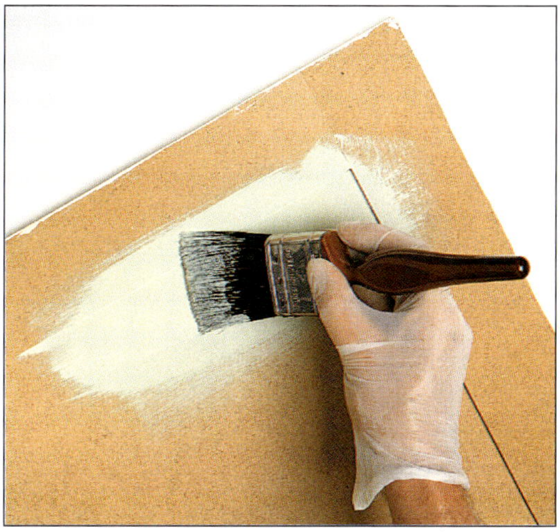

### Peinture glycérophtalique

Sauf s'il agit d'un produit monocouche, posez l'apprêt, puis au moins deux sous-couches avant la finition. Égrenez entre chaque application au papier à l'eau et passez un chiffon imprégné de white spirit. Peignez en alternant les passes verticales et obliques. Dressez la pellicule du bout du pinceau. Rattrapez les traînées et les coulures comme pour un vernis (cf. page 70-71). N'étalez pas les peintures thixotropiques ; chargez le pinceau et laissez le produit s'écouler en lissant par passes légères en long. Dressez délicatement le fini, puis laissez sécher.

### Peinture acrylique

Même méthode que pour un vernis acrylique (cf. page 71). Repoussez le produit de façon à bien le distribuer avant qu'il n'ait le temps de sécher.

# PISTOLETS DE PULVÉRISATION

Bien maîtrisée, la technique de pulvérisation permet de réaliser une finition impeccable en un temps record. Si elle n'a pas son pareil pour déposer une pellicule uniforme et douce au toucher, encore faut-il que le support ait été minutieusement préparé et que l'opérateur fasse preuve de doigté et de soin. Avant d'attaquer une pièce d'ébénisterie, familiarisez-vous avec le matériel de pistolettage et exercez-vous sur des chutes ou des panneaux de moindre valeur.

**Systèmes de pulvérisation**

Optez pour un matériel de base simple, composé d'un petit compresseur électrique et d'un pistolet mécanique, à succion ou à gravité. Choisissez un modèle peu encombrant et maniable, adapté aux produits de finitions courants. Ne lésinez pas sur la qualité : vous n'arriverez à de bons résultats qu'avec un outil et des accessoires de précision.

Si vous n'envisagez que des travaux ponctuels, la dépense vous semblera peut-être excessive. Dans ce cas, les grandes surfaces et les magasins de peinture louent du matériel à des tarifs abordables. Ceci étant, comme vous devrez de toute façon installer une cabine de pistolettage et une hotte d'aspiration, il est plus judicieux de disposer de votre propre matériel de pulvérisation pour rentabiliser ces aménagements.

**Pistolets à peinture**

Le produit fluide est atomisé par un jet d'air comprimé et pulvérisé sur la surface en un fin brouillard qui dépose une pellicule homogène. La gâchette commande l'arrivée d'air comprimé et de produit vers la tête de la buse, où s'effectue l'atomisation et le brassage. Sur les modèles à gravité, le réservoir – généralement en plastique – est vissé sur le haut de l'appareil. D'une contenance d'environ un demi-litre, il est muni à sa base d'un filtre de plastique. Légers et maniables, ces pistolets conviennent à pratiquement tous les produits de finition, à l'exception des fluides très chargés en pigments, comme les peintures métallisées. Plus polyvalent, le pistolet à succion admet les produits les plus lourds. Le godet est fixé sous le dispositif de pulvérisation ; le produit est aspiré par une dépression créée par l'arrivée d'air comprimé dans le chapeau d'air. Le réservoir, métallique, a généralement une capacité d'un litre, ce qui limite les recharges, mais alourdit l'appareil. Sa position basse impose une grande prudence, car à la moindre distraction, il risque de heurter l'ouvrage.

De plus en plus appréciés, les pistolets électriques "HVLP" (Haut volume basse pression) produisent un brouillard très fin. Ces outils légers se branchent sur secteur (ou fonctionnent sur piles pour certains modèles) et autorisent une grande liberté de mouvement.

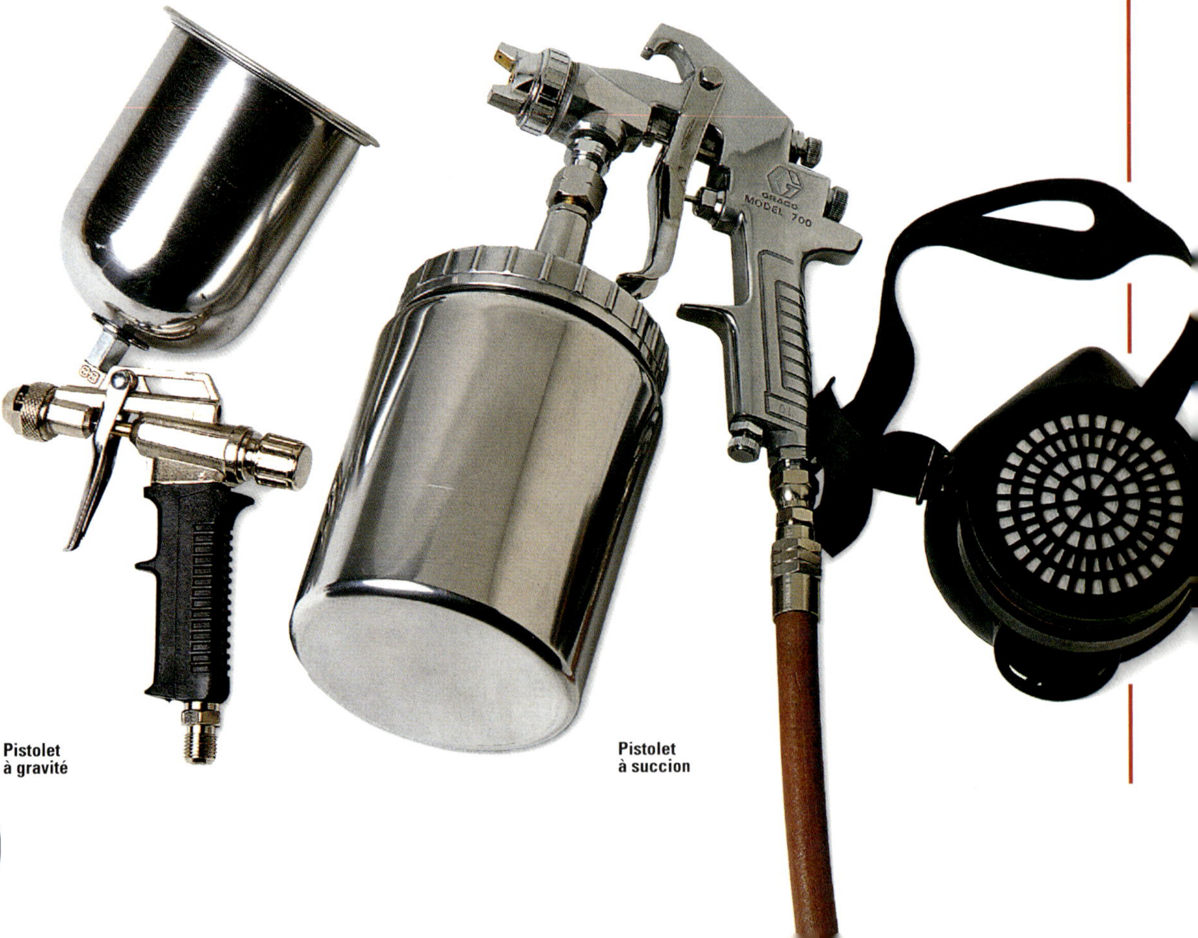


**Pistolet à gravité**

**Pistolet à succion**

## Réglages

Les pistolets les plus performants permettent de régler précisément tous les paramètres de pulvérisation. Aux modèles automatiques, préférez un dispositif mécanique, plus fiable (et plus économique).

**Buse**
C'est au niveau de la buse que l'air et le produit sont mis en présence. L'air comprimé est expulsé par des évents ménagés de part et d'autre de la tête de la buse, qui elle-même libère le produit de finition. Une pression sur la gâchette commande l'ouverture de la soupape d'admission d'air, puis la course de l'aiguille obturant la buse, qui se rétracte pour permettre l'écoulement du fluide atomisé.

**Régulateur de produit**
Située au-dessus de la crosse de l'appareil, cette molette permet de positionner la butée de l'aiguille pour ajuster son recul en fonction de la quantité de fluide devant être éjectée de la buse.

**Chapeau d'air**
Selon les procédés, l'atomisation du produit s'effectue dans le chapeau d'air ou, comme sur le modèle présenté ici, à la sortie de la buse. L'aiguille ressort très légèrement de l'ajutage du chapeau d'air ; lorsqu'elle se rétracte, l'air est expulsé du chapeau en même temps que le jet de produit, qu'il atomise en un fin brouillard. Une partie de l'air, détournée vers les ailettes percées montées de part et d'autre du chapeau d'air, module la largeur et la forme de l'éventail de pulvérisation.

## MONTAGE DU GODET

*En fixant le réservoir au pistolet, assurez-vous que l'extrémité de la tubulure d'admission, légèrement coudée, est dirigée vers la face antérieure du pistolet. Cette position assure une aspiration régulière du produit lorsque l'on tient le pistolet à l'horizontale ou qu'on l'incline vers l'avant (cf. page 86).*

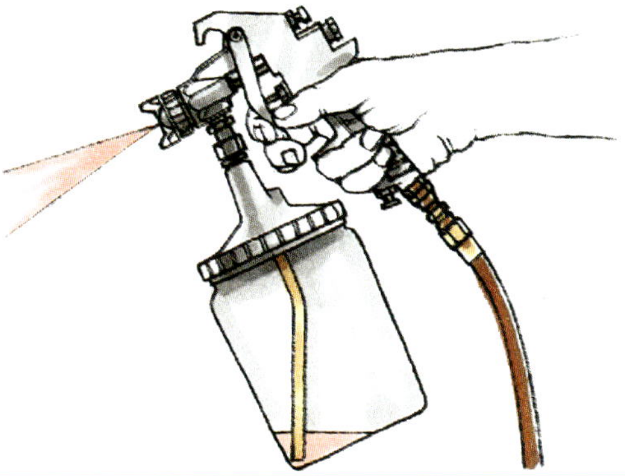

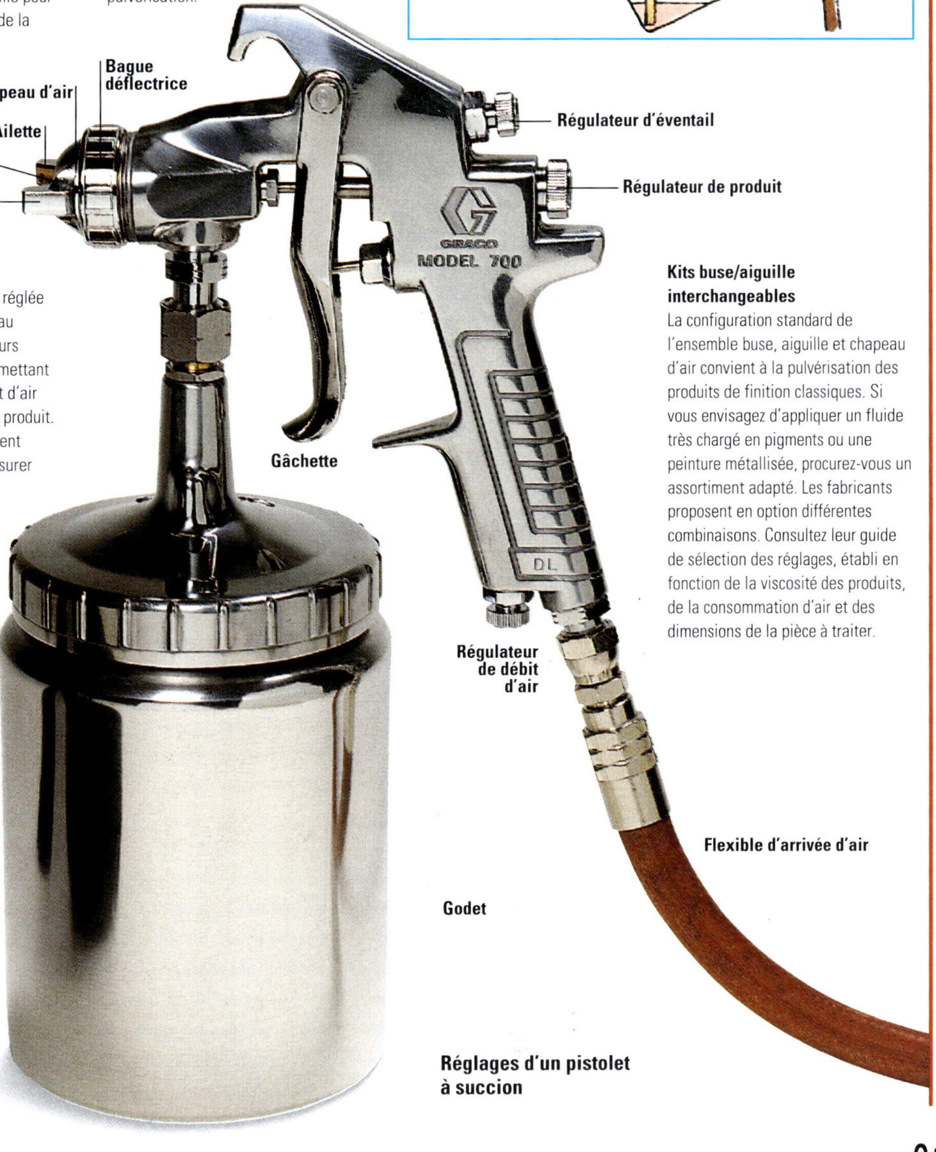


Réglages d'un pistolet à succion

**Régulateur de débit d'air**
La pression de l'air fourni est réglée à partir du détendeur couplé au compresseur, mais les meilleurs pistolets ont une molette permettant d'ajuster précisément le débit d'air en fonction de la viscosité du produit. Choisissez un débit relativement faible, mais suffisant pour assurer une bonne atomisation.

**Régulateur d'éventail**
Cette molette permet de moduler le débit d'air dévié de la tête de la buse vers les ailettes percées. Le brassage qui en résulte détermine la forme du jet, qui varie du cône large au mince filet plat.

**Kits buse/aiguille interchangeables**
La configuration standard de l'ensemble buse, aiguille et chapeau d'air convient à la pulvérisation des produits de finition classiques. Si vous envisagez d'appliquer un fluide très chargé en pigments ou une peinture métallisée, procurez-vous un assortiment adapté. Les fabricants proposent en option différentes combinaisons. Consultez leur guide de sélection des réglages, établi en fonction de la viscosité des produits, de la consommation d'air et des dimensions de la pièce à traiter.

# COMPRESSEUR ET CABINE DE PISTOLETTAGE

Les pistolets électriques, n'offrant que les réglages élémentaires, sont généralement alimentés en continu par une petite turbine portable. Plus performant, un pistolet classique doté de tous les réglages présentés à la page précédente doit en revanche être couplé à un compresseur muni d'une cuve qui délivre l'air au dispositif de pulvérisation par un flexible.

**Choix du compresseur**

Équipez votre atelier d'un compresseur monocylindre ou bicylindre pourvu d'un moteur électrique actionné par une courroie ou, mieux encore, à entraînement coaxial direct. Le compresseur pompe l'air ambiant vers une cuve où s'effectue la compression ; à mesure que le pistolet est alimenté, la pression intérieure de la cuve diminue. Dès qu'elle atteint un seuil donné, le moteur repart automatiquement, relançant le remplissage de la cuve.

Pour les travaux de pulvérisation, prévoyez un compresseur muni d'un moteur d'une puissance de 2 CV (1 470 W) et restituant un débit d'air d'environ 15 $m^3$/h. Si votre local est trop restreint, optez pour une cuve de 25 litres ; une capacité de 50 litres vous permettra néanmoins d'adapter d'autres outils pneumatiques au compresseur.

Sur la plupart des modèles, la pression maximale, de l'ordre de 8 à 10 bars, suffit amplement au pistolettage, dont la pression d'utilisation oscille entre 2 et 4 bars, et aux autres applications pneumatiques, qui n'excèdent guère les 5 à 6 bars. Respectez scrupuleusement les consignes du fabricant pour paramétrer la pression de sortie.

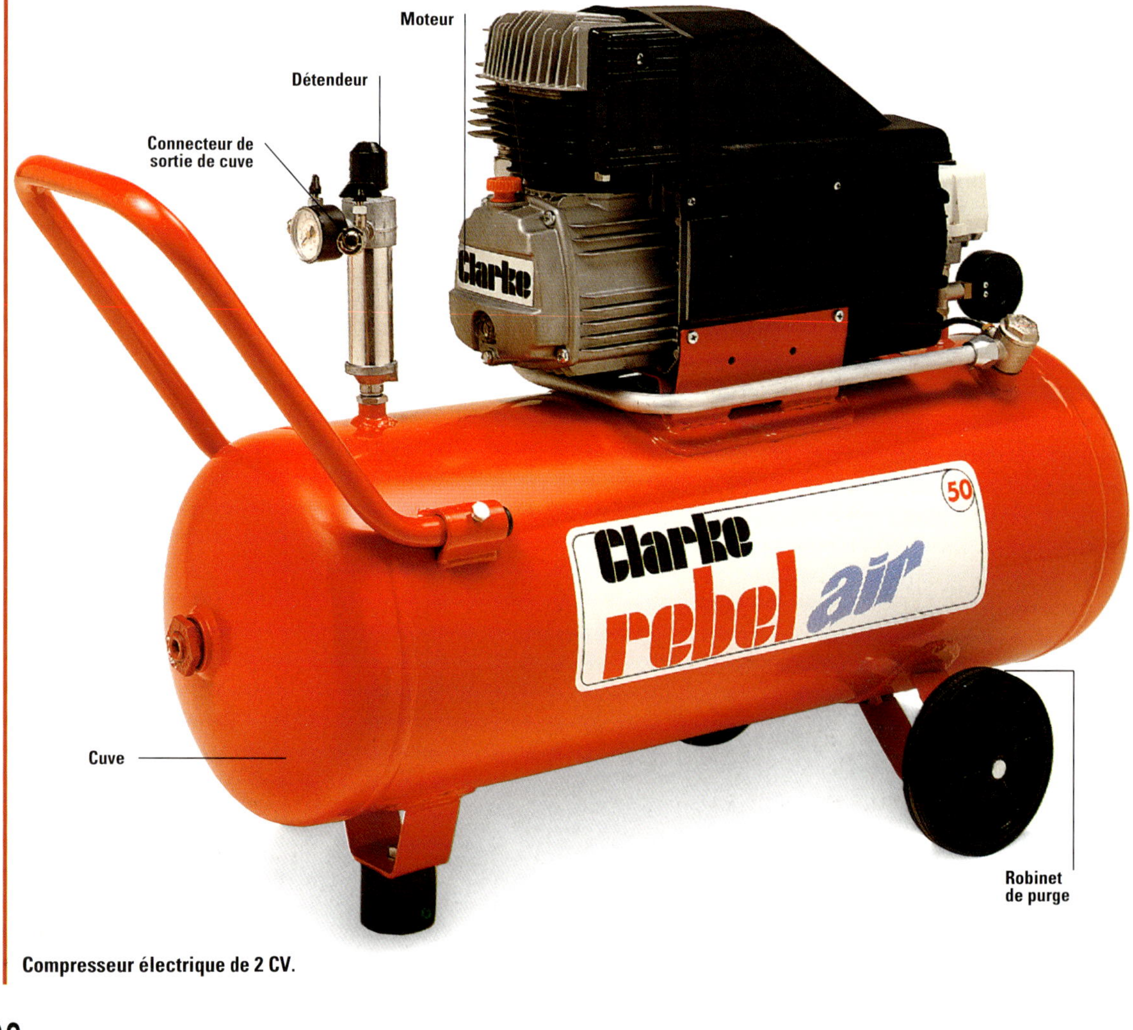


Compresseur électrique de 2 CV.

### Détendeur et filtres

La plupart des compresseurs sont livrés avec un détendeur, ou transformateur d'air, sur le circuit d'arrivée d'air. Ce dispositif sert à réduire la pression d'air initiale dans la cuve et à la maintenir constante au pistolet. Un manomètre à aiguille permet de surveiller la pression en sortie, dont le réglage s'effectue au détendeur. Le flexible d'alimentation du pistolet se fixe sur un raccord mâle simple.

Le détendeur est parfois équipé de filtres purificateurs destinés à déshumidifier et déshuiler l'air avant qu'il n'arrive au pistolet. Les condensats s'accumulent au fond de la cuve, qu'il convient de vidanger régulièrement en ouvrant le robinet de purge. Lorsque vous adaptez une rallonge au flexible d'alimentation du pistolet, installez un second filtre régulateur muni d'un vidangeur à proximité de l'arrivée d'air, afin d'éliminer du circuit toute trace de condensation. Cette précaution est indispensable au bon déroulement de l'atomisation du produit de finition.

### Cabine de pistolettage

La technique de pulvérisation consomme énormément de produit : l'ouvrage ne reçoit en fait que 30 % de la charge de peinture ou de vernis. Le reste se disperse dans l'atmosphère sous forme de brouillard qui, en l'absence de dispositifs d'aspiration, finirait par saturer l'atelier de vapeurs et de particules toxiques et hautement inflammables. Pour les petits travaux ponctuels, certains peintres placent l'ouvrage devant la porte de l'atelier ou du garage, de façon à diriger ce brouillard vers l'extérieur, ou s'installent tout simplement en plein air… au risque d'exposer leur fini aux poussières et aux écarts de température !

Une cabine de pistolettage réalisée dans les règles évite tous ces désagréments et bien d'autres… L'élément central de la cabine est le groupe extracteur : relié à l'extérieur, il assure l'aspiration des vapeurs nocives et piège les particules solides. Pour l'application des produits à base de solvants, prévoyez une hotte munie d'un filtre efficace ; le moteur sera confiné dans un carter en plastique pour prévenir tout risque d'explosion à l'allumage. Prévoyez également un dispositif antidéflagrant pour les accessoires électriques du local (interrupteurs, prises, ampoules, etc.).

**Préparez un bâti** aux dimensions souhaitées à l'aide de traverses de bois tendre, puis habillez les côtés et la face postérieure de panneaux d'Isorel ou de medium, sans fermer l'avant du caisson. Installez l'extracteur à l'arrière. Recouvrez les parois intérieures de papier d'emballage que vous remplacerez après chaque pulvérisation.

Prévoyez un double éclairage latéral, de façon à ne pas projeter votre ombre sur l'ouvrage.

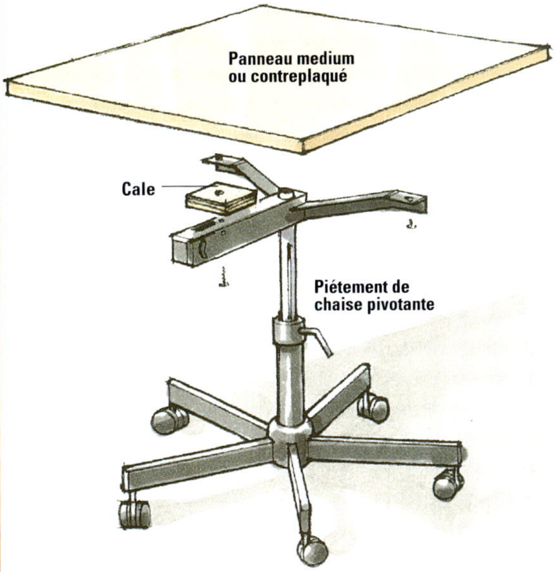


### Support pivotant

Installez l'ouvrage à pulvériser face au mur arrière, de façon à diriger les émanations nocives vers l'extracteur et à vous protéger du brouillard de peinture. Pour la traiter sous toutes ses faces sans avoir à vous déplacer, posez-la sur un support pivotant adapté aux dimensions de l'ouvrage. Le piétement d'une vieille chaise pivotante fait très bien l'affaire.

## SÉCURITÉ

*Contactez la mairie ou les pompiers de votre commune, et éventuellement votre assureur pour vérifier que rien ne s'oppose à l'installation d'une cabine de pulvérisation dans votre atelier. Dans tous les cas, respectez les normes et réglementations en vigueur.*

- Si votre atelier n'est pas équipé d'un dispositif d'aspiration des vapeurs nocives, travaillez en extérieur.
- Portez systématiquement des lunettes de protection, une combinaison de travail et un masque respiratoire à cartouche filtrante.
- Ne tolérez aucune flamme vive ni cigarette à proximité de la cabine pendant la pulvérisation.
- Ne dirigez jamais le pistolet à peindre vers quelqu'un et n'appuyez pas sur la gâchette en vérifiant l'état de la buse !
- Relâchez la pression et débranchez l'arrivée d'air avant de démonter un pistolet bouché (cf. p. 85).
- Disposez des couvertures ignifuges et des extincteurs à portée de main.

# RÉGLAGE ET MANIEMENT DU PISTOLET

Le premier contact avec le pistolet à peindre vous réservera sans doute quelques surprises, mais l'expérience aidant, ses réglages n'auront plus de secret pour vous ! Faites des essais sur des chutes de bois et essayez diverses possibilités. Mis à part les vernis cellulosiques prêts à l'emploi, les produits de finition doivent être légèrement dilués dans leur solvant avant pulvérisation.

**Dilution des peintures et vernis**
Les fabricants de pistolets indiquent généralement pour chaque type de produit les dilutions adaptées à leur matériel. Suivez ces recommandations pour préparer les peinture et vernis – en quantité suffisante pour traiter l'ensemble de la pièce, car il est difficile de retrouver exactement la même consistance après coup.

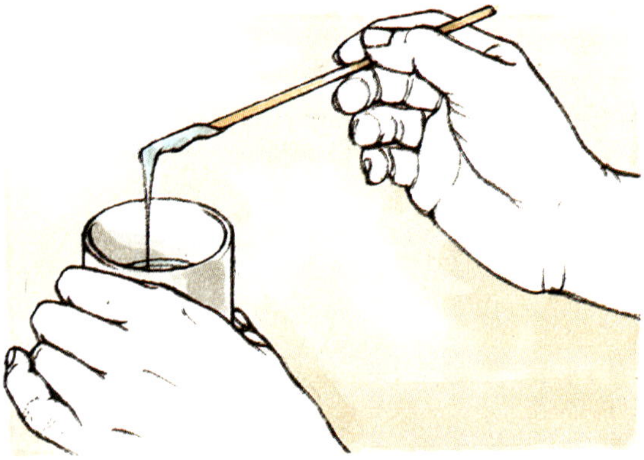

**Essais de viscosité**
Remuez le produit dilué à l'aide d'une baguette de bois, puis relevez-la et observez la façon dont le fluide s'écoule. S'il retombe sans accrocher, il est prêt à être pulvérisé. S'il goutte de façon irrégulière et fait des "cordes", il est encore trop épais. Pulvérisez-le sur un échantillon : s'il n'accroche pas au support, il est trop fluide et provoque presque aussitôt des coulures.

**Viscosimètre**
Fourni avec l'appareil et un tableau recensant la viscosité requise pour chaque produit, cet entonnoir est plus fiable que l'évaluation au juger. Remplissez-le de produit dilué et chronométrez son temps de vidage ; comparez-le aux valeurs du tableau et, au besoin, corrigez la dilution.

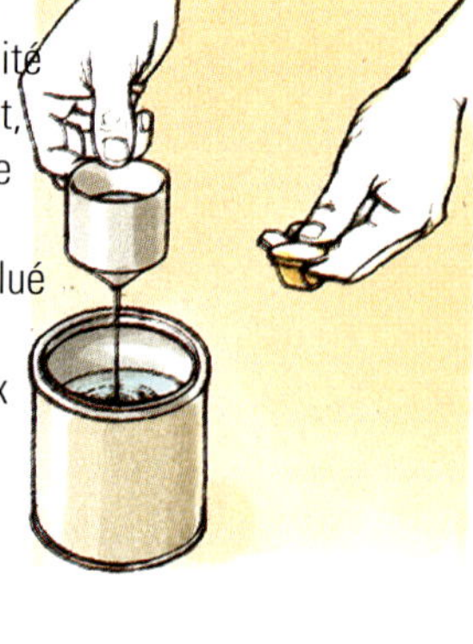

**Réglages**
Disposez un panneau de contreplaqué ou de medium dans votre cabine de pistolettage et effectuez différents essais de pulvérisation en jouant sur les réglages. Un godet trop ou pas assez plein peut modifier les effets de ces réglages.

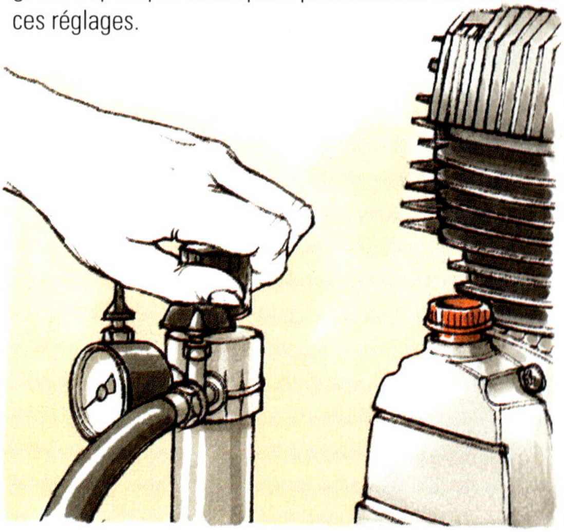

**1 Pression de sortie**
Laissez le régulateur de débit d'air du pistolet grand ouvert et modifiez le flux à partir du détendeur, en contrôlant la pression au manomètre. Commencez à travailler à une pression de 2 bars.

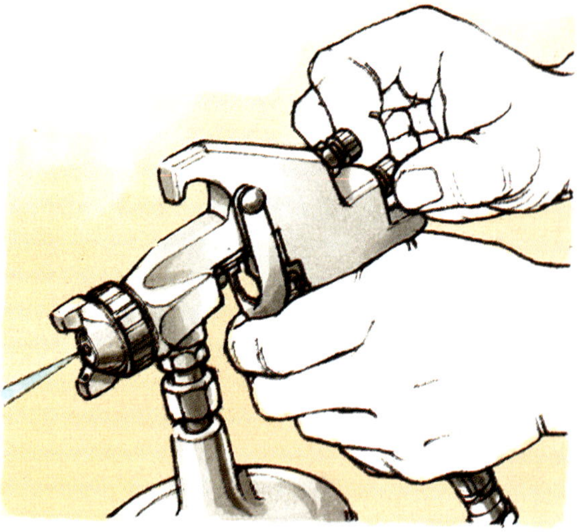

**2 Régulateur de produit**
Faites un premier essai en serrant à fond la vis moletée. Dirigez le pistolet sur l'ouvrage en le tenant à 20 cm environ du support et appuyez sur la gâchette. Desserrez progressivement l'écrou jusqu'à ce que le produit se dépose et accroche sur la surface. L'apparition de coulures indique que le régulateur est trop ouvert et laisse échapper trop de fluide.

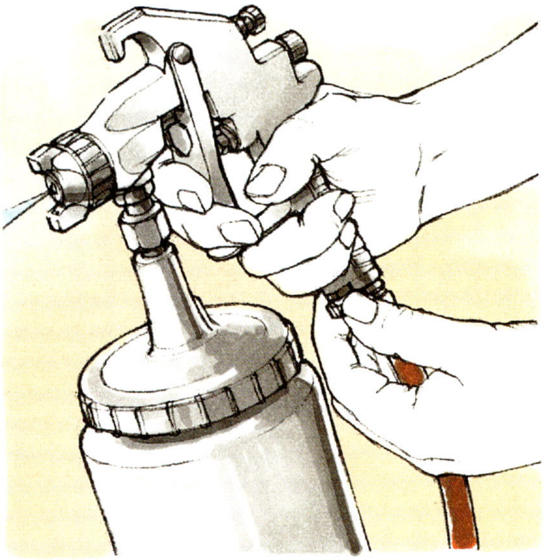

**3 Tests de pulvérisation**
Modulez le débit d'air et de produit, en modifiant l'ouverture des évents d'air des ailettes ainsi que le serrage de la molette située sous la crosse du pistolet et de la soupape du détendeur. Observez les résultats.

Approchez et éloignez alternativement le pistolet de la pièce afin d'apprécier la distance idéale de pulvérisation pour que la couche ne soit ni trop épaisse, ni poudreuse. L'humidité ambiante et le temps d'évaporation du solvant déterminent également l'aspect final de la pellicule.

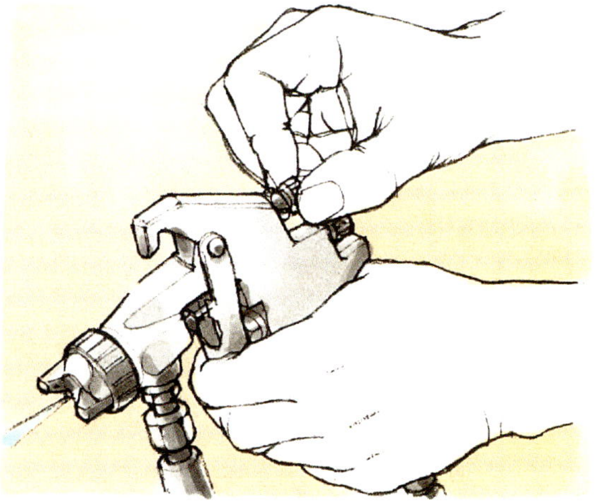

**4 Régulateur d'éventail**
Lorsque cet écrou est entièrement serré, les évents des ailettes sont obturés et le pistolet projette un cône étroit de peinture atomisée. A l'aide de la bague déflectrice du chapeau d'air, orientez les ailettes à l'horizontale et ouvrez lentement l'admission d'air dans les ailettes : un éventail vertical s'élargit peu à peu. Inversement, lorsque les ailettes sont en position verticale, c'est un cône de projection horizontal qui est expulsé.

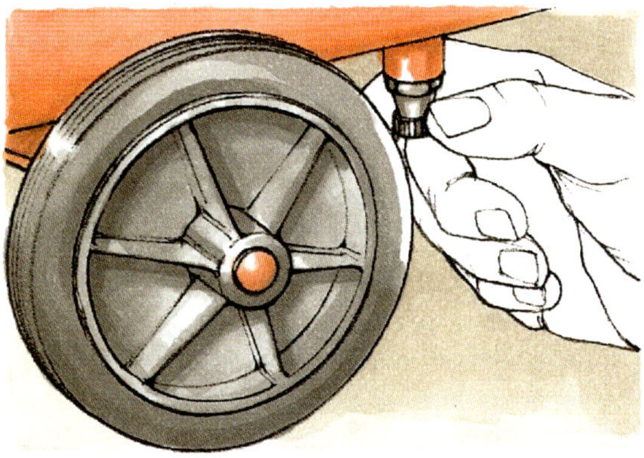

**Entretien du compresseur**
Avant et après chaque séance de pulvérisation, ouvrez le robinet de purge du compresseur et du détendeur afin d'évacuer les condensats.

Vérifiez régulièrement les niveau d'huile et remplacez le filtre de la hotte d'aspiration dès qu'il est encrassé. Dépoussiérez de temps à autre les nervures de ventilation du compresseur.

## NETTOYAGE DU PISTOLET

*Oublier de nettoyer un pinceau ne porte pas trop à conséquence, mais si vous négligez l'entretien de votre pistolet, vous en serez réduit à changer les pièces, voire à le remplacer purement et simplement !*
*En fin de travail, videz le godet et remplissez-le à demi du solvant spécifique au produit ou, à défaut, de diluant cellulosique, adapté à pratiquement tous les produits de synthèse. Actionnez la gâchette jusqu'à ce que le liquide s'échappe par l'ajutage de la buse.*

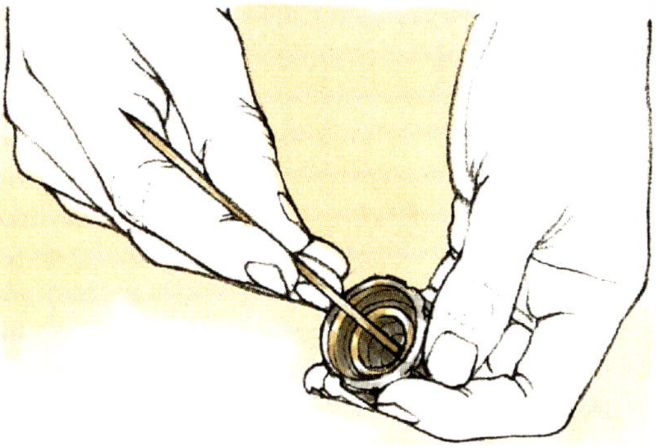

**Nettoyage de la buse**
Fermez l'arrivée d'air, appuyez par petits coups sur la gâchette pour relâcher la pression, puis retirez le flexible. Démontez le chapeau d'air et la buse et nettoyez-les méticuleusement. Assurez-vous qu'aucun trou n'est bouché et nettoyez l'intérieur du pistolet avec l'écouvillon fourni par le fabricant. Essuyez l'intérieur du godet et le corps du pistolet à l'aide d'un chiffon imprégné de diluant.

# TECHNIQUES DE PULVÉRISATION

Les superpositions de voiles légers donnent des résultats plus convaincants qu'une seule couche épaisse. Égrenez soigneusement au papier à l'eau entre chaque application. Le séchage superficiel du feuil est assez rapide, mais il faut lui laisser le temps de tirer avant de le recouvrir. Prévoyez un espace propre pour ranger les pièces encore fraîches et humidifiez le sol afin de limiter les soulèvements de poussière.

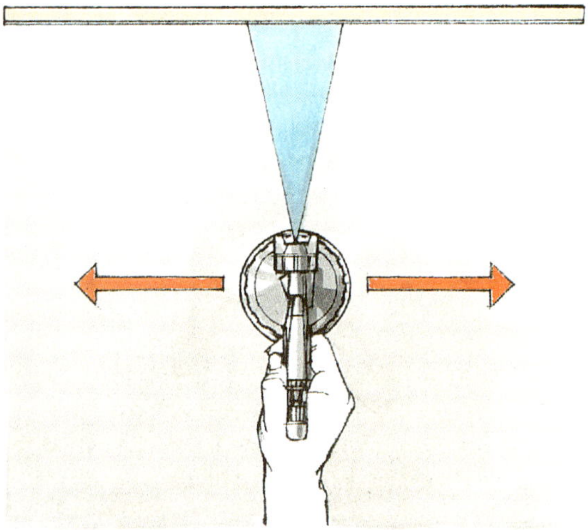

**Le bon geste...**
Déplacez le pistolet parallèlement à la surface afin de déposer le produit uniformément. Sur un panneau large, orientez le jet en maintenant le poignet dans l'axe.

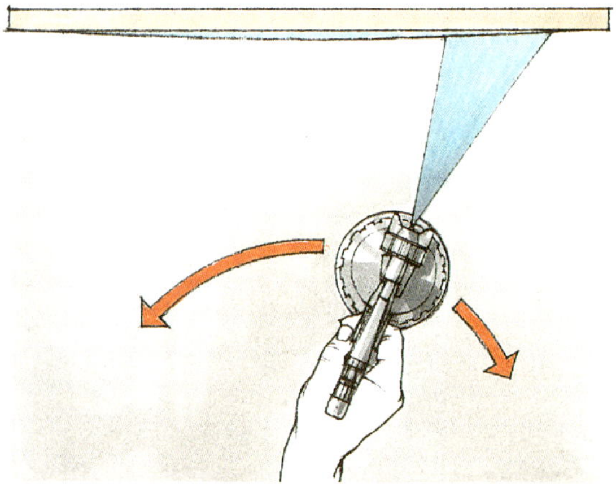

**... et le mauvais !**
Le balancement du pistolet suivant un arc de cercle produit un revêtement inégal, plus épais au centre que sur les côtés. Ne dirigez pas le pistolet en pliant le poignet, mais maintenez-le à égale distance de la surface.

**Pulvériser un panneau vertical...**
Pour traiter un panneau, réglez la tête de la buse de façon à obtenir un cône de pulvérisation ovale (cf. page 85).

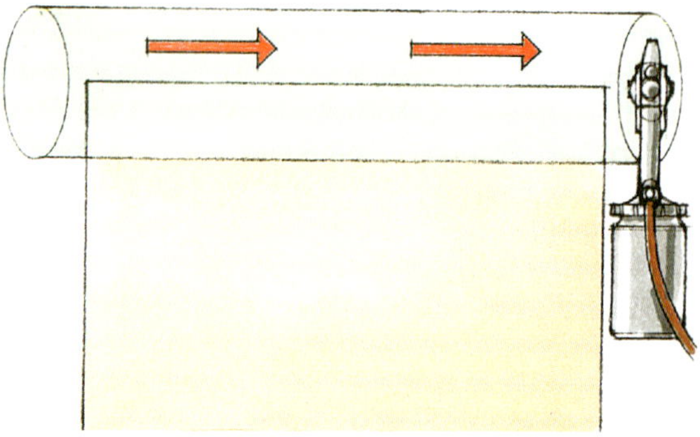

**1 Dirigez la buse** sur un coin supérieur du panneau. Appuyez sur la gâchette et déplacez le bras parallèlement à la surface, à un rythme constant et sans modifier la distance de pulvérisation. Débordez légèrement sur les extrémités du panneau avant de relâcher la gâchette

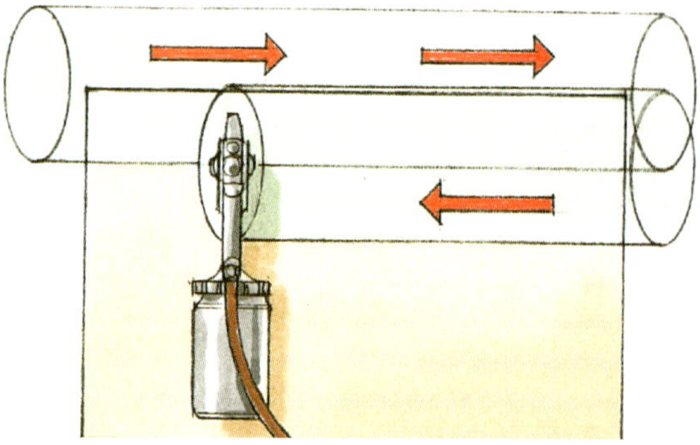

**2 Repartez en sens inverse** en revenant sur la moitié de la première passe. Continuez à chevaucher les passes jusqu'à achèvement du panneau. Relâchez la gâchette en bout de course ; un peu plus laborieuse que la pulvérisation en continu, cette technique évite de gaspiller trop de produit.

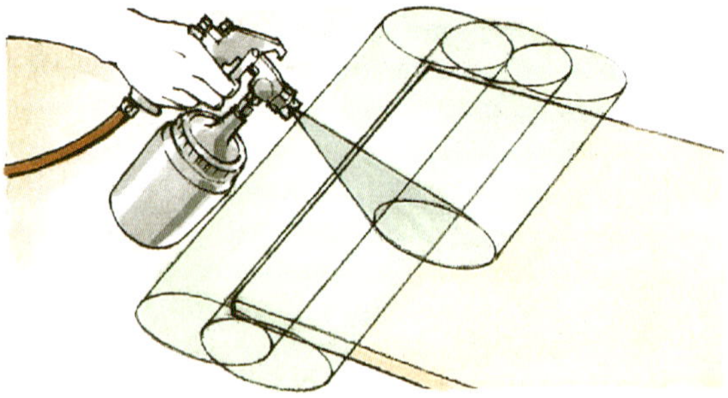

**... ou horizontal**
Disposez le panneau sur le support pivotant et commencez la pulvérisation par le chant le plus proche de vous. Chevauchez les passes en tenant le pistolet à un angle de 45° par rapport à la surface.

# PULVÉRISATION DE MOBILIER SUR PIED

La finition des panneaux, portes ou étagères est relativement simple (voir ci-contre), mais tous les meubles ne peuvent être entièrement démontés. Avant de traiter une pièce sur pied, réfléchissez à l'ordre dans lequel vous allez travailler pour traiter toutes les surfaces sans risquer de maculer les finitions encore fraîches.

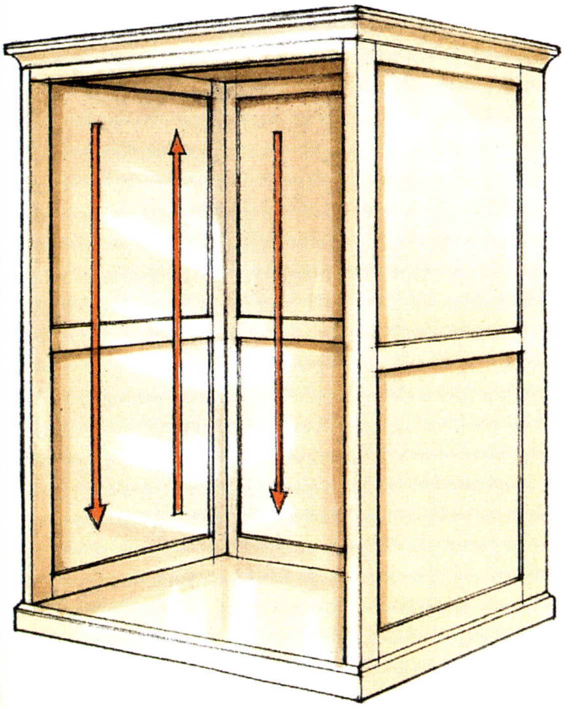

**Armoire**
Démontez les portes et les étagères que vous pulvériserez à part. Commencez par l'intérieur de l'armoire, en prenant garde de ne pas diriger le jet directement sur les angles. Selon les dimensions du meuble, réglez la position des ailettes et l'ouverture des évents pour projeter un éventail aplati ou un cône étroit (cf. page 85).

• Commencez par la face interne du dessus.
• Recouvrez un panneau latéral et le fond par une première passe de haut en bas, puis une autre de bas en haut.
• Traitez l'autre panneau latéral, puis le fond de l'armoire.
• Achevez par les faces externes, en pulvérisant tour à tour chacun des panneaux.

**Table**
Simplifiez-vous la tâche en démontant le plateau de son cadre. Réglez l'éventail en un petit cône étroit pour

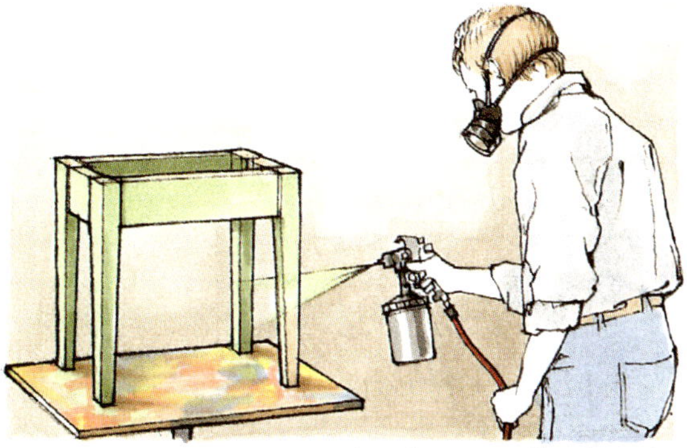

pulvériser les piétements et la ceinture, et élargissez le jet pour le plateau.

• Commencez par le dessous du plateau que vous laisserez sécher sur une claie.
• Posez le cadre sur le support pivotant et commencez par peindre la face interne des piétements et de la ceinture. Dirigez le jet sur les arêtes des pièces anguleuses afin de recouvrir simultanément les deux faces adjacentes.
• Pulvérisez la face externe des piétements et de la ceinture.
• Retournez le plateau et posez-le sur des petits tasseaux. Habillez en premier lieu les chants, puis recouvrez uniformément le dessus du plateau en chevauchant les passes (voir ci-contre).

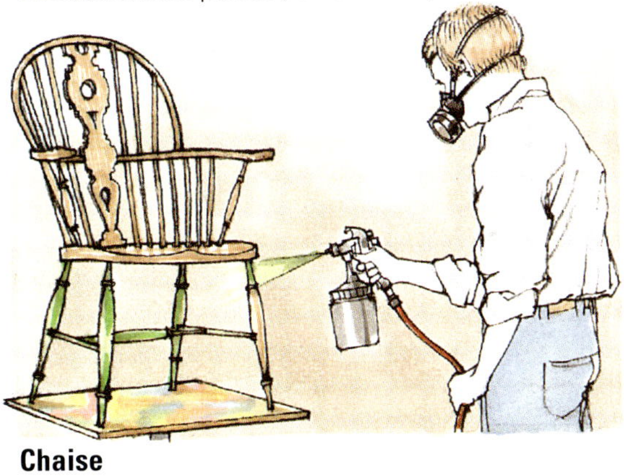

**Chaise**
Réglez le jet en un cône étroit adapté à la finesse des pieds, barreaux et traverses, puis élargissez l'éventail pour traiter l'assise et le dossier.

• Posez la chaise à l'envers sur le support pivotant pour recouvrir la face interne des pieds et de l'entrejambe.
• Traitez le dessous de l'assise.
• Redressez la chaise et attaquez la face externe des pieds et des traverses d'écartement.
• Poursuivez par les chants et les montants de l'assise, puis exécutez le dessus de l'assise.
• Pulvérisez la face avant des accoudoirs et du dossier.
• Faites pivoter la pièce sur son support et achevez la finition de l'arrière du dossier et des accoudoirs.

# DÉFAUTS DE FINITION

Qu'ils soient appliqués au pinceau ou au pistolet, les vernis et peintures sont très sensibles à la température et à l'humidité ambiantes (cf. pages 74 et 79). Si une peinture épaisse posée au pinceau peut parfois masquer des imperfections superficielles, aucune finition pulvérisée ne tolère le moindre défaut du support. La technique de pistolettage présente en outre quelques difficultés particulières, auxquelles ce bref répertoire vous permettra de remédier.

**Peau d'orange**

*Au séchage, la surface présente un aspect moutonneux, rappelant la texture d'une peau d'orange. Ce défaut provient soit d'une distance de pulvérisation insuffisante, soit de la trop forte viscosité du produit.*
Laissez durcir le feuil, puis éliminez-le au papier abrasif et reprenez la pulvérisation.

**Coulures**

*Au lieu de former un revêtement uniforme, le produit a coulé sur la surface, s'accumulant parfois en petits rouleaux à l'abord des chants. Ces défauts peuvent résulter d'une pulvérisation en couche trop épaisse ou d'un produit trop fluide.*
Laissez tirer le fini, puis égrenez au papier à l'eau avant d'appliquer la couche suivante.

**Cratères**

*Le produit encore frais se pique de minuscules cloches éclatées, semblables à des cratères. Ce défaut, dû à un refus de mouillage du produit sur le support, peut s'expliquer par la présence de résidus de cire, d'huile ou d'eau. Sur les pièces décapées, soupçonnez des remontées de cire ancienne ou d'huile de silicone. A moins qu'il ne soit la conséquence d'une mauvaise vidange de la cuve du compresseur ou du circuit d'arrivée d'air du pistolet, qui expulse des gouttelettes d'eau ou d'huile.*
Laissez tirer la pellicule, puis éliminez le fini au racloir ou au papier à l'eau. Nettoyez bien la surface avec un chiffon imprégné de white spirit. Purgez correctement le compresseur et le détendeur, puis faites un essai de pulvérisation.

Si le défaut persiste, poncez à nouveau, et ajoutez au produit un agent de débullage qui réduira la tension du feuil.

En dernier ressort, décapez entièrement la surface jusqu'au bois (cf. pages 31 à 35) et isolez-la d'une couche de vernis gomme-laque (cf. page 26), puis renouvelez la pulvérisation.

**Poudrage**

*Une pellicule farineuse et sèche provient souvent d'un débit d'air trop élevé ou des retombées du brouillard résiduel. De même, si vous tenez le pistolet trop loin de l'ouvrage, le fini est déjà sec lorsqu'il se dépose en surface.*
Laissez sécher le feuil en profondeur, poncez et renouvelez la pulvérisation.

## INCIDENTS DE PULVÉRISATION

*Un pistolet mal entretenu suffit bien souvent à compromettre la qualité du fini.*

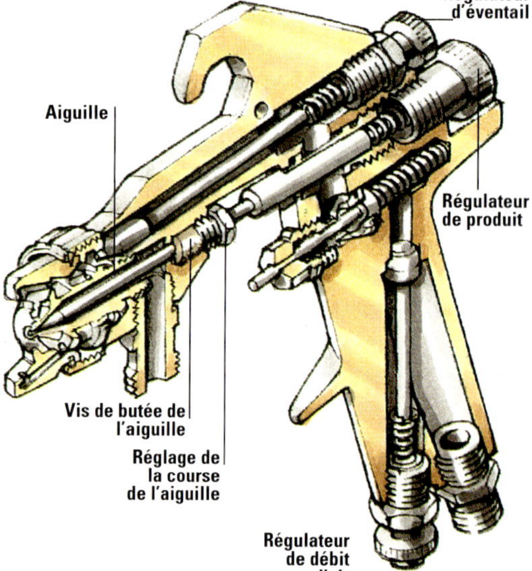


**Jet saccadé**

Le pistolet crache et fait goutter le produit sur la surface. Vérifiez qu'il reste suffisamment de produit dans le godet et que la tubulure d'admission est correctement positionnée pour aspirer le fluide. (cf. page 81). Assurez-vous que l'orifice d'aération percé sur le couvercle du godet n'est pas bouché. Si le godet n'est pas en cause, diluez légèrement le produit. Resserrez l'écrou de réglage de la course de l'aiguille afin d'éliminer toute infiltration d'air.

**Fuites de produit**

Si la buse laisse échapper des gouttelettes de produit sur le pistolet au repos, la vis de butée de l'aiguille est peut-être trop serrée. Lubrifiez la molette de réglage d'une goutte d'huile légère et ajustez-la. Si le produit continue de fuir, il se peut que l'aiguille soit usée ou abîmée, ou ne soit plus dans l'axe de l'ajutage. Confiez la réparation à un spécialiste.

**Fuites d'air**

Si le pistolet siffle, resserrez la molette de réglage de la course de l'aiguille, ou remplacez la butée.

# FINITIONS À LA CIRE

CHAPITRE 7

Très prisée des restaurateurs de meubles anciens, la cire est la finition traditionnelle par excellence. Sous ce nom générique se cache en fait une multitude de cires, animales, végétales ou synthétiques. Rarement utilisées pures, elles entrent dans la composition des encaustiques, que les ébénistes savent marier au caractère rustique du chêne comme à l'élégance discrète des essence vernies.

# CIRES ET ENCAUSTIQUES

Les puristes préfèrent préparer eux-mêmes leur propre mélange à partir de cires naturelles et de térébenthine ou de white spirit.

Pourtant, on trouve aujourd'hui dans le commerce de nombreux produits prêts à l'emploi, présentés indifféremment sous les vocables de "cire" ou "encaustique", sous forme de bâtons, pâtes, crèmes et liquides. Évitez néanmoins les formulations plus chargées en paraffine et silicone qu'en cire, qui ont tendance à encrasser le bois et à réagir sur – ou sous – les autres finitions.

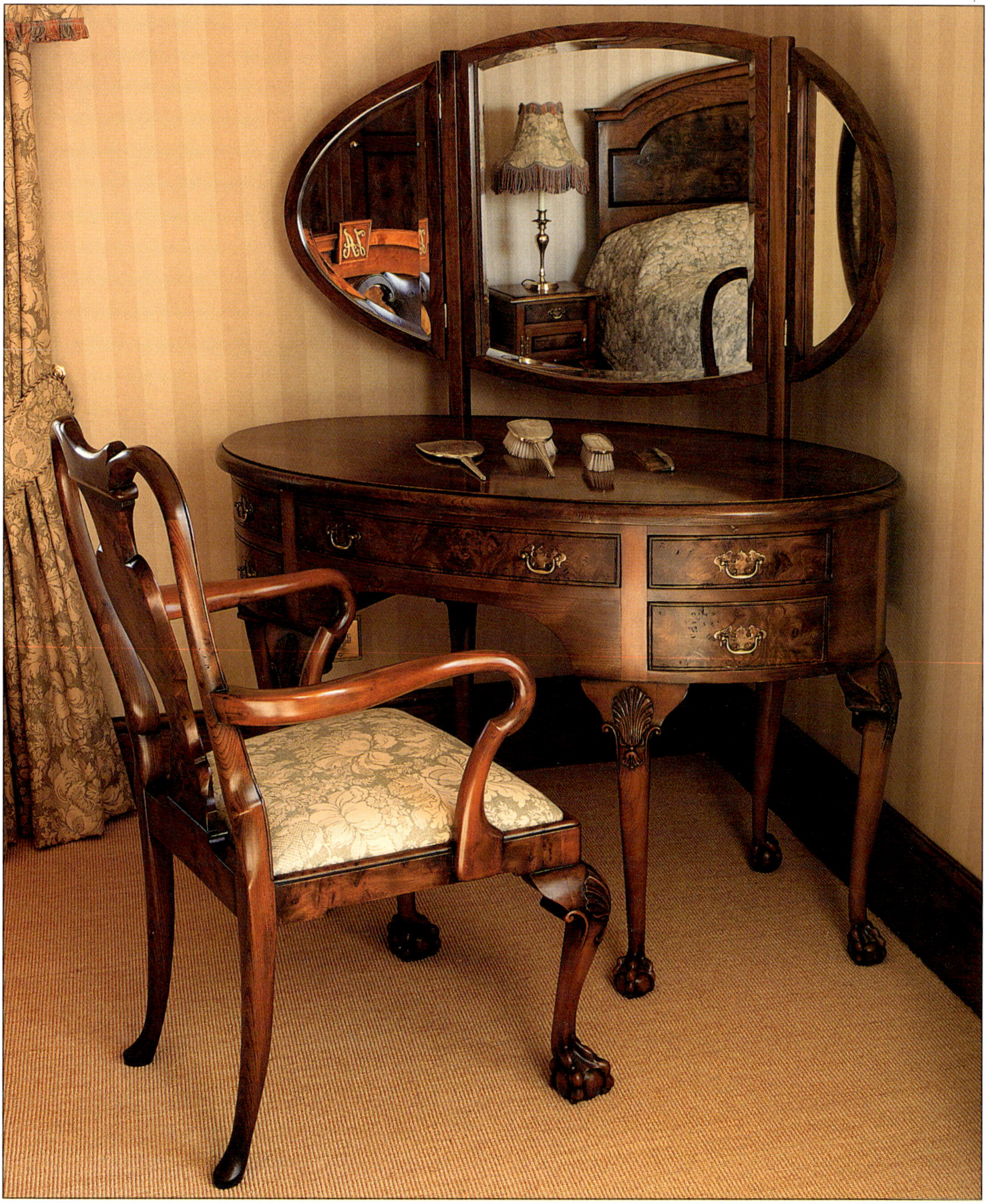

**La cire donne une jolie patine à cette coiffeuse anglaise et son fauteuil.**

### Encaustique en pâte
Également commercialisées sous le nom de cire, ces pâtes épaisses sont conditionnées dans des boîtes cylindriques en métal. D'une marque à l'autre, leur formulation peut être très différente. Appliquées au chiffon doux ou à la laine d'acier fine, les plus pures sont idéales pour habiller une finition délicate.

### Encaustique liquide
Pour cirer une grande surface, simplifiez-vous la tâche en passant au pinceau cette crème très fluide.

### Cire à parquet
Souvent enrichie de paraffine, cette cire liquide dépose

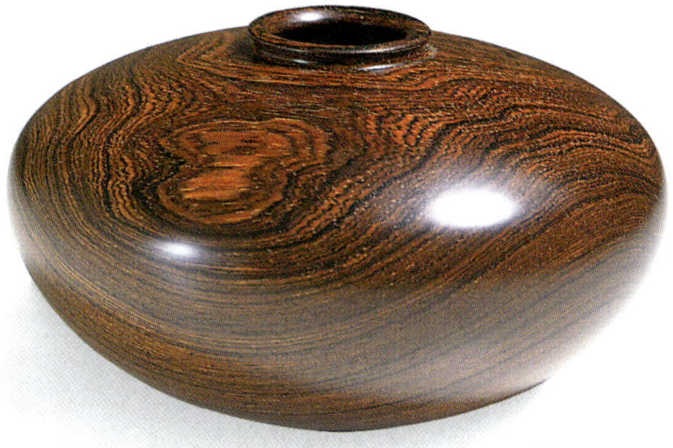

un film dur résistant à l'abrasion et à l'usure. Elle est proposée en finition incolore et "chêne clair".

### Cire de tourneur
Très riche en cire de carnauba, elle se présente sous forme de pain très dur et s'emploie exclusivement par frottement sur les pièces de bois en rotation sur un tour.

### Cires colorées
Contrairement aux cires jaunes ou blanches, qui préservent la tonalité naturelle du bois, les pâtes ou liquides teintants permettent de raviver une couleur terne et d'unifier la teinte d'un bois décoloré ou abîmé. Leur nuancier reprend les tonalités naturelles des principales essences d'ébénisterie. Une cire foncée est du plus bel effet sur les pièces rustiques : en s'incrustant dans les pores larges du bois, la pâte rehausse son veinage et accentue l'effet de patine. Les tonalités claires et dorées conviennent mieux au pin, et l'on réservera les tons rouge-orangé à un acajou défraîchi. Pensez également aux cires à patiner et cires "antiquaire" pour ombrer et vieillir les finitions. Une superposition de fines pellicules de teintes différentes fait brasiller le fini de reflets subtils.

Évitez les cires foncées sur les chaises, les bancs et l'intérieur des tiroirs de commodes et armoires : à l'usage, elles risqueraient de tacher les vêtements.

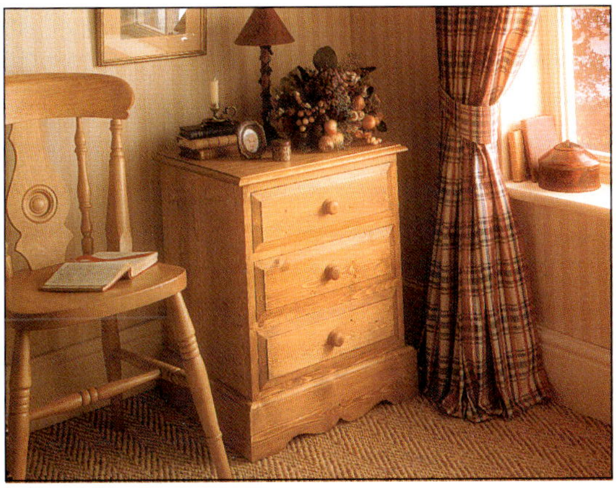

**Le sapin ciré prend une belle coloration ambrée.**

### Cires au silicone
Si l'huile de silicone améliore l'élasticité et le brillant du film ciré, elle s'infiltre profondément dans les pores du bois et remonte immanquablement sous les finitions ultérieures, les empêchant d'adhérer au support (cf. page 88). Bloquez le bois avant de lui appliquer un produit au silicone, tout en sachant que cette substance s'incrustera aussi lors d'un décapage chimique. Lisez attentivement la composition des cires du commerce et évitez d'emblée les pâtes et liquides de cette famille.

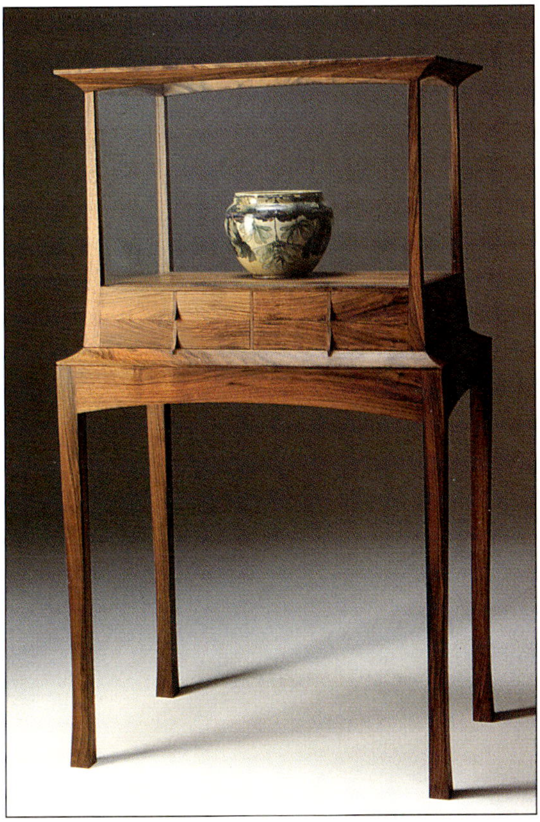

**Vitrine en noyer vernie et matée d'un voile d'encaustique.**

# APPLICATION

Si le ciré est sans conteste la finition la plus simple, il n'en exige pas moins beaucoup de soin… et d'huile de coude. Contrairement à ce que pensent beaucoup de néophytes, il ne suffit pas d'étaler une couche épaisse de cire et de frotter pour faire reluire ! Le secret de la réussite tient d'abord à la préparation du support : commencez par un ponçage efficace et réparez les moindres défauts apparents (cf. pages 10 à 26). Passez un chiffon humecté de white spirit pour éliminer toute trace de graisse et de cire ancienne (cf. page 28).

Le bouche-porage ne s'impose pas, mais mieux vaut bloquer la surface sous deux couches de vernis gomme-laque ou de fond dur avant finition, notamment si le bois est imprégné d'une teinte à l'huile. Égrenez au papier au carbure de silicium entre chacune de ces applications.

## BROSSES À ENCAUSTIQUER

*La pellicule de cire encore fraîche est relativement fragile. Pour éviter de la décoller, accentuez son lustre à la brosse ; une simple brosse douce à chaussures fait l'affaire, mais il existe diverses brosses, en soies naturelles, en tampico ou en "plume d'oie", adaptées aux finitions cirées. Certaines, munies d'une poignée, passent dans les creux et recoins des pièces ouvragées. Les brosses rondes s'adaptent sur le mandrin d'une perceuse. Effleurez à peine la surface et travaillez en continu, sans arrêter la brosse sur le fini.*

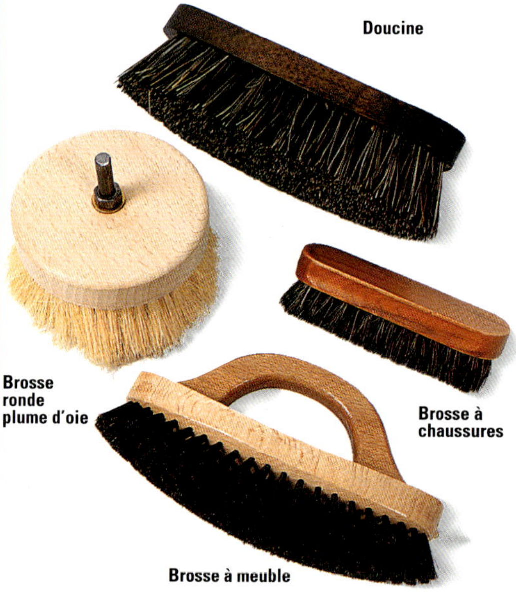


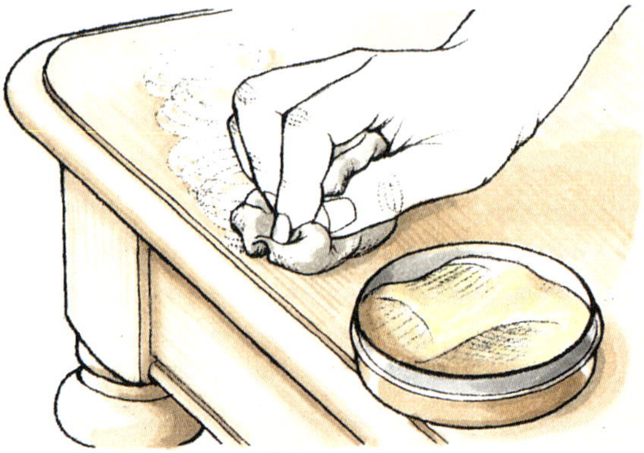

**ENCAUSTIQUE EN PÂTE**

**1 Imprégnez un chiffon doux** d'encaustique et faites pénétrer en chevauchant de petites passes circulaires. Lissez par de longs allers-retours dans le sens du fil. Si le produit s'étale mal, posez la boîte quelques instants sur un radiateur.

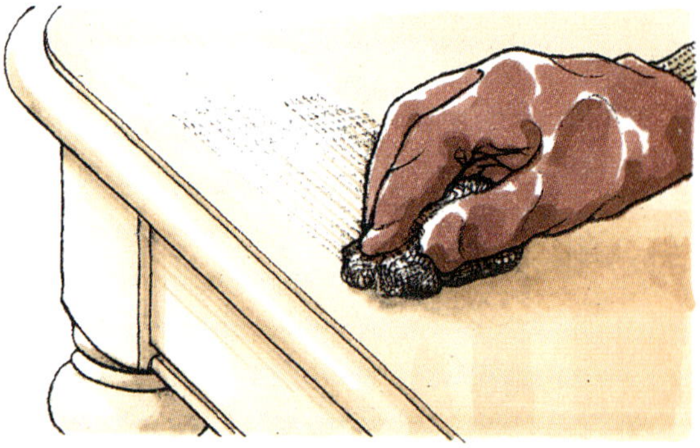

**2 Laissez durcir 15 à 20 minutes.** Mettez une noisette d'encaustique sur un tampon de laine d'acier fine (n° 000) et frottez par passes longitudinales. Ne touchez plus l'ouvrage pendant 24 h, le temps que le solvant s'évapore totalement. Habillez un bois neuf de 4 à 5 couches, en laissant sécher toute une nuit entre chaque application.

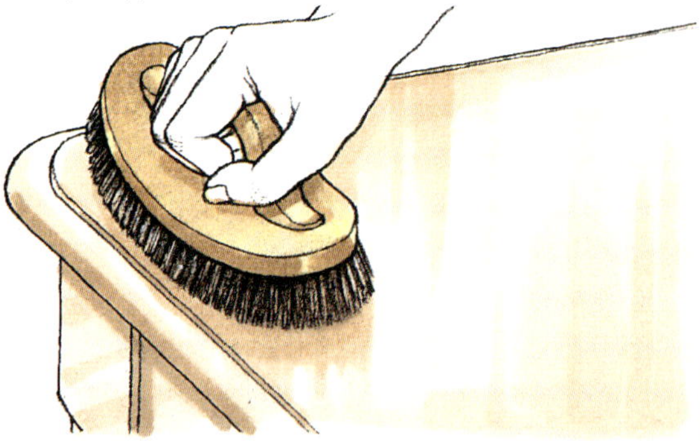

**3 Lorsque la pellicule de cire a bien durci,** faites reluire énergiquement au chiffon doux. Une brosse à meuble fait mieux ressortir l'éclat du bois, surtout sur les parties ouvragées. Achevez par un léger lustrage à la peau de chamois.

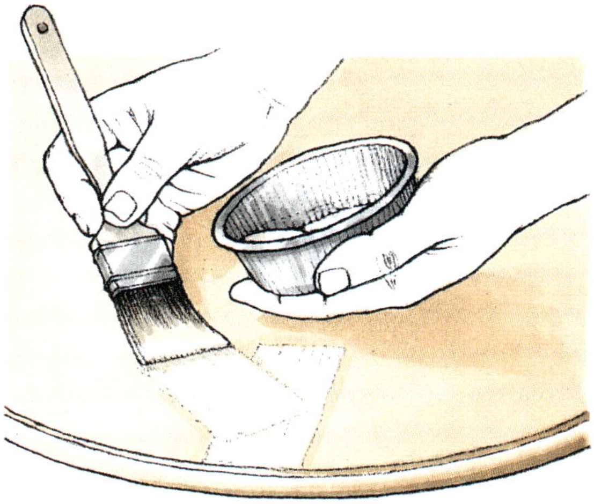

**ENCAUSTIQUE LIQUIDE**

**1 Versez une petite quantité** d'encaustique dans une coupelle et étalez-la copieusement sur le bois à l'aide d'une queue-de-morue. Couvrez la surface, puis laissez sécher environ 1 heure.

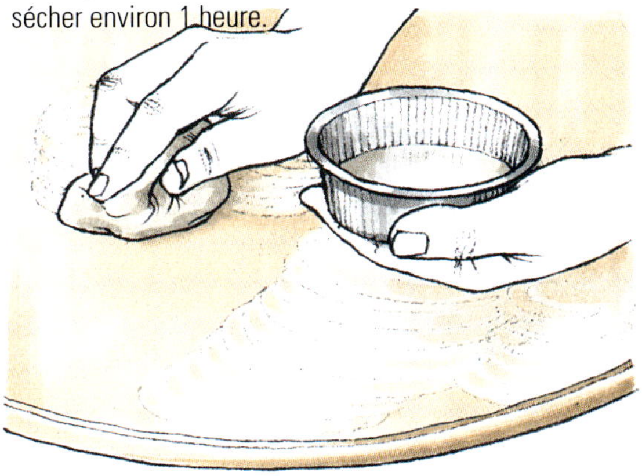

**2 Appliquez une deuxième couche** au chiffon doux. Décrivez d'abord de petits cercles, puis lissez par grandes passes parallèles au fil du bois. Si une troisième couche s'impose, attendez au moins 1 heure avant de la passer.

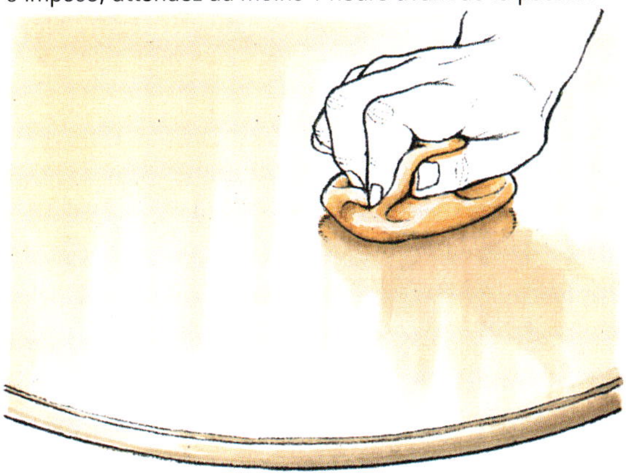

**3 Laissez durcir** jusqu'au lendemain matin, puis lustrez vigoureusement à la peau de chamois, toujours dans le sens du fil.

**Entretien d'une finition cirée**

Une cire régulièrement entretenue se pare avec le

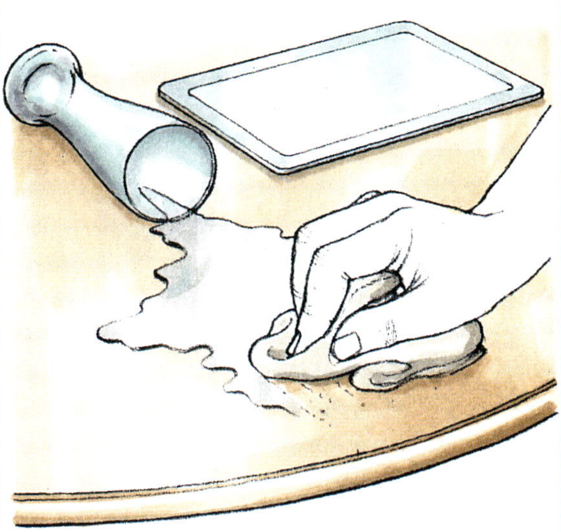

temps d'ombrages subtils et d'une magnifique patine. Ne confondez pas pour autant vieillissement naturel et encrassement ! Essuyez aussitôt les taches et les gouttes d'eau tombées sur le fini, et époussetez souvent les meubles, pour éviter que les poussières ne s'incrustent dans la cire et finissent par la décolorer. Ne recouvrez une cire ancienne d'une nouvelle application que lorsqu'elle ne réagit plus du tout au lustrage. Si le fini est terne et poisseux, retirez-le au white-spirit (cf. page 28) et rhabillez d'une encaustique fraîche.

## COMMENT MATER UN VERNIS

*Vous hésitez entre la douceur de la finition cirée et la dureté d'un vernis polyuréthane ou à catalyseur ? Optez pour un compromis en rabattant le brillant du vernis sous une encaustique légère ou une "pâte à polir", de préférence à base de cire micro-cristalline.*

*Imprégnez d'encaustique une laine d'acier fine (n° 000) ou un tampon abrasif souple, et frottez par grandes passes , dans le sens du fil. Laissez durcir un bon quart d'heure, puis lustrez au chiffon doux.*

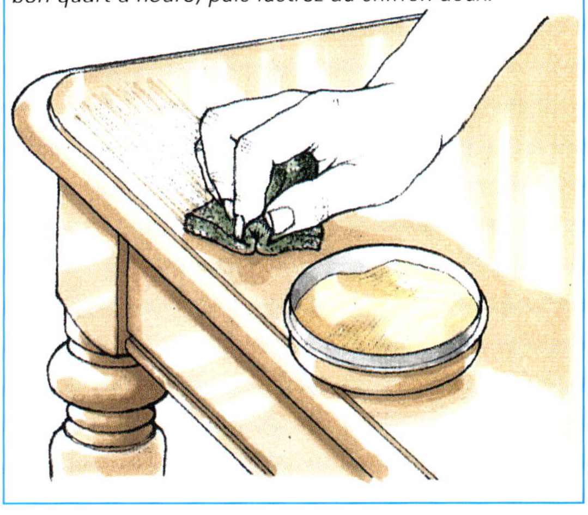

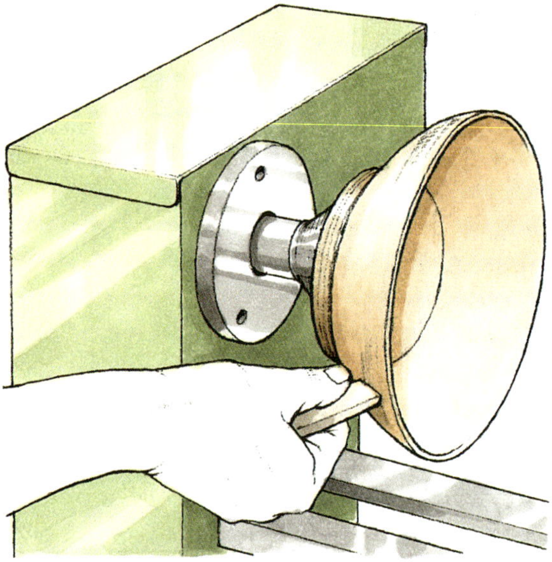

**CIRE DE TOURNEUR**

**1 Poncez l'ouvrage** à l'aide d'un papier ou d'une toile abrasive, puis mouillez-le pour relever la fibre. Laissez sécher et égrenez. Montez-le sur un tour que vous lancerez à basse vitesse. Tenez le pain de cire perpendiculairement à la pièce en rotation et déplacez-le lentement afin de couvrir uniformément la surface. La cire de tourneur est appréciée pour sa dureté ; à défaut, frottez un chiffon chargé d'encaustique classique. Prévoyez néanmoins plusieurs couches.

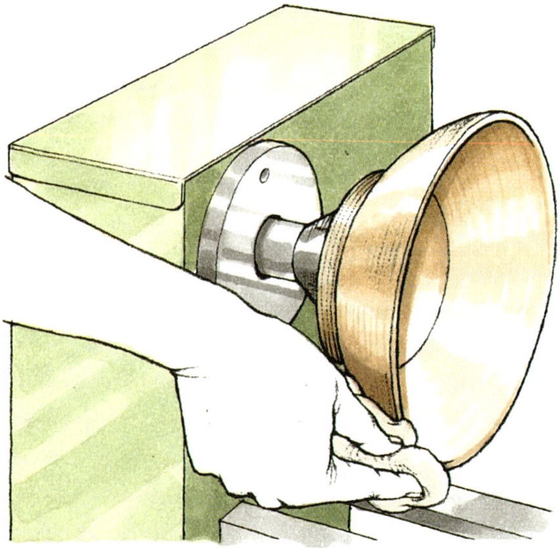

**2 Laissez durcir la cire,** puis appliquez sur la pièce à nouveau en rotation un chiffon doux pour la faire reluire. Déplacez lentement le tampon sur la pièce, sans trop l'approcher du mécanisme d'entraînement. Exercez une pression régulière, assez forte pour bien lustrer le bois sans pour autant décoller la pellicule de cire.

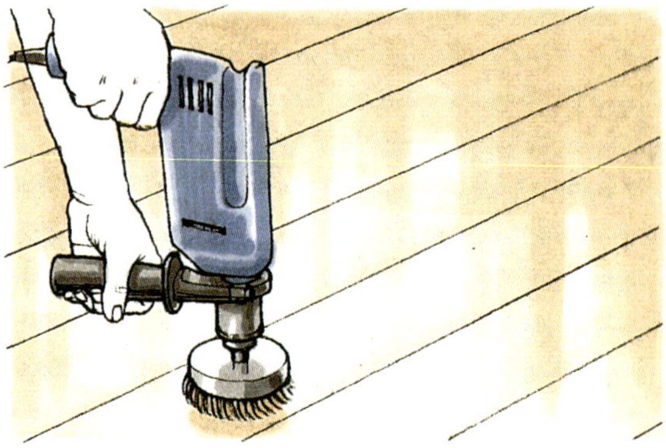

**CIRE À PARQUET**

Nettoyez et poncez le parquet, puis isolez le bois sous une couche de fond dur "spécial parquets". Remplissez une coupelle de cire liquide à parquet et appliquez deux couches de produit à l'aide d'un spalter n° 100. Laissez sécher, puis faites reluire avec une brosse ronde en tampico ou plume d'oie montée sur le mandrin d'une perceuse. Si la surface à traiter est très importante, louez une cireuse. Un plancher se cire en moyenne tous les quatre à six mois, selon l'intensité du piétinement auquel il est soumis. Lustrez-le une fois par mois environ pour lui conserver tout son brillant.

## DÉFAUTS DE FINITION

*La réalisation d'un beau ciré est à la portée de tous. Très rares, les accidents de finition sont généralement dus à la précipitation.*

**Reliefs**

*Lustrée avant que les solvants ne se soient évaporés, la pellicule de cire s'étale à nouveau sur la surface, laissant derrière elle un fini inégal. Il arrive également que l'on pose par mégarde le doigt sur la surface encore fraîche, creusant ainsi une petite dépression… signée des empreintes digitales du coupable !*

Laissez durcir la pellicule, puis passez une fine couche d'encaustique à la laine d'acier fine (n° 000) afin d'égaliser les reliefs. Laissez durcir jusqu'au lendemain puis lustrez à la peau de chamois.

**Écaillage**

*Lorsque la cire n'a pas fini de sécher en profondeur, un lustrage trop énergique l'écaille et la décolle par endroits.*

Retirez le fini à la laine d'acier imprégnée de white spirit. Débarrassez le bois des raclures et résidus poisseux, puis recommencez la finition.

**Voile blanc**

*Lors de l'évaporation du solvant, l'humidité s'est condensée sous la pellicule.*

Cet effet ne dure généralement pas longtemps et peut s'effacer en frottant doucement une peau de chamois.

# CHAPITRE 8

## FINITIONS À L'HUILE

Discrète et flatteuse, l'huile garde leur caractère naturel aux essences les plus joliment veinées. Contrairement aux autres finitions, qui se déposent en surface ou incrustent les pores, elle imprègne profondément la fibre, "nourrit" le bois et le laisse respirer tout en lui assurant une protection efficace et durable. Pièces d'ébénisterie, mobilier de jardin et boiseries extérieures révèlent leur éclat sous une finition huilée qui, bien entretenue et renouvelée une fois l'an, ne risque ni de s'écailler, ni de se décoller, ni de craqueler.

# HUILES DE FINITION

S'il est vrai que l'huile se marie remarquablement aux essences tropicales (teck, palissandre ou assamela), elle flatte aussi les bois tendres et clairs. Volontiers associées aux lignes épurées des designers scandinaves, les finitions huilées accentuent également le charme rustique des meubles de pin les plus ordinaires, qui se parent alors de reflets chatoyants.

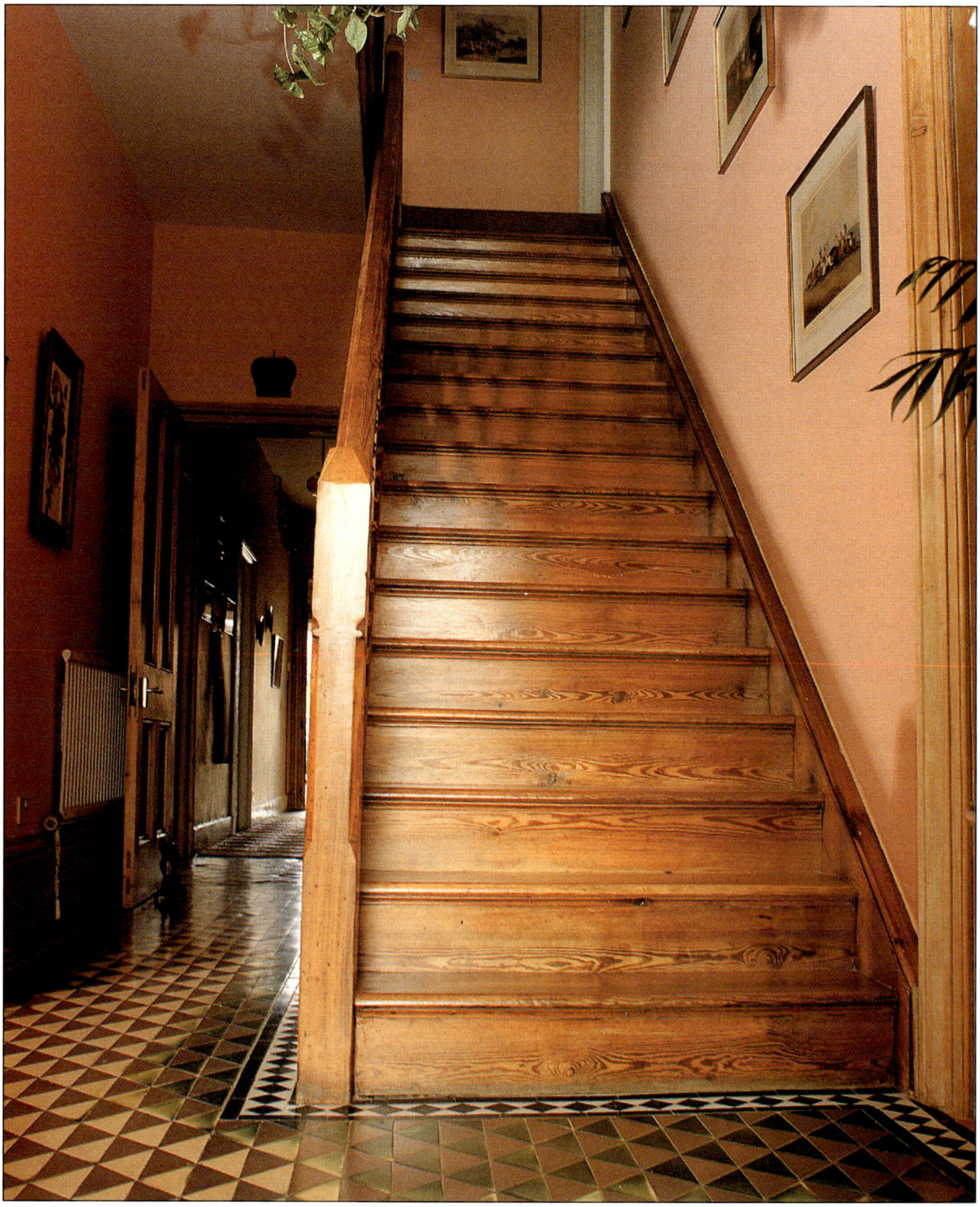

**Escalier en sapin revêtu d'une pellicule dure d'huile gélifiée.**

### Huile de lin
A l'état naturel, l'huile de lin est du plus bel effet sur les meubles rustiques, mais elle met trois jours à sécher. Les ebénistes lui préfèrent désormais l'huile de lin cuite et additionnée de siccatifs qui, elle, sèche en une journée. Aucun de ces deux produits ne convient aux boiseries extérieures.

### Huile de Toung
Exceptionnellement résistante, cette huile provient de la graine de l'aleurite, arbre acclimaté en Chine et en Amérique du Sud. Également appelée huile d'abrasin, elle est insensible aux taches d'eau, d'alcool ou de jus de fruits. Sèche en une journée, elle se prête bien à la finition des boiseries extérieures.

### Huile de teck
Formulé à partir d'huile de Toung, ce produit contient des résines synthétiques qui, en formant une pellicule superficielle résistante, lui confèrent ses vertus protectrices. Dans un milieu raisonnablement sec et chaud, l'huile de teck sèche en six heures. Incolore ou teintée, c'est une finition idéale pour les surfaces exposées aux intempéries.

### Huiles alimentaires
Si vous souhaitez rendre un peu d'éclat à vos ustensiles de cuisine, réservez-leur impérativement des huiles non toxiques. L'huile de Toung peut être utilisée à l'état pur, mais les compositions enrichies de siccatifs métalliques sont à bannir sur les saladiers, planches à découper, couverts, etc. Préférez alors une huile alimentaire, et au premier chef l'huile d'olive, dont le parfum et le lustre naturel vous raviront.

### Huiles en gel
Conditionnés en tubes, ces produits sont difficiles à se procurer en France. Ils s'appliquent au chiffon sur le bois nu et se distinguent de toutes les autres huiles en ceci qu'ils peuvent recouvrir un vernis.

## PRÉPARATION DU SUPPORT
C'est en pénétrant profondément la fibre que l'huile protège et nourrit le bois. Elle doit par conséquent être appliquée sur un matériau parfaitement dénudé et débarrassé des moindres résidus de finition ancienne. Seuls les bois imprégnés d'une teinte à l'huile sont inaptes à recevoir une finition huilée. Prévoyez un décapage chimique (cf. pages 31 à 34) des surfaces peintes ou vernies, et éliminez les cires ou huiles anciennes au white spirit (cf. page 28). Préparez ensuite le support dans les règles de l'art (cf. pages 10 à 26) et achevez par un ponçage dégressif minutieux.

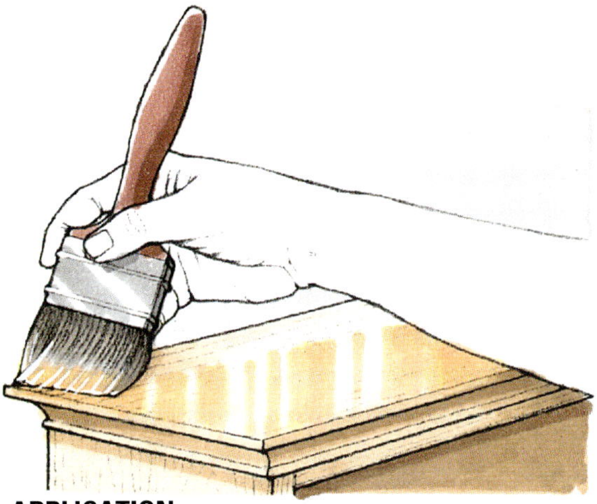

## APPLICATION
**1 Agitez le bidon d'huile,** puis versez une petite quantité de produit dans une coupelle. Étalez copieusement une première couche à la queue-de-morue, en inondant bien la surface. Laissez pénétrer un petit quart d'heure. Frottez au chiffon doux afin de répartir le liquide et ressuyez l'excédent.

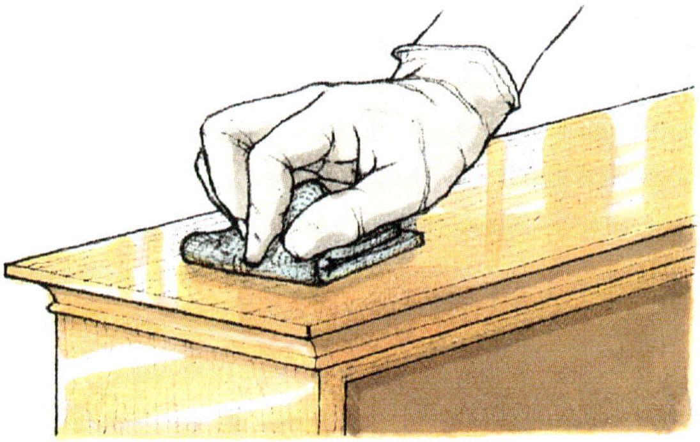

**2 Attendez six heures** pour passer la deuxième couche, au tampon abrasif souple et dans le sens du fil afin de bien faire pénétrer. Ressuyez au chiffon doux ou au papier essuie-tout et laissez sécher jusqu'au lendemain. Au besoin, appliquez une troisième couche de la même façon.

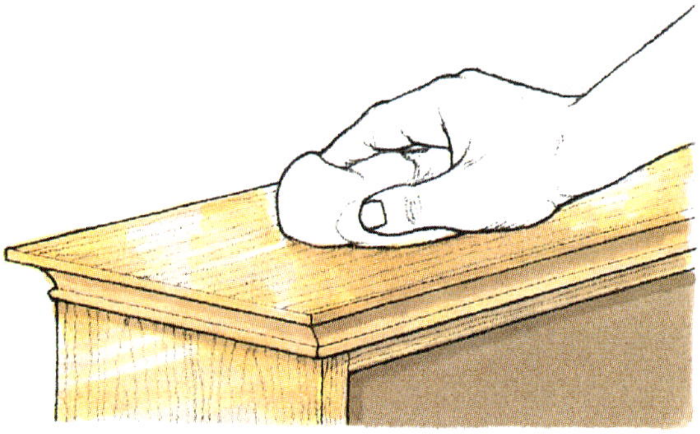

**3 Lorsque le bois a parfaitement absorbé l'huile** et que la surface est sèche au toucher, faites briller avec un lainage propre et non pelucheux. Si vous souhaitez satiner le fini, chargez un tampon abrasif souple ou une laine d'acier fine (n° 000) d'une noix d'encaustique et dépolissez à main légère (cf. page 93).

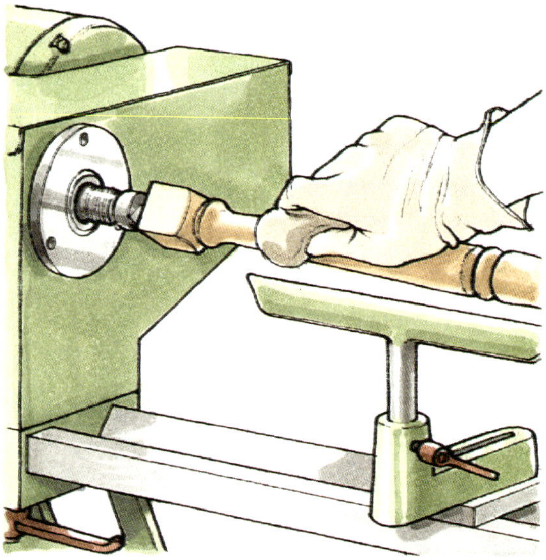

**Huilage des pièces tournées**
Poncez la pièce en rotation, puis arrêtez le tour pour huiler uniformément le bois. Laissez pénétrer quelques instants et ressuyez l'excédent. Relancez le tour à basse vitesse et faites reluire en déplaçant lentement un chiffon doux sur la surface.

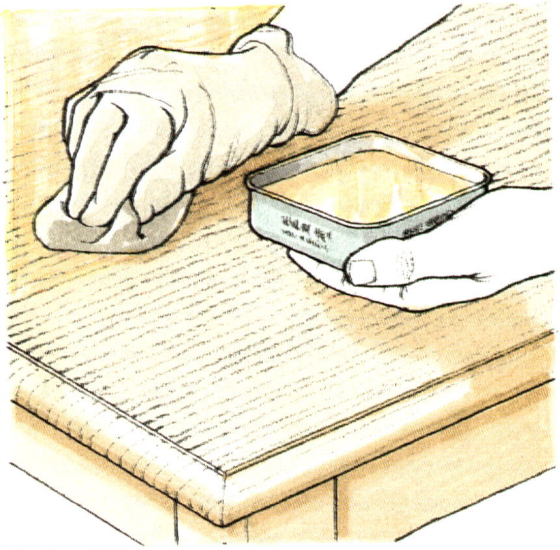

**Huile gélifiée**
Dans la famille des huiles de finition, ce produit, à utiliser avec parcimonie, est le seul qui puisse se poser sur un vernis. Pénétrant et filmogène, il habille aussi les supports nus : chargez un chiffon doux d'une noix de gel et frottez dans le sens du fil jusqu'à ce que le bois soit sec au toucher. Deux passages suffisent la plupart du temps, sauf si le meuble est très exposé aux chocs, à l'usure ou à la chaleur. Laissez sécher 4 heures entre chaque application. L'huile gélifiée déposant une pellicule brillante, elle ne se lustre pas. Attendez toutefois 2 jours avant de poser quoi que ce soit dessus. Entretenez au chiffon à peine humide.

**Entretien d'une pièce huilée**
Les surfaces huilées présentent une très bonne tenue, à condition qu'elles soient dépoussiérées régulièrement au chiffon humide. Si la finition s'est un peu défraîchie, ravivez-la par une nouvelle application. Si elle a été matée à l'encaustique, procédez d'abord à un bon décirage (cf. page 28) et séchez bien le bois. Repassez au moins une couche d'huile sur les boiseries extérieures une fois par an, ou plus souvent sur les ouvrages très exposés.

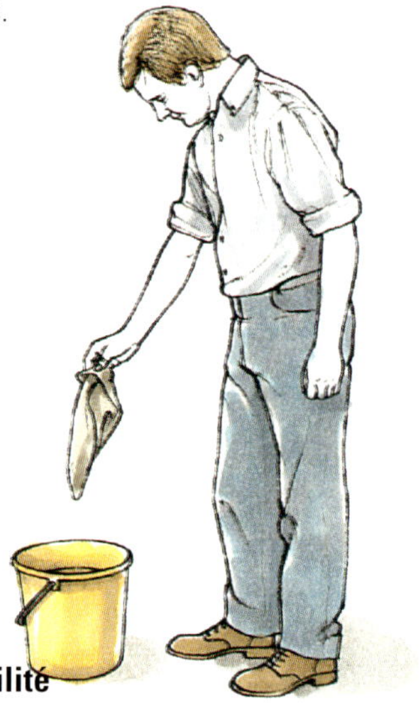

**Inflammabilité**
En s'oxydant à l'air, l'huile dégage de la chaleur et les chiffons gras peuvent s'enflammer spontanément. Dépliez-les et faites-les sécher à l'extérieur ou plongez-les pendant une nuit dans un seau d'eau avant de les jeter.

## DÉFAUTS DE FINITION
*Les finitions à l'huile sont les plus simples à réussir, à condition que le support soit impeccablement préparé et que l'on ne laisse pas le liquide poisser sur le bois.*

**Poisse**
*Si vous oubliez de retirer l'excédent d'huile, le liquide s'épaissit très vite et accumule la poussière, laissant un fini collant au toucher.*
Si l'huile a commencé à sécher, il est trop tard pour la ressuyer. Assouplissez-la tout d'abord à l'aide d'un tampon abrasif souple à peine chargé d'huile, puis éliminez-la au chiffon doux ou au papier essuie-tout.

**Auréoles**
*Sur certaines huiles traditionnelles, un plat chaud imprime une auréole blanche au fini.*
Ces petits défauts ne portent pas à conséquence et disparaîtront très vite d'eux-mêmes.

CHAPITRE 9

# DORURE

La véritable feuille d'or, très mince épaisseur de métal précieux qui se désintègre à la moindre mauvaise manœuvre, ne s'accommode que du geste sûr et minutieux du doreur professionnel. Bien mois fragiles – et surtout plus économiques ! –, les feuilles-transfert d'or, d'argent ou de cuivre assurent en revanche à l'amateur des résultats fort honorables. Pensez également aux crèmes et liquides à dorer pour rénover une dorure ancienne ou revêtir à moindres frais un bois nu d'une luxueuse parure.

# IMITATION DORURE

Si le luxe d'une dorure vous semble inabordable, souvenez-vous que tout ce qui brille n'est pas or ! Une simple imitation est du plus bel effet sur un encadrement ancien ou de moindre valeur. Presque aussi faciles à appliquer que de simples cires et vernis, les crèmes et liquides à dorer se prêtent à de nombreux effets.

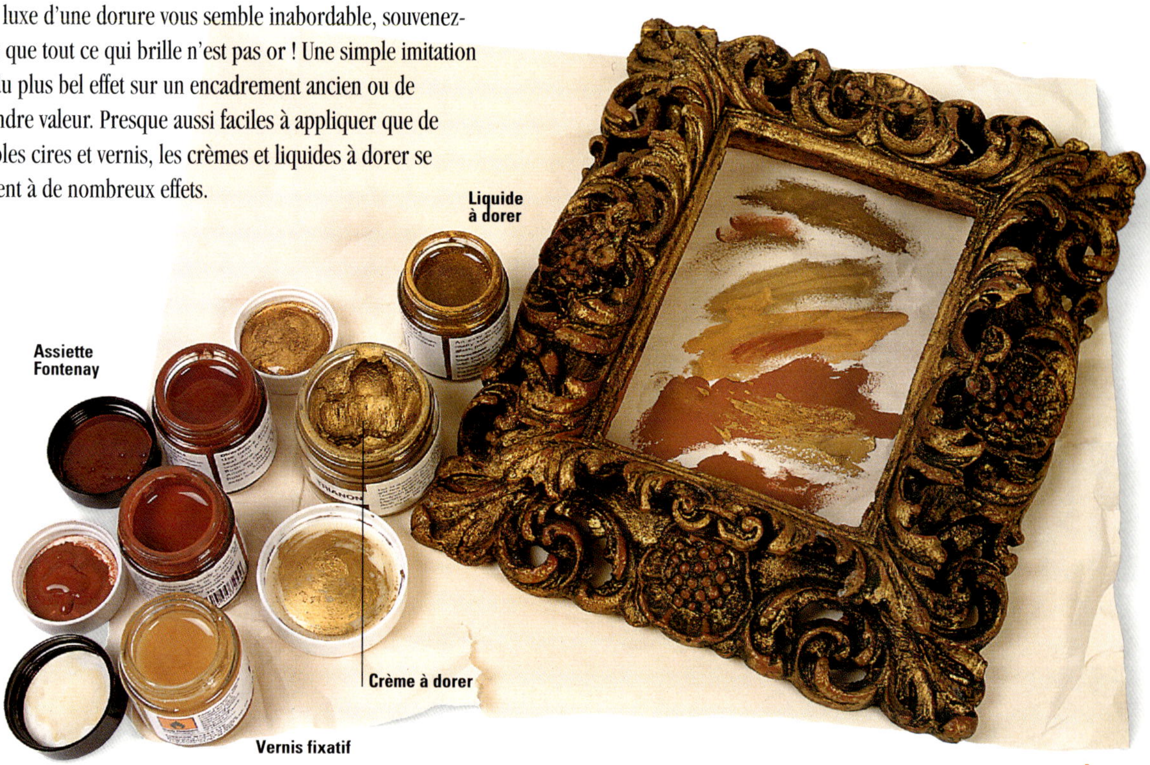


**Crème à dorer**
Disponibles en différents tons et miscibles entre elles, ces cires fines et onctueuses, sont colorées à la poudre de bronze ou autres pigments métalliques. Idéales pour rénover une dorure ancienne, elles s'étalent facilement et accrochent très bien sur le bois neuf.

**Liquide à dorer (ou "vernis d'art")**
Il comporte des poudres de bronze en suspension dans un médium. Appliquez-le directement sur le bois ou sur une assiette rouge (voir ci-dessous), ou posez-le en apprêt sous une crème à dorer. Il permet d'effectuer des raccords de teinte sur les éclats de moulures reconstitués ou de foncer les saillies. Décorez les bois neufs ou décapés d'un vernis inoxydable.

**Assiette Fontenay**
Cette pâte fluide que l'on trouve aussi sous le nom d'"assiette rouge" sert à étancher le support avant dorure et accentue la patine et la profondeur de l'or. Sous une finition d'argent ou d'étain, on lui préférera l'assiette noire.

**Vernis fixatif**
Ce vernis incolore protège la crème à dorer et s'applique au pinceau très doux, de type mouilleur.

## L'ASSIETTE, MODE D'EMPLOI

*Bouche-porez d'abord les bois neufs (cf. page 26), puis poncez délicatement la surface. Égalisez les peintures anciennes au papier à l'eau. Appliquez une couche uniforme d'assiette Fontenay sur le bois et laissez sécher. Poncez délicatement à la laine d'acier extra-fine (n° 0000) ou au papier au carbure de silicium très fin (n° 360). Si la teinte semble irrégulière ou trop brillante, passez une seconde couche.*

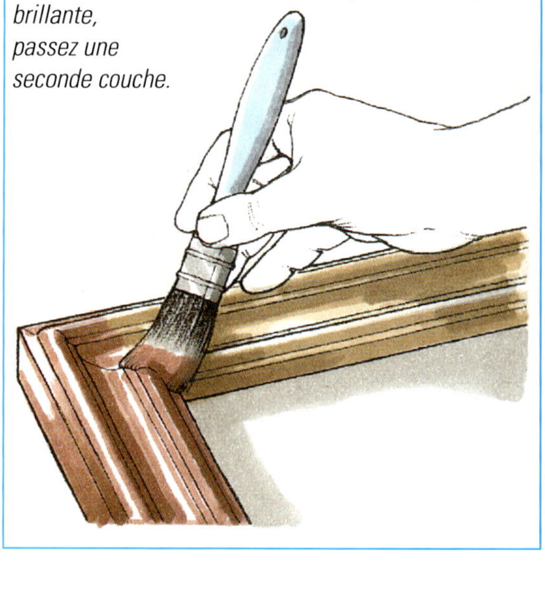

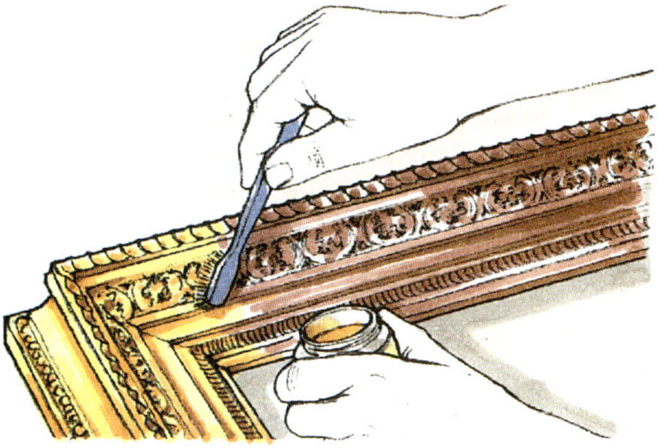

## DORURE À LA CRÈME

**1 Chargez une noisette de crème à dorer** sur un chiffon doux et étalez-la du bout des doigts. Chevauchez les petites passes circulaires, puis achevez en long, dans le sens du fil. Faites pénétrer dans les moulures et les recoins à l'aide d'une brosse à dents souple.

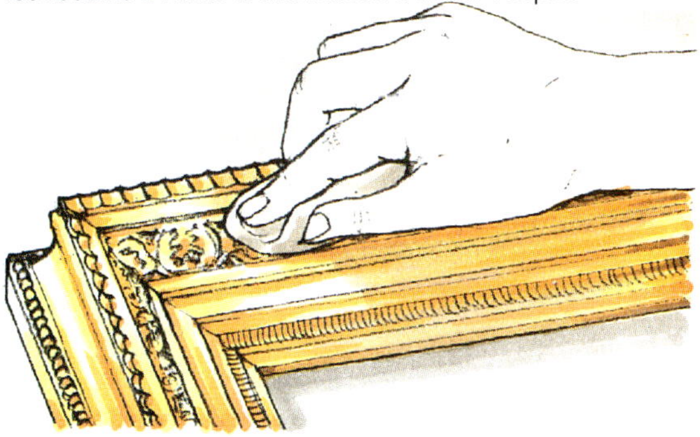

**2 Laissez durcir la crème** une demi-journée, puis lustrez délicatement au chiffon doux. N'insistez sur les moulures et les saillies que si vous souhaitez les vieillir, de façon à découvrir la base rouge. Dans le cas contraire, ajoutez de la crème pour garnir les manques.

La crème à dorer offre un fini résistant comparable à l'encaustique. Une fine pellicule de vernis fixatif assure une protection supplémentaire.

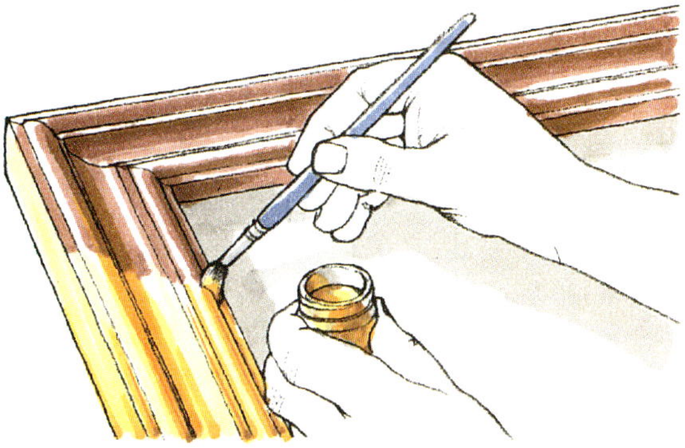

## DORURE AU VERNIS

Sur un bois neuf, étendez au pinceau une couche uniforme de liquide à dorer. Laissez sécher au moins trois heures. Au besoin, accentuez la profondeur de teinte par une légère application de crème à dorer.

## VIEILLISSEMENT DES DORURES

*Le brillant des dorures fraîchement appliquées semble parfois un peu tapageur. C'est là la rançon de la qualité des crèmes et vernis métallisés... Une pièce de style gagnera sans doute à être un peu vieillie pour retrouver l'aspect de l'ancien.*

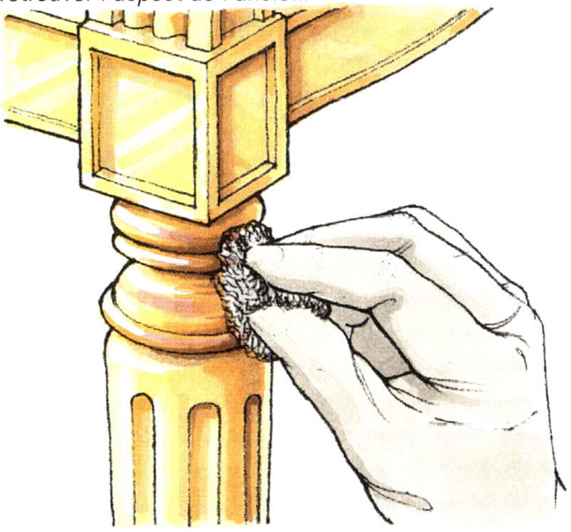

**Éclaircissage des arêtes**

Effleurez les saillies et les arêtes à la laine d'acier fine (n° 000) ou au tampon abrasif souple, afin de laisser percer l'assiette rouge sous la dorure. Pour être crédible, cet effet doit rester très discret.

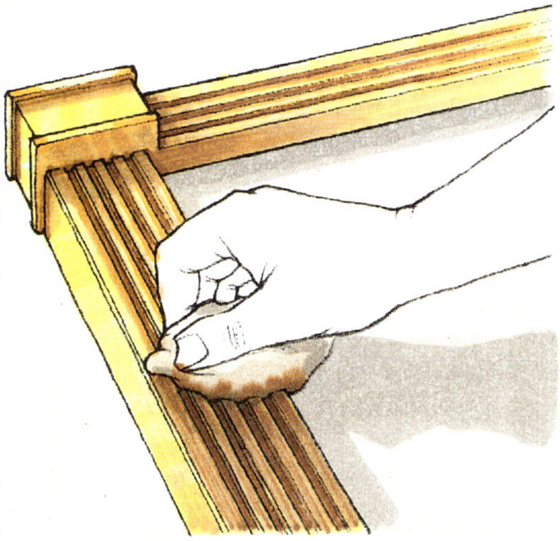

**Ombrage des moulures**

Faites pénétrer une cire "chêne foncé" sur la surface dorée en insistant dans les creux. Au besoin, travaillez au pinceau par petites tamponnées verticales. Ressuyez au chiffon doux sur les parties saillantes et laissez le résidu ombrer les parties ouvragées. Vous obtiendrez un résultat comparable en frottant une ou plusieurs crèmes à dorer de teintes différentes sur un fini "or pâle", puis en polissant les saillies au chiffon.

# RETOUCHER UNE DORURE

Le caractère d'une dorure tient davantage aux petites marques d'usure ciselées par le temps et à la douce patine qui voile discrètement le brillant d'origine qu'à une irréprochable uniformité de ton. Ne vous acharnez pas à redorer un cadre un peu défraîchi, mais limitez votre intervention à quelques retouches : un petit coup de mastic ou crayon à dorer suffit souvent à masquer les défauts les plus disgracieux.

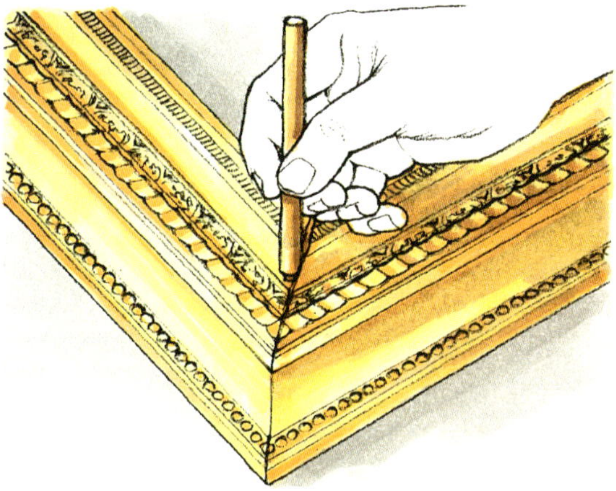

**Dissimuler une fausse coupe**
Le travail du bois fissure parfois la dorure le long des assemblages d'onglet. Frottez délicatement l'extrémité d'un crayon à dorer perpendiculairement à l'assemblage pour combler l'interstice. Du bout du doigt, éliminez le surplus au chiffon doux, égalisez et lissez la réparation. Si le raccord reste visible, fondez-le en étalant un peu de crème à dorer à doigt nu.

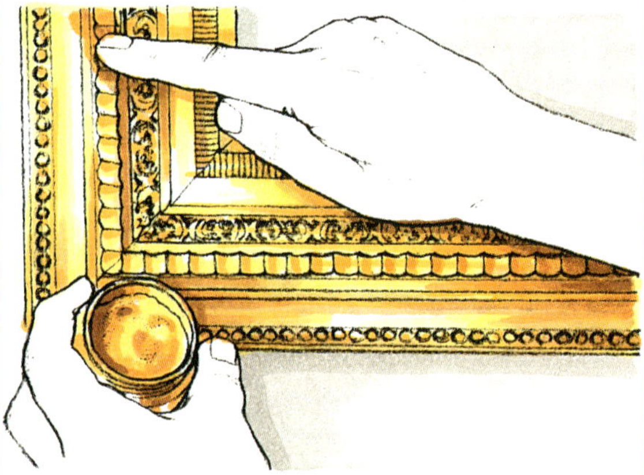

**Maquiller les rayures**
Remplissez les rayures les plus profondes qui découvrent l'assiette rouge ou la base de gesso blanc (cf. page 104) à l'aide d'un crayon à dorer (voir ci-dessus), et estompez les petites griffes sous une noix de crème à dorer.

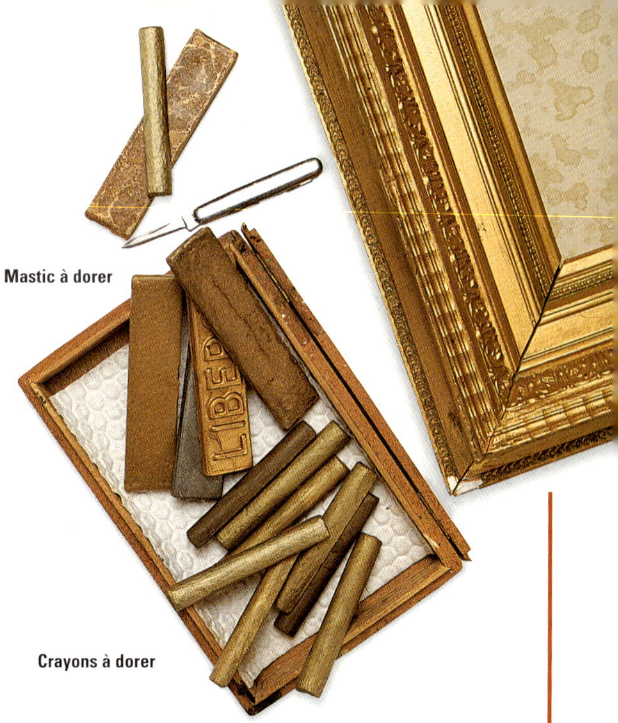


**Mastic et crayons à dorer**
Pour reboucher les trous ou reconstituer un éclat de moulure, choisissez un bâton de mastic à dorer assorti à la tonalité de votre finition. Les crayons à dorer suffisent à rattraper les défauts superficiels. Il existe également des feutres à retouche. Tous ces produits sont proposés dans plusieurs coloris. Au besoin, utilisez plusieurs nuances pour uniformiser le ton.

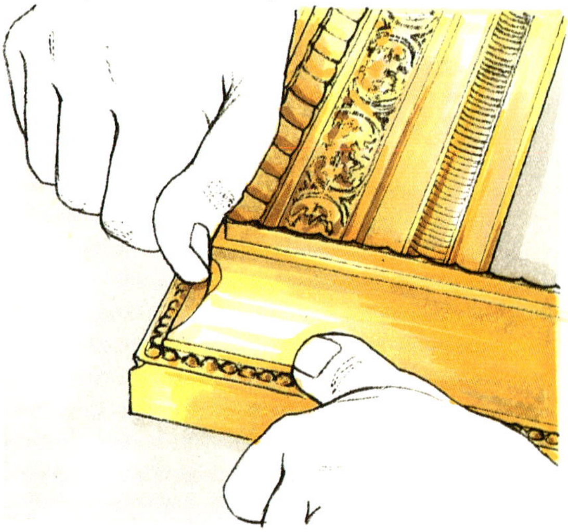

**Reboucher les trous**
Très utilisés en restauration de dorure, les bâtons de mastic à dorer comblent les petits trous de vers : faites-en fondre une petite boule sur un radiateur et malaxez-la bien. Déposez la pâte dans les trous en appuyant le plat d'une lame de canif. Égalisez du bout de l'ongle ou avec une spatule en plastique. Lissez à l'aide d'un papier abrasif retourné sur l'envers et achevez votre réparation en lustrant à la crème à dorer.

# DORURE À LA FEUILLE

Apanage des maîtres doreurs, l'or véritable ne se justifie réellement que sur les plus belles antiquités. Les artisans n'ont jamais pour autant refusé cette finition prestigieuse aux ouvrages plus modestes : depuis des siècles, ils couchent sur le bois des feuilles métalliques finement martelées offrant une imitation convaincante des métaux précieux.

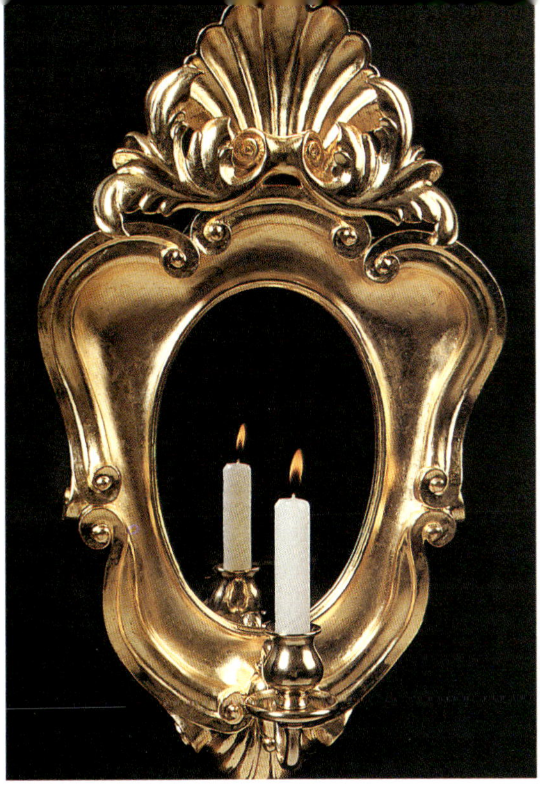

**Miroir doré (ci-contre)**
Le vacillement d'une flamme fait danser les reflets flavescents de l'or et de la bronzine.

**Divan Empire (ci-dessous)**
Les filets dorés soulignent l'élégance des lignes de ce meuble de repos laqué de noir.

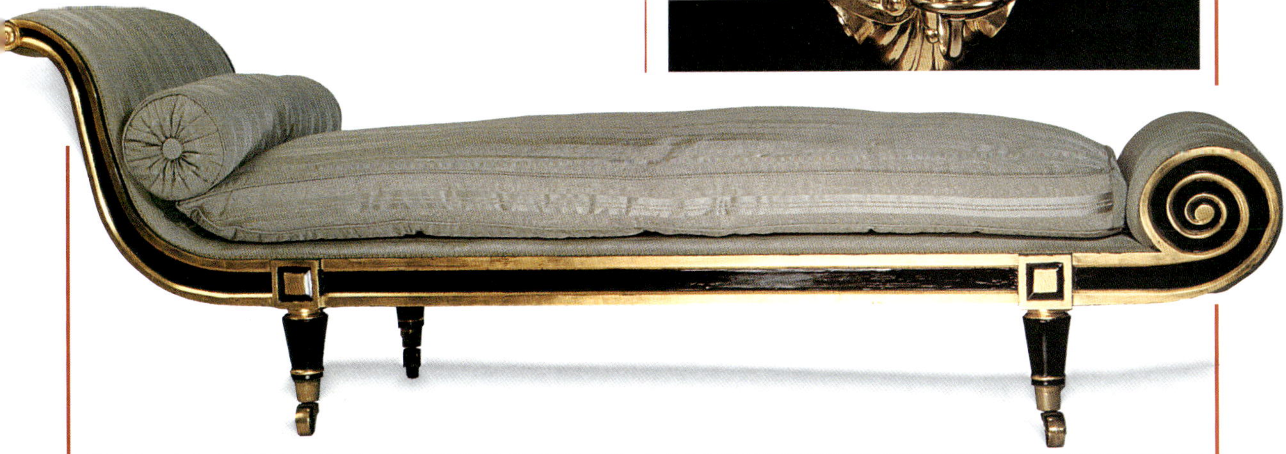

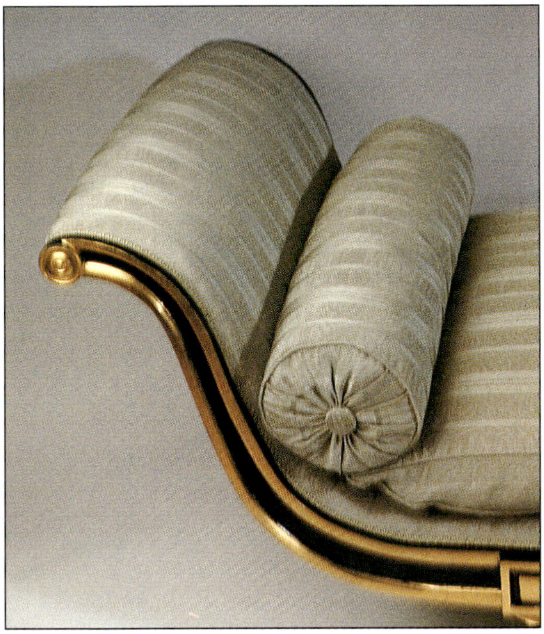

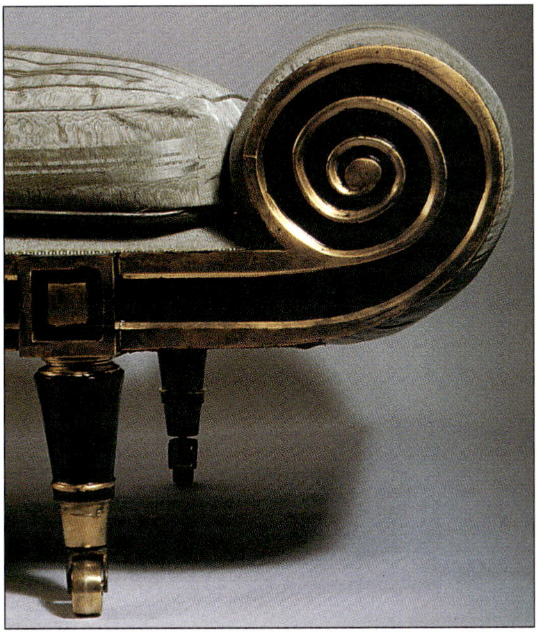

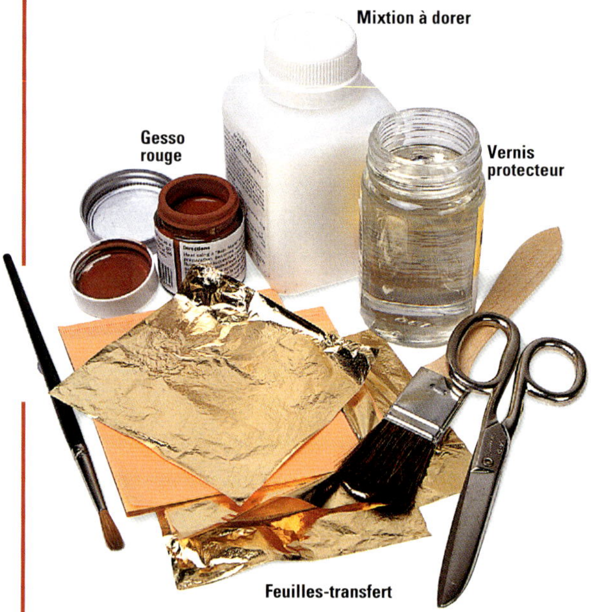


### Feuilles-transfert
Vendues par 25 sous forme de carnets reliés, ces fines lamelles de 8 à 16 cm de côté sont généralement collées à un support de papier siliconé et protégées sous un papier de soie. Les feuilles de bronzine ou "or hollandais", de cuivre, d'argent et d'aluminium sont relativement faciles à poser et arborent après lustrage un brillant honorable.

### Gesso
Les feuilles métalliques sont si fines que, loin de camoufler un défaut, elles le font impitoyablement ressortir au lustrage. Le gesso, pâte constituée de craie et de colle de peau de lapin, forme une assise lisse pour recevoir la feuille métallique. Poncez méticuleusement le bois nu et éliminez toute trace de graisse avant de l'apprêter. Choisissez un gesso blanc, ou "blanc collé" pour une finition argentée, et rouge pour une finition dorée.

### Mixtion à dorer
C'est sur cette colle fine que la feuille vient se fixer au support apprêté. Selon sa composition, elle met entre 2 heures et une journée à prendre. On trouve ainsi dans le commerce des mixtions dites "3 heures" ou "12 heures", par exemple.

### Vernis protecteur
La feuille de métal ayant tendance à ternir, il convient de la protéger d'un vernis incolore "spécial dorure" qui la préserve de l'oxydation et renforce sa résistance à la manipulation.

## MANIPULATION DE LA FEUILLE
*Lavez-vous bien les mains et talquez-les avant de saisir une feuille, faute de quoi elle risque de s'accrocher sur vos doigts et de se désagréger.*

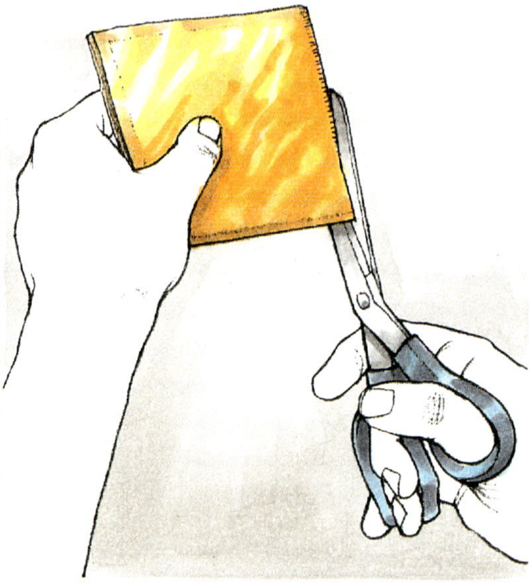

### Découpe
Retirez la couverture du carnet de feuilles et coupez la reliure au ciseau. Découpez ensuite dans la feuille des bandelettes ou des carrés de même largeur que votre ouvrage, sans ôter son support de papier siliconé.

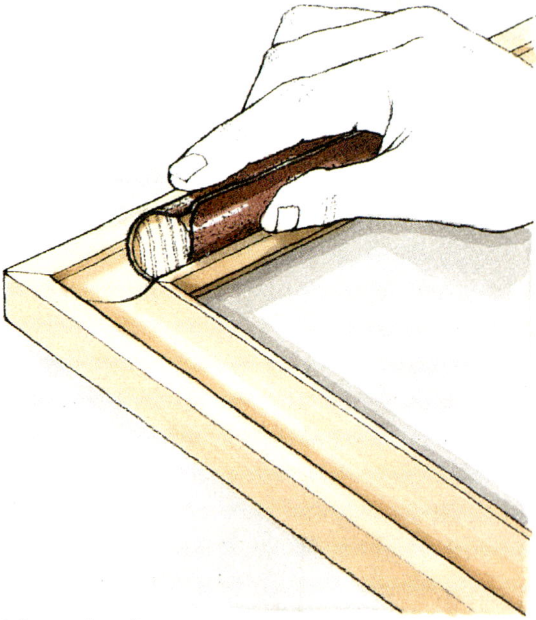

### Préparation du support
Colmatez tous les trous et les fissures, et poncez soigneusement le bois . Dépoussiérez et dégraissez au chiffon imprégné de white spirit.

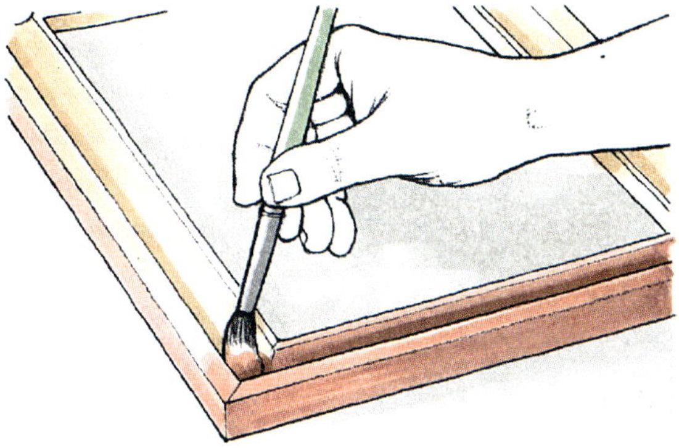

**1 Apprêtage du fond**
Faites fondre le gesso au bain-marie de façon à obtenir une pâte suffisamment fluide pour être appliquée au pinceau sur le bois préparé. Veillez à ne pas le laisser s'épancher dans les creux et les rainures. Laissez sécher une nuit, puis poncez à main légère au papier à l'eau fin. Renouvelez l'application trois ou quatre fois, jusqu'à ce que le support soit parfaitement lisse.

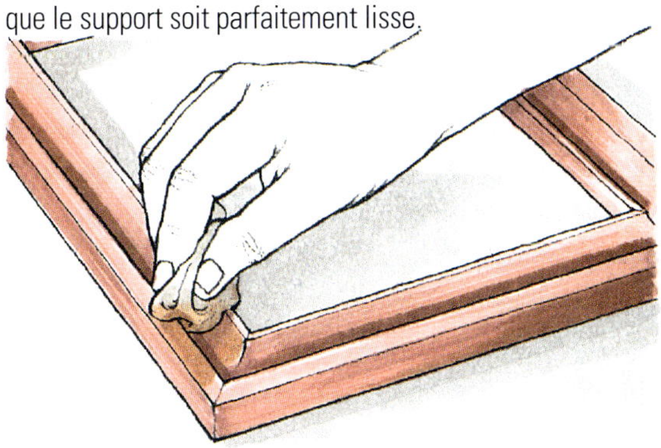

**2 Fixation du gesso**
Préparez un vernis fixatif en diluant de moitié un vernis gomme-laque dans l'alcool dénaturé, et appliquez ce mélange au chiffon doux ou à l'aide d'un pinceau de type mouilleur. Prenez soin de ne laisser aucune traînée sur les arêtes et les moulures, et évitez de surcharger les creux.

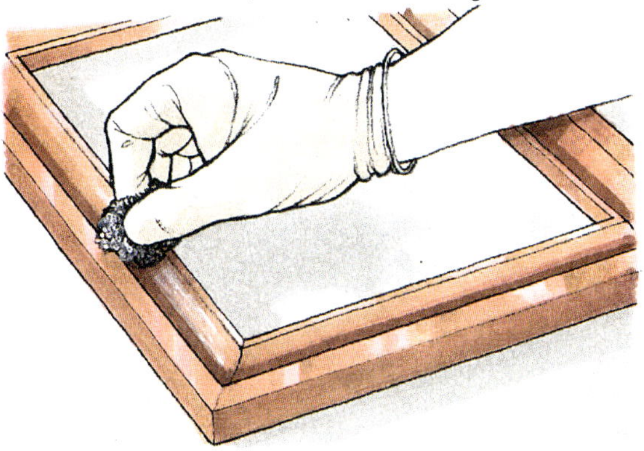

**3 Égrenage**
Laissez tirer le vernis avant d'estomper les petits défauts à la laine d'acier extra-fine (n° 0000) humectée d'eau savonneuse. Séchez avec un chiffon très propre.

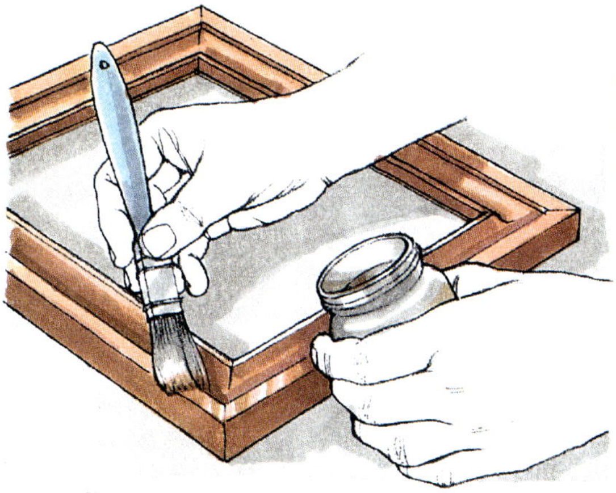

**4 Encollage**
Étalez une fine couche de mixtion à dorer dans le sens du fil, sans oublier les chants et les recoins. Les lamelles devant être posées au bout d'un temps de séchage très précis, divisez les ouvrages volumineux en petites sections que vous traiterez successivement.

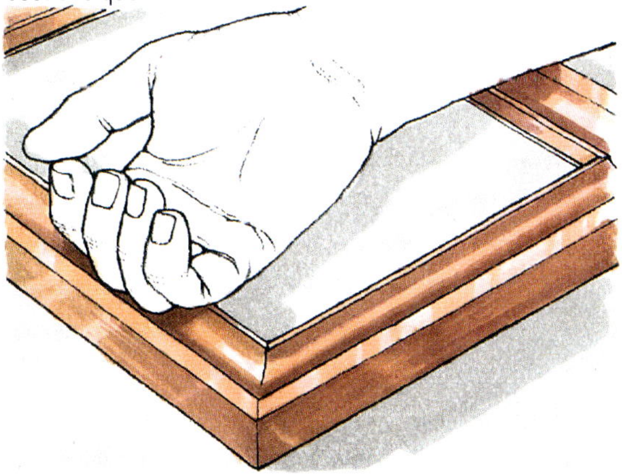

**5 Séchage de la mixtion**
La température et l'humidité peuvent accélérer ou retarder la prise de la mixtion ; pour bien maintenir la feuille, elle doit être encore un peu humide. Posez une phalange sur la colle : si elle adhère sans laisser de trace, elle est prête.

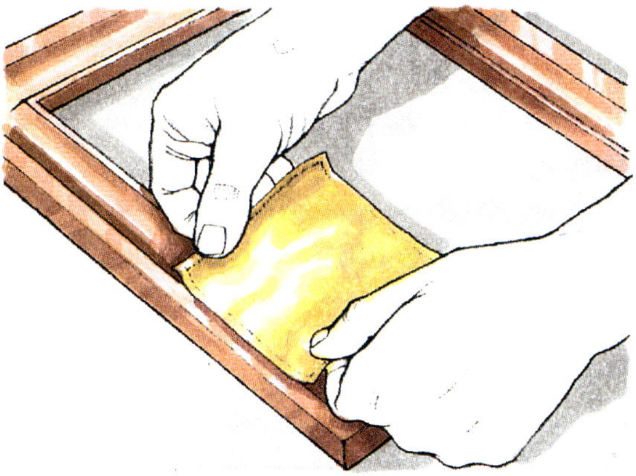

**6 Couchage de la feuille**
Saisissez délicatement chaque feuille à deux mains, et déposez sa face non protégée sur la mixtion à dorer. Effleurez la feuille du bout du doigt pour bien l'aplanir sur son support, puis retirez la pellicule de papier siliconé.

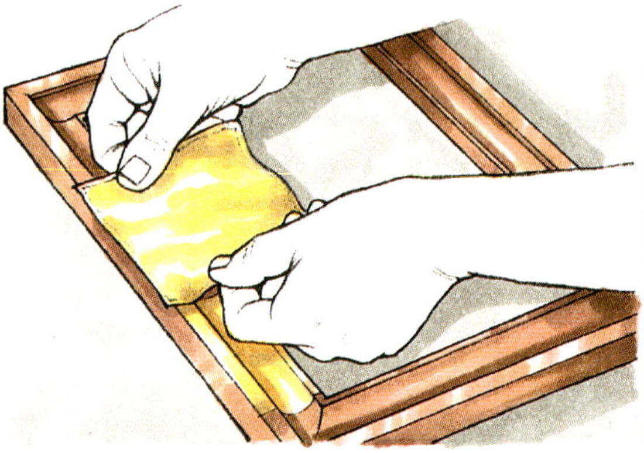

**7 Chevauchement des feuilles**

Posez une autre feuille en recouvrant la précédente sur environ 3 mm. Continuez à garnir la première section encollée, puis renouvelez l'encollage et le couchage jusqu'à achèvement de toute la surface.

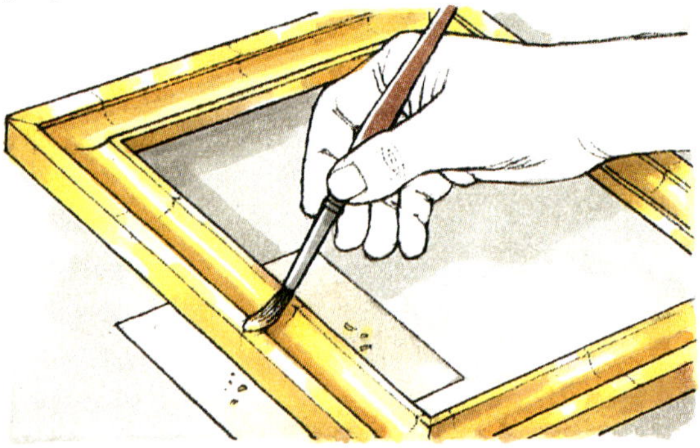

**8 Raccords**

Faites tomber les débords et fondez les raccords en tapotant le bout d'un petit pinceau mouilleur en oreille de bœuf sur les joints. Travaillez toujours vers le rebord apparent et placez un petit carré de carton sous l'ouvrage pour recueillir les lambeaux qui serviront à "ramender" la dorure.

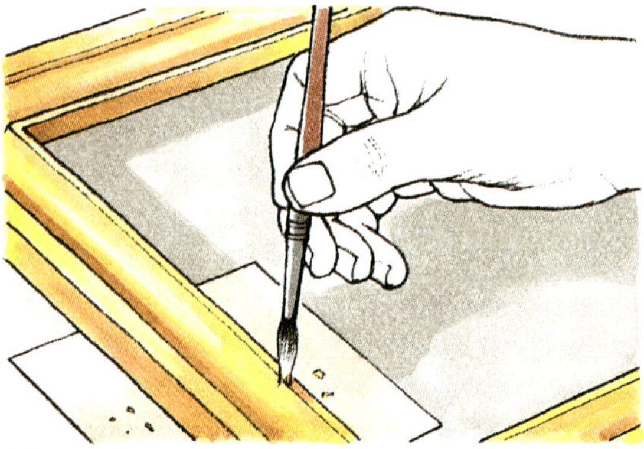

**9 Ramendage**

Si la base rouge transperce par endroits ou si la pellicule s'est froissée au couchage, camouflez ces petites imperfections à l'aide des chutes de feuille d'or. Ramassez-les du bout du pinceau et déposez-les minutieusement sur les manques et les gerçures encore fraîches, puis fixez-les par petites tamponnées verticales.

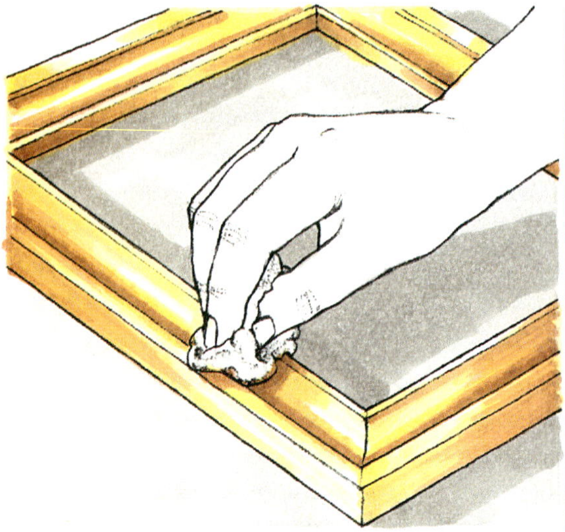

**10 Lustrage**

Laissez reposer jusqu'au lendemain, puis polissez délicatement la dorure à l'aide d'un tampon d'ouate de coton pour faire monter un fini satiné. Achevez par une légère application de vernis protecteur incolore qui empêchera le métal de ternir.

## DORURE DES MOULURES

*La dorure à la feuille des pièces ouvragées exige davantage de minutie. Subdivisez la pièce en plusieurs sections que vous encollerez et dorerez tour à tour. Commencez par le bas pour éviter que les lambeaux de métal ne tombent sur une partie en cours de séchage.*

**Découpez dans la feuille de fines lamelles** adaptées à la forme et à la taille des moulures, et déposez-les sur le bois en lissant au fur et à mesure au doigt pour éviter l'apparition de gerçures. Achevez la première section, puis tapotez le métal du bout du pinceau de sorte qu'il épouse parfaitement les reliefs des sculptures et adhère bien à la mixtion.

CHAPITRE 10

# FAUX BOIS

Le secret du trompe-l'œil tient en premier lieu à un sens infaillible de l'observation : pour exécuter sur un glacis de fond un veinage aussi réaliste que possible, étudiez tout d'abord très attentivement la structure du bois naturel et apprenez à reconnaître le dessin caractéristique de chaque essence et de chaque type de coupe. Armé de la petite panoplie du décorateur, commencez par un bois de fil simple, puis essayez-vous aux divers effets de texture, avant de vous lancer dans l'art plus exigeant de la ronce.

# OUTILLAGE

Si quelques brosses plates et pinceaux classiques suffisent à reproduire le veinage très simple d'un bois de fil, des outils spécialisés sont nécessaires pour affiner et diversifier les effets. Les brosses de veinage sont relativement chères, mais n'hésitez pas à investir dans des accessoires de bonne qualité car, bien entretenus, ils resteront pendant des années vos fidèles alliés. Prévoyez également un jeu de tampons à faux bois et de peignes en acier, en plastique ou en caoutchouc. À défaut, improvisez un petit assortiment d'outils dentelés découpés dans des carrés de plastique ou de carton fort.

Ce matériel est parfois proposé dans les rayons bricolage des grandes surfaces, mais vous trouverez un plus grand choix d'outils à faux bois chez les fournisseurs spécialisés.

## Brosserie

Pour poser le glacis de fond et imiter un bois à grain serré, utilisez un spalter à vernir ou une queue-de-morue. En règle générale, préférez des soies de qualité, mais ne négligez pas les vertus des touffes usées qui, tirées sur un glacis, produisent des effets de texture originaux (cf. pages 112-113).

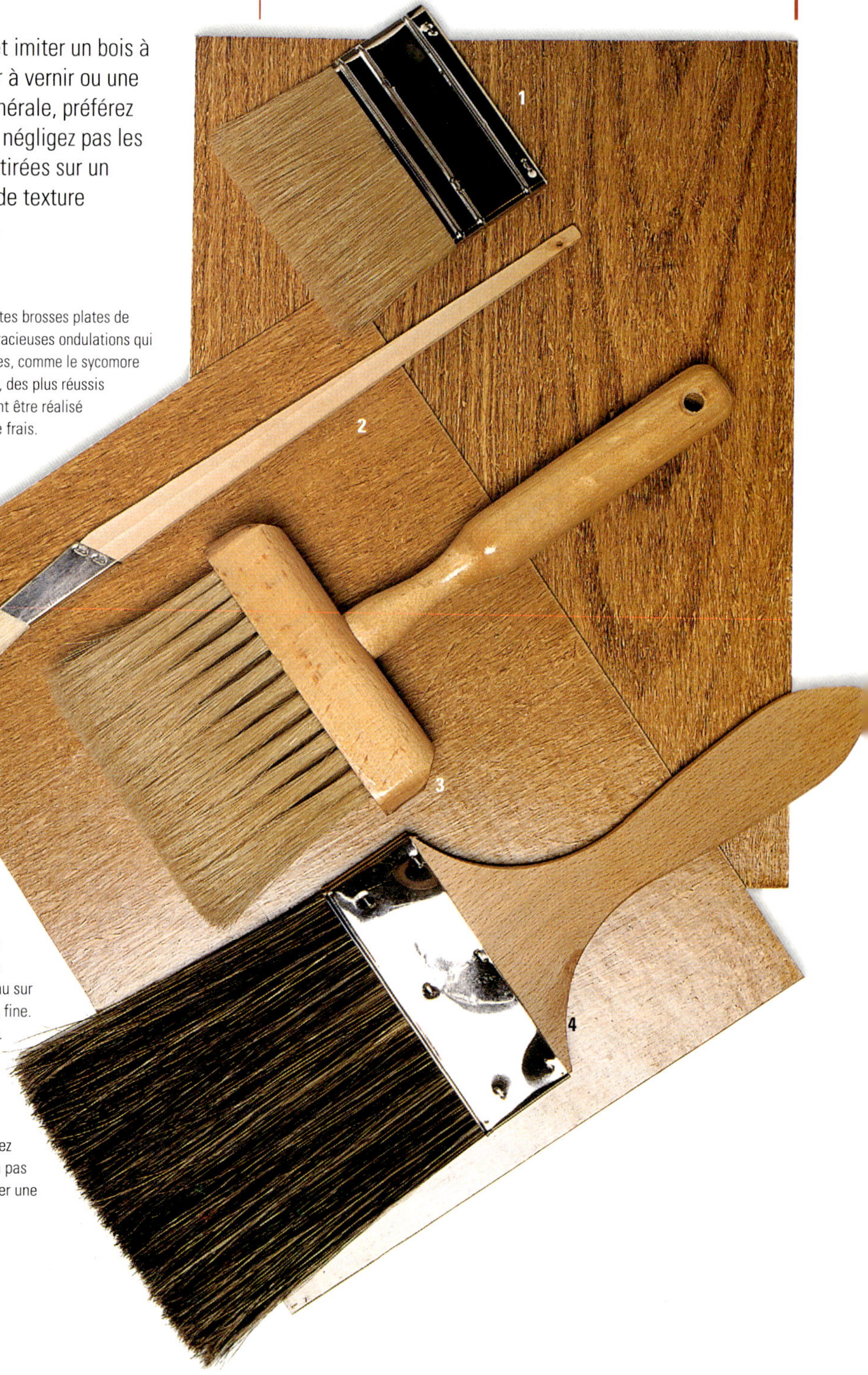


**1 Veinette**
Disponibles en plusieurs largeurs, ces petites brosses plates de soies fines permettent de reproduire les gracieuses ondulations qui courent en travers fil sur certaines essences, comme le sycomore "dos de violon" ou le frêne ondé. Cet effet, des plus réussis avec une véritable veinette, peut également être réalisé en tamponnant le bout d'un spalter dans le frais.

**2 Brosse sifflet**
Ces brosses plates présentent une touffe de soies dures taillée en biseau, idéale pour repiquer des contours ou enlever la couleur accumulée sur les extrémités d'un panneau ou les accompagnements d'un motif. A défaut, munissez-vous d'un pinceau qui tienne la pointe et charge bien la peinture.

**3 Queue à lisser**
Encore appelé queue à radoucir ou blaireau, ce balai en soies de porc très douces, ou mieux, en poils de blaireau, est incontournable : il sert à lisser le grain et à fondre délicatement les marques de pinceau sur le frais du glacis, lui imprimant une texture fine. Choisissez un blaireau de 100 mm de large.

**4 Queue à battre**
Fouettée sur un glacis frais, la sortie très longue et de cette brosse en soies rigides simule les grains du bois. Vous ne l'utiliserez pas pour tous les graphismes, mais elle n'a pas son pareil pour "ouvrir" les pores et dessiner une texture grossière.

## Peignes et tampons à faux bois

En tirant sur le fond glacé les dents du peigne ou la semelle sculptée d'un tampon de caoutchouc, on peut le marquer de stries simples ou du motif capricieux d'une ronce.

**1 Tampons à faux bois**
Conçus pour imiter d'un geste les ellipses d'un bois tranché sur dosse, ces tampons sont montés sur une semelle convexe en caoutchouc, gravée d'anneaux concentriques plus ou moins espacés selon les modèles. Leur bourrelet assure une bonne prise en main.

**2 Peignes artisanaux**
Confectionnez votre propre assortiment de peignes dans des chutes planes de plastique ou de carton fort : dans un triangle ou un rectangle, découpez de profondes échancrures au cutter, en choisissant leur espacement et leur régularité en fonction de l'effet désiré. Pensez également aux spatules d'encollage pour papiers peints.

**3 Peignes en plastique ou en caoutchouc**
Ces outils présentent généralement une indentation différente sur chaque face et creusent sur le fond coloré des stries relativement grossières.

**4 Peignes en acier**
Vous trouverez dans le commerce des jeux de peignes en acier traçant des stries épaisses, fines ou très fines. Équipez-vous en priorité d'un peigne de 75 à 100 mm de large et, accessoirement, d'un autre de 25 ou 50 mm pour ratisser les montants, traverses et pièces étroites.

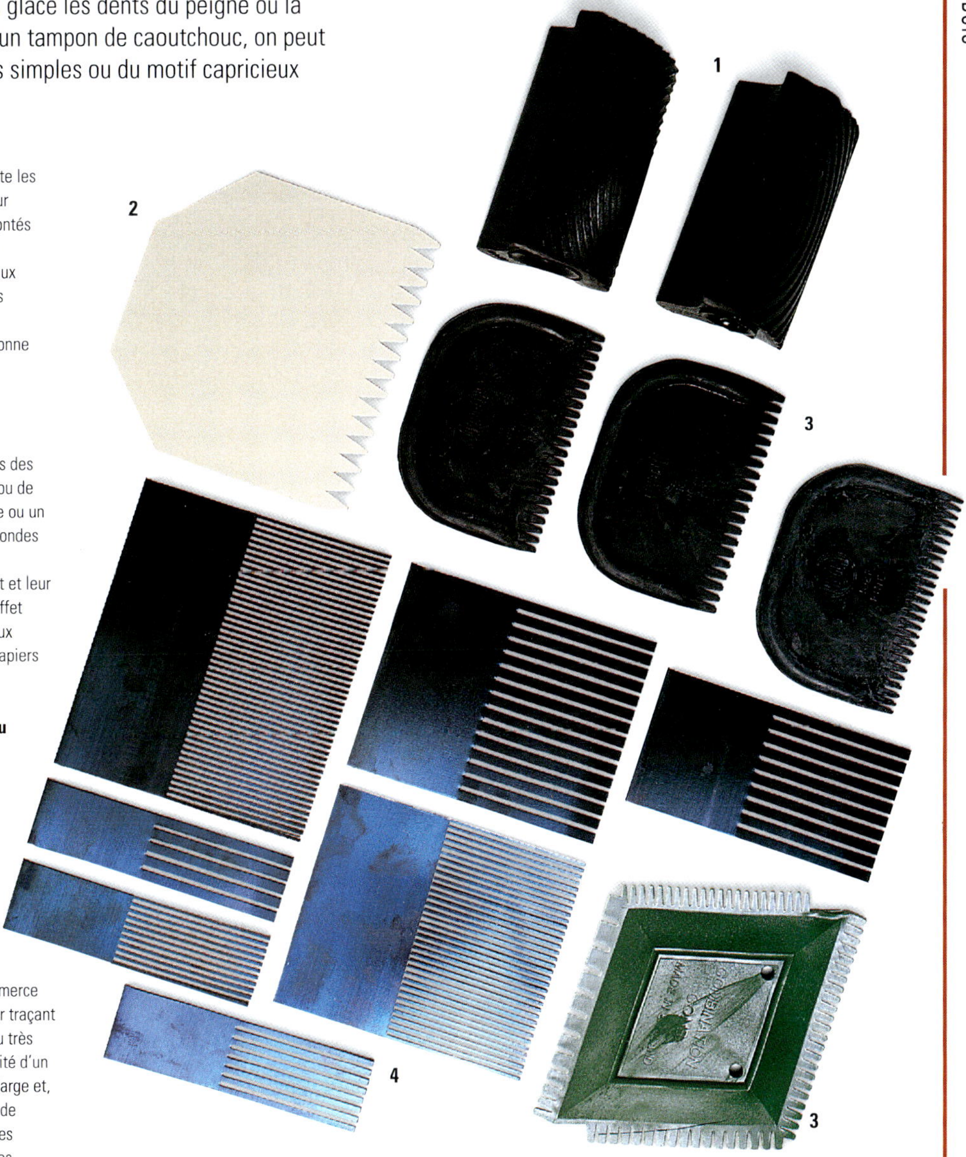


## ROULETTE À PLAQUES

*Composée d'une succession de disques d'acier dentés pivotant sur un axe central, cette roulette sert exclusivement à simuler le grain large très marqué de certaines essences, telles que le chêne.*

*Cet accessoire n'est pas indispensable, mais aucun autre procédé ne permet de parvenir à une imitation plus convaincante de ce type de texture.*

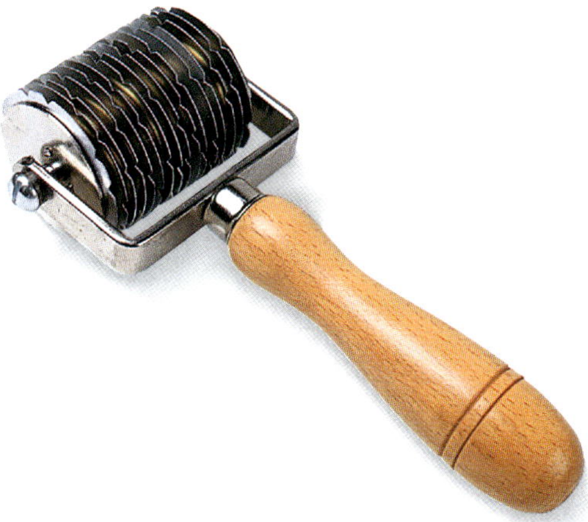

# PEINTURES ET GLACIS

Que vous travailliez sur un bois massif préparé ou un panneau manufacturé, commencez par revêtir le support d'une impression de peinture glycérophtalique satinée, dite "coquille d'œuf", qui posera la couleur de fond.

Cette impression légère doit être assortie à la tonalité la plus claire de l'essence à imiter : choisissez un beige pâle, que vous pourrez toujours éclaircir ou foncer avec un colorant universel. Il est très délicat d'évaluer au juger cette teinte, qui ne doit ni tourner ni ressortir sous le glacis. Effectuez quelques essais préliminaires sur un carton fort afin de bien étudier les effets de ces superpositions et l'harmonie des tons.

**Préparation du support**

Le bois neuf doit être parfaitement sain, propre et sec. Poncez minutieusement la surface, puis isolez les nœuds frais des essences résineuses sous un enduit de gomme-laque (cf. page 51) avant de poser l'apprêt et l'impression. L'impression n'accrochera sur un bois ancien que s'il est parfaitement poncé. Si la peinture d'origine s'écaille, retirez-la au grattoir en veillant à ne pas entamer les arêtes de l'ouvrage. Apprêtez les parties dénudées et masquez les couleurs voyantes sous une sous-couche compatible (cf. page 76).

Attendez que le support soit sec pour passer deux couches de coquille d'œuf, au pinceau ou au pistolet, sans oublier d'égrener au papier à l'eau entre chaque application.

**Glacis à l'huile**
Extrêmement léger, le glacis se distingue des peintures classiques par sa coloration diaphane et sa fluidité : il se travaille dans le frais, de façon à accrocher les soies du pinceau ou les dents du peigne qui enlèvent la couleur pour faire apparaître sur la teinte de fond le motif du veinage.

**Huiles extra-fines**
Il existe dans le commerce des glacis prêts à l'emploi en différents tons de bois, mais si vous souhaitez moduler à gré les nuances, confectionnez votre mélange à partir d'un glacis incolore et de peintures à l'huile extra-fines. D'excellente qualité, celles-ci sont parfois onéreuses ; si votre budget est un peu serré, remplacez-les par des huiles d'étude. Prévoyez un assortiment de couleurs de terre, à partir desquelles vous retrouverez toutes les tonalités du bois : terre de Sienne et ombre brûlées et naturelles, brun Van Dyck, et un tube de noir pour foncer les teintes.

**Vernis**
Le glaçage demeurant relativement fragile après séchage, protégez-le sous une ou deux pellicules de vernis gras satiné (cf. pages 68 à 71). Le premier vernissage se prête très bien à la réalisation du moiré caractéristique des bois à fil ondé (cf. page 119).

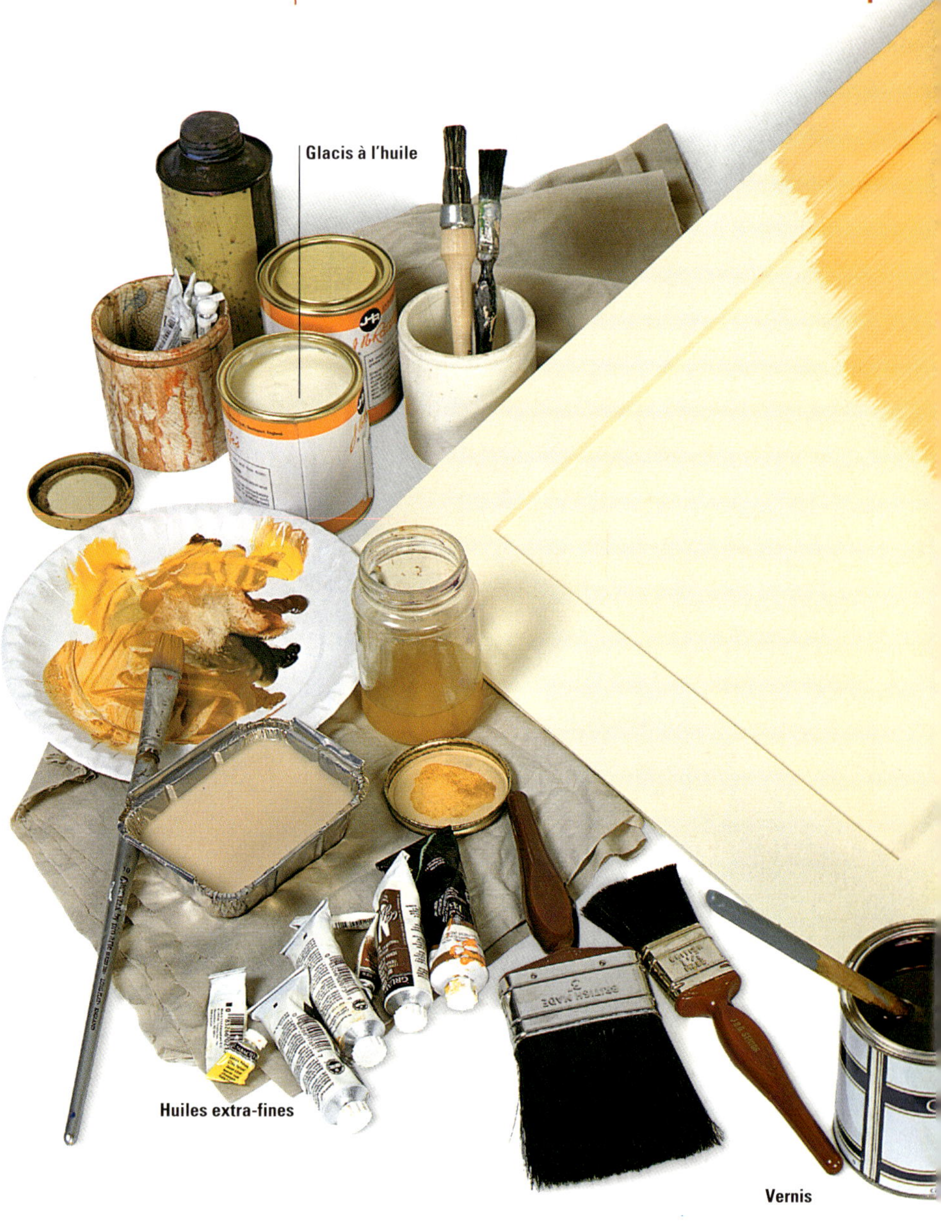

**Glaçage de fond**
Quel que soit le graphisme envisagé, passez pour commencer au pinceau une couche de glacis, en croisant les passes afin de le tirer dans toutes les directions. Pour rehausser les effets de couleur et de texture, marquez quelques traînées sombres : frottez l'extrémité de la touffe sur le tube de peinture ouvert et passez-la sur le frais du glacis en fondant à peine les contours. Achevez par un lissage en long, dans le sens du fil.

Laissez reposer le glacis cinq minutes, ce qui laisse toute latitude pour travailler le graphisme pendant une bonne heure. Subdivisez les grands panneaux en petites surfaces que vous traiterez successivement, afin que le glacis reste humide pendant l'exécution du veinage.

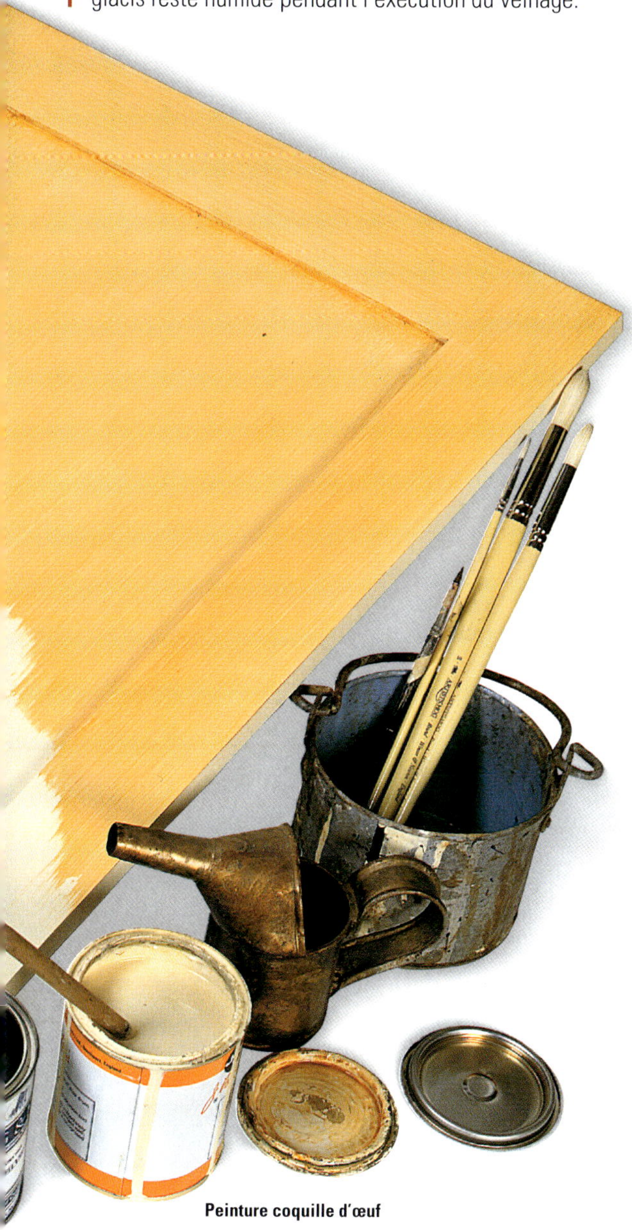

Peinture coquille d'œuf

## CONFECTION DU GLACIS

*Les peintres en décor utilisent un glacis à l'eau, pigmenté d'aquarelles extra-fines, mais son temps de séchage très bref le réserve aux mains expertes. Un produit à l'huile laisse à l'amateur tout le temps de revenir sur son ébauche et de peaufiner les détails. Procurez-vous un glacis incolore, allongé au besoin de white spirit.*

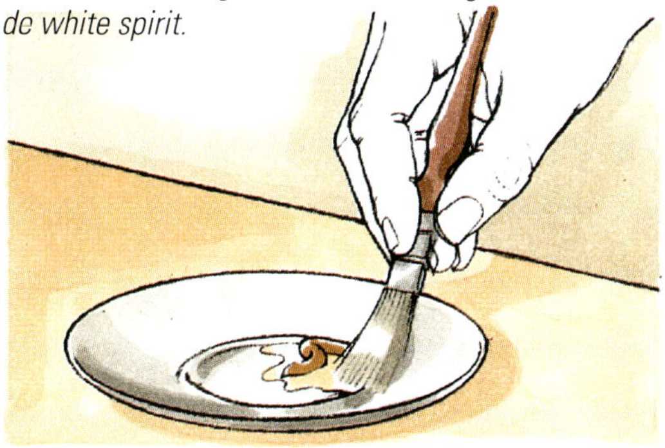

**1 Déposez dans une coupelle** une noix de peinture à l'huile extra-fine. Ajoutez un peu de white spirit et homogénéisez du bout du pinceau pour fluidifier très légèrement la pâte. Mélangez d'autres couleurs jusqu'à obtention de la tonalité recherchée.

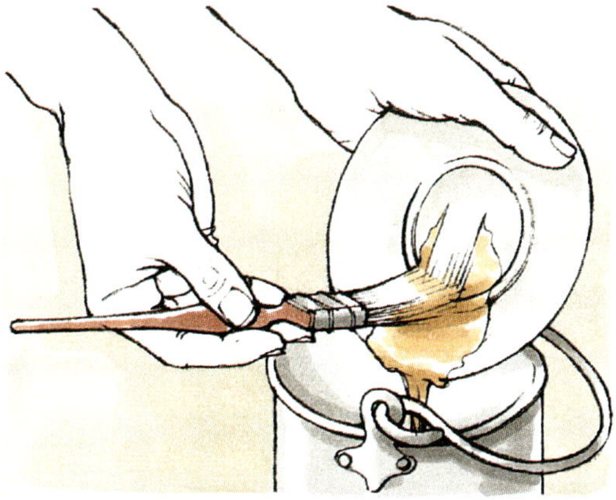

**2 Transvasez une quantité suffisante de glacis** incolore dans un camion à peinture propre. Comptez environ 1 litre pour un panneau de porte. Ajoutez environ 20 % de white spirit et mélangez bien. Versez progressivement votre préparation de couleurs à l'huile, en contrôlant la coloration et la consistance du glacis. S'il est trop dilué, il accrochera mal sur l'impression et séchera trop rapidement ; trop épais, il aura tendance à s'empâter sous le pinceau.

Faites un essai discret sur le support préparé : la teinte du glaçage doit être plus soutenue que l'impression et la couleur de fond doit percer sous les marques de pinceau.

# BOIS DE FIL À LA BROSSE

Pour retrouver avec le pinceau la texture d'une planche débitée sur quartier, avant de vous lancer dans l'imitation, examinez de près quelques exemples originaux et repérez les détails qui confèrent leur caractère aux bois de fil : les imperceptibles ondulations du veinage, les légères irrégularités, les différences de ton des rubans...

Réalisez tout d'abord un veinage de fond à la brosse, sans chercher à reproduire fidèlement le modèle. Laissez place au hasard et à votre intuition, puis, pour plus de véracité, enrichissez-le de quelques effets discrets.

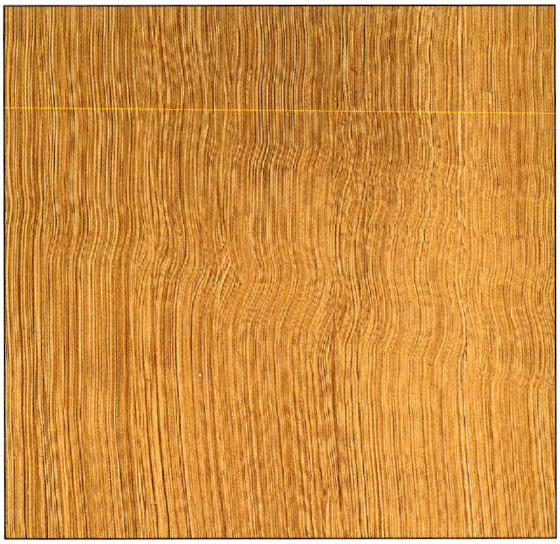

**Réalisation d'un bois de fil à la brosse humide.**

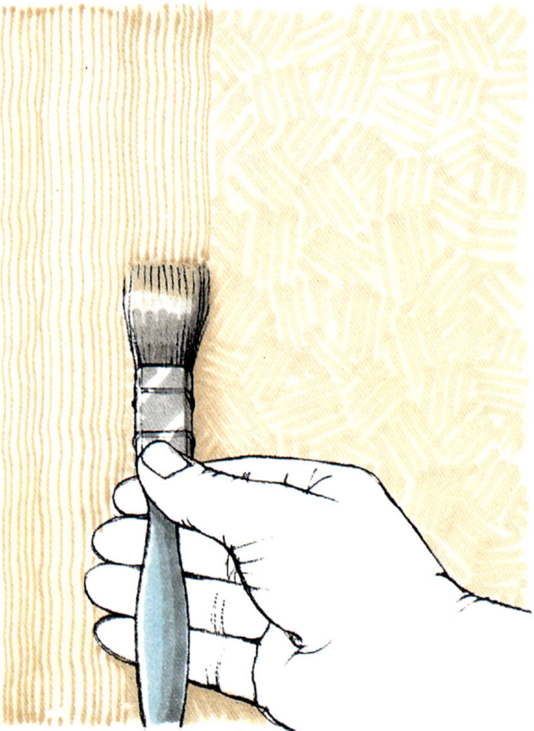

**Exécution à la brosse humide...**

Ratissez la surface à l'aide d'une brosse encore chargée de glacis, en travaillant en "humide sur humide" afin de fondre les striures. Tenez le pinceau presque parallèlement à l'ouvrage et, d'un geste souple et franc, tirez-le de haut en bas en laissant les soies disperser naturellement le glacis. N'appuyez pas trop sur la tirure et n'arrêtez surtout pas le geste à mi-hauteur. Couvrez ainsi toute la largeur du panneau en chevauchant à peine les bandes parallèles.

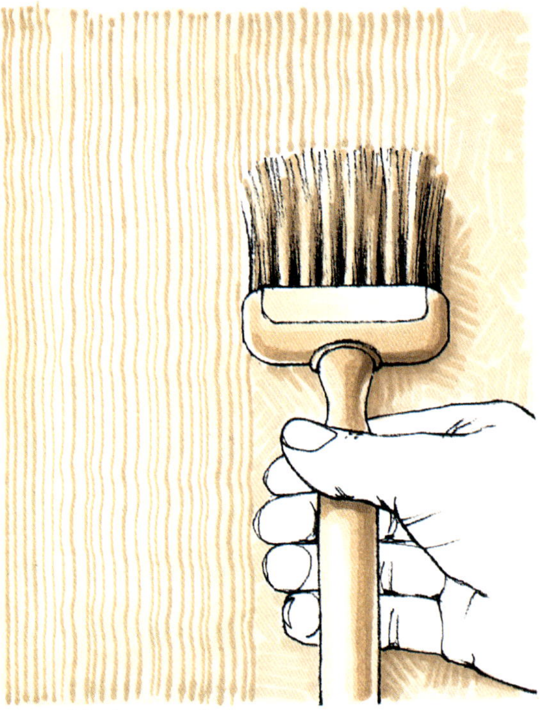

**... ou à la brosse sèche**

En raclant le glacis, les soies sèches le dispersent légèrement mais enlèvent aussi un peu de couleur, laissant derrière elles des traînées bien contrastées. Déviez légèrement le trait par endroits pour faire ondoyer le fil ; ce graphisme ne semblera néanmoins authentique que s'il est suivi sur toute la largeur de la pièce. Après chaque passe, essuyez l'extrémité de la touffe sur un chiffon absorbant.

Chaque type de brosse marque le glacis d'une empreinte particulière : essayez un spalter large, un blaireau, une queue à battre, voire une brosse ronde à encoller avant de choisir votre dessin.

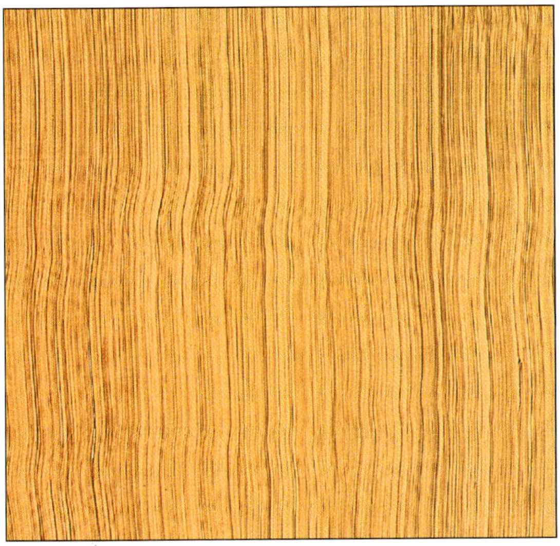

La brosse sèche fait ressortir des rayures très tranchées.

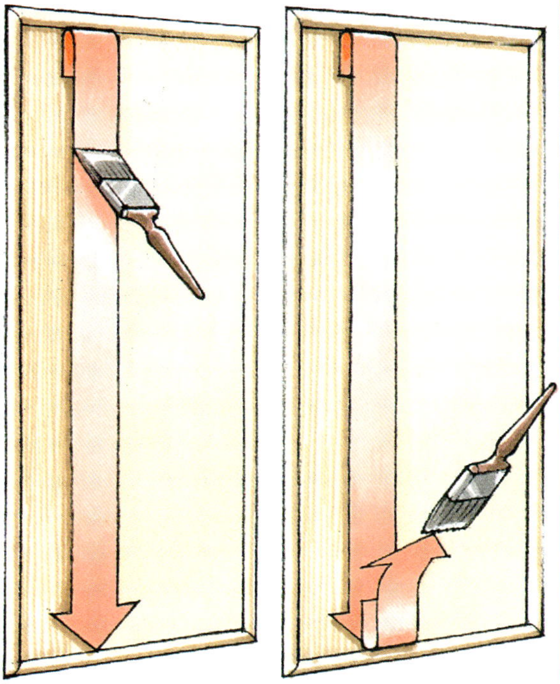

**Réalisation d'un panneau de porte**

La technique de veinage d'une porte encadrée de baguettes ou d'une plate-bande est légèrement différente. Glacez l'ensemble du panneau, puis amorcez la première passe à quelques centimètres au-dessous de l'encadrement : d'un geste délié et continu, remontez jusqu'à la baguette et enchaînez aussitôt en repartant vers le bas. Inversez le mouvement pour la passe ascendante, qui recouvrira la précédente. En fin de parcours, relevez délicatement la brosse pour éviter les empâtements aux extrémités. Si nécessaire, estompez les raccords au blaireau ou accentuez la texture de l'imitation à la queue à battre (voir ci-dessous).

**Blaireautage**

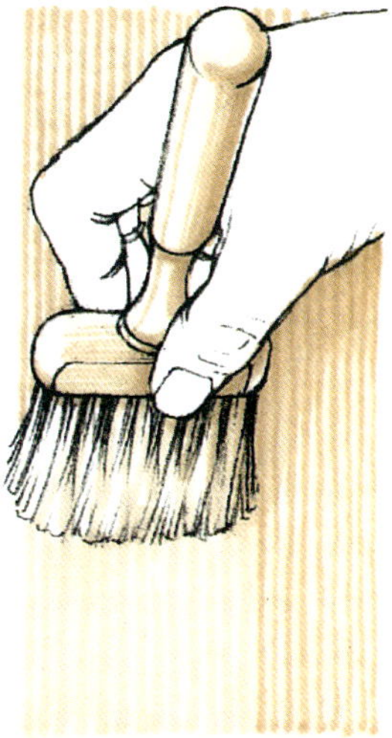

Effleurez le veinage encore humide à la queue à lisser pour adoucir les contours trop contrastés. Ce lissage produit un effet aléatoire qui ajoute à la véracité de l'imitation. Tenez la brosse à angle droit et caressez la surface du bout des soies afin d'atténuer la teinte sans fondre totalement les stries. Plus rapide, le blaireautage à contre-fil efface en revanche le motif rayé.

## IMITATION D'UN BOIS À PORES LARGES

*Rehaussez le graphisme d'un bois de fil ou d'une ronce par le moucheté des essences à grain grossier.*

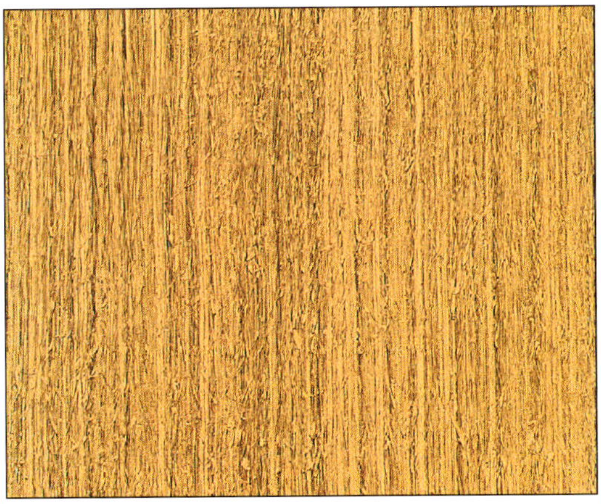

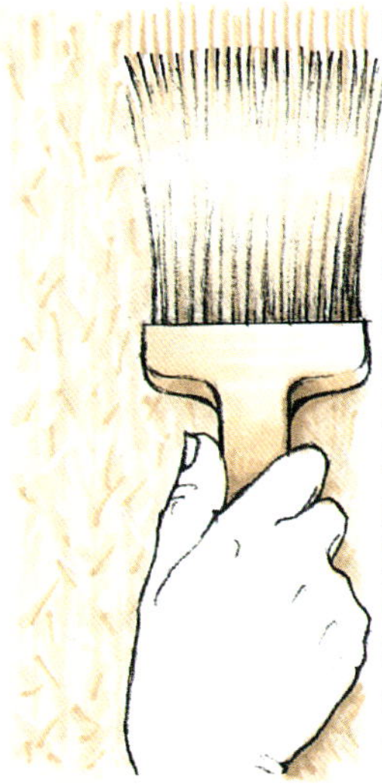

**Battage**

Tenez la queue à battre parallèlement au support et fouettez le plat de la touffe sur le glacis humide. Partez du bas et remontez en chevauchant les petits coups secs et réguliers. A l'approche des baguettes, homogénéisez la texture en retournant prestement la brosse pour fouetter avec l'autre face (voir ci-contre). Sur les pièces étroites, utilisez la tranche de la tirure.

# BOIS DE CŒUR AU PINCEAU

Les planches et les placages débités sur dosse (parallèlement à l'axe du tronc) mettent en valeur les cernes de croissance du bois de cœur, qui s'étirent en ogives élancées aux contours joliment ombrés. Du plus bel effet sur les lambris et les portes à cadre et panneau, ce motif concentrique de ronce est encadré par des "bordures" de bois de fil, plus clair, correspondant au bois neuf.

Pour fondre délicatement les anneaux de la ronce, ébauchez le motif dans le frais du glacis. Si le panneau de faux bois est destiné à être vu de loin, il faut au contraire marquer le contraste des lignes et accentuer leur relief : peignez alors les ellipses directement sur l'impression sèche ou sur un fond à peine mouillé d'un glacis à l'huile incolore passé au chiffon.

Exploitez la sobriété du bois de fil sur les traverses et montants d'un panneau pour faire ressortir l'exubérance de la ronce.

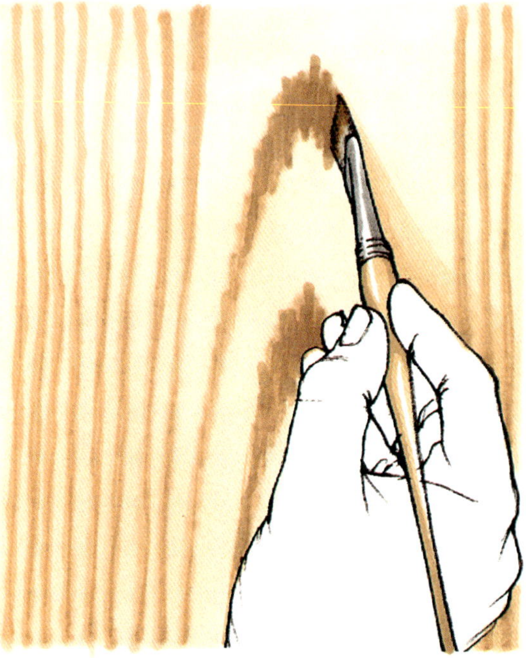

**1 Chargez une brosse à tableau plate** de glacis et tracez les arches concentriques d'un trait délié, en partant du bas du panneau. Tirez le pinceau sur sa tranche pour former les côtés et précisez les sommets avec le plat de la tirure. Ne craignez pas les lignes franches et au besoin, forcez un peu la teinte.

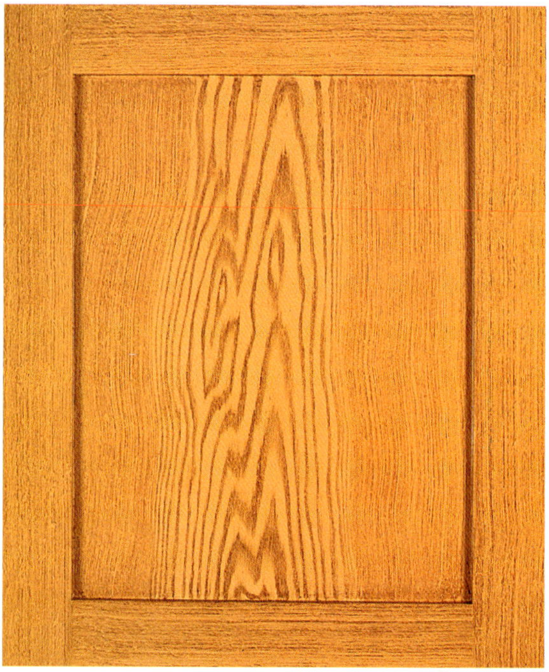

**Ébauche sur fond sec**
Contrairement à la technique qui consiste à dépouiller un glacis (voir ci-contre), c'est ici la couleur d'impression qui domine : le dessin concentrique tracé au pinceau tranche sur le fond et les opérations de blaireautage ou de battage ne retirent rien à ses contours.

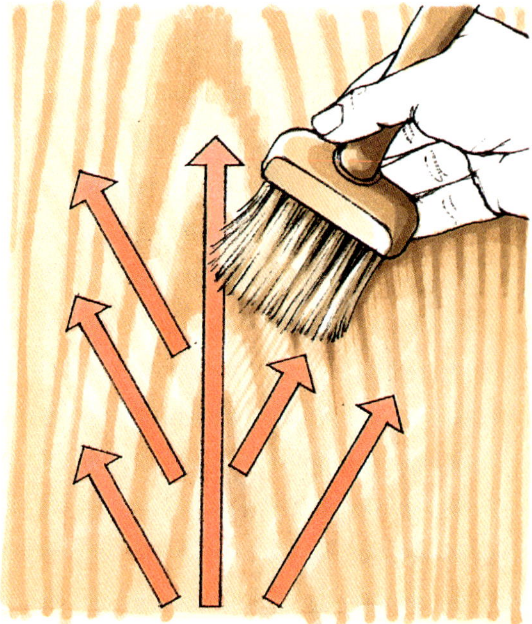

**2 Lissez délicatement le centre** du motif en tenant le balai perpendiculairement à la surface, et insistez sur la pointe des ogives pour leur donner un fondu discret. Adoucissez ensuite les bandes latérales par petites passes obliques, vers la gauche, puis vers la droite. Achevez par un léger blaireautage en long.

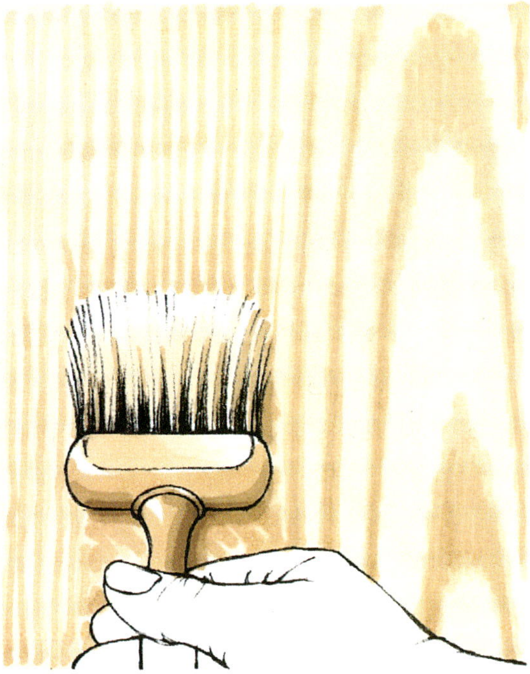

**3 Réalisez les "bordures"** en bois de fil de part et d'autre de la ronce : posez tout d'abord le glacis, puis striez-le à la brosse ou au blaireau (cf. pages 112-113), en respectant l'orientation des ellipses. Adoucissez par un léger blaireautage.

## MONTANTS ET TRAVERSES

*Organisez une séquence qui permette de traiter toutes les surfaces jusqu'à la jonction des assemblages, sans déborder sur les pièces exécutées.*

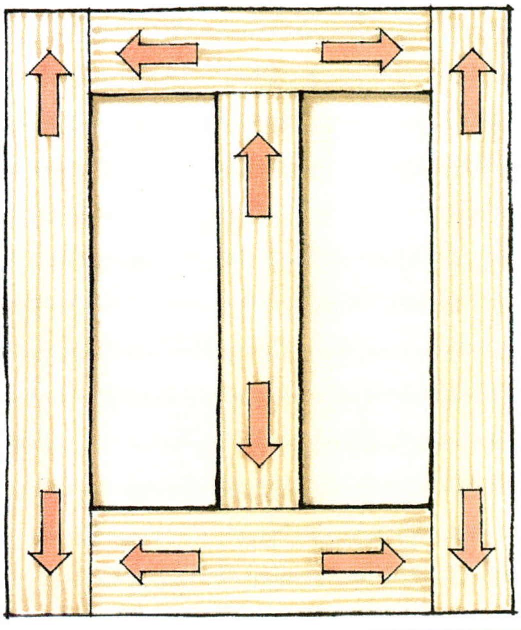

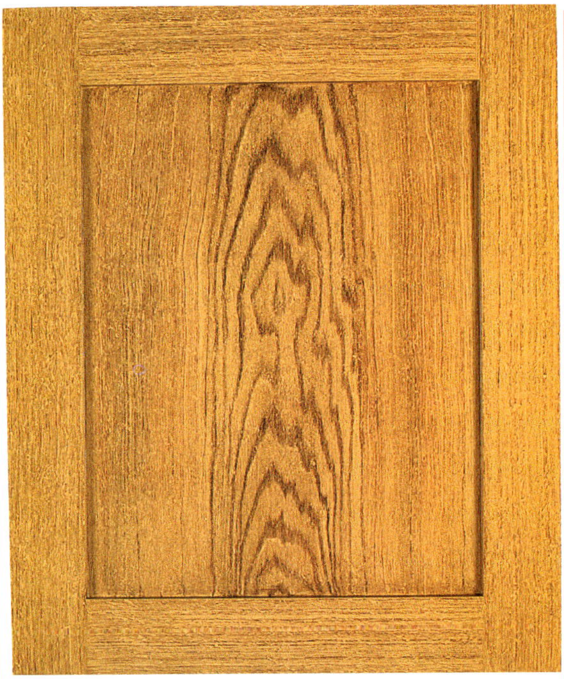

**Ébauche dans le frais**

Tracé sur un glacis frais, le veinage de la ronce ressort moins nettement sur la couleur de fond. Si vous souhaitez rehausser le dessin concentrique, peignez-le dans une couleur un peu plus soutenue.

Appliquez d'abord un glacis uniforme sur l'ensemble de la surface, puis striez-le à la brosse humide (cf. page 112). Remplissez de glacis le fond d'une coupelle ; ajoutez-lui une noisette de peinture à l'huile pour foncer le ton, puis diluez-le légèrement au white spirit.

Utilisez cette teinte pour dessiner les anneaux du bois de cœur (voir ci-contre) et terminez par une imitation de bois de fil sur les bordures.

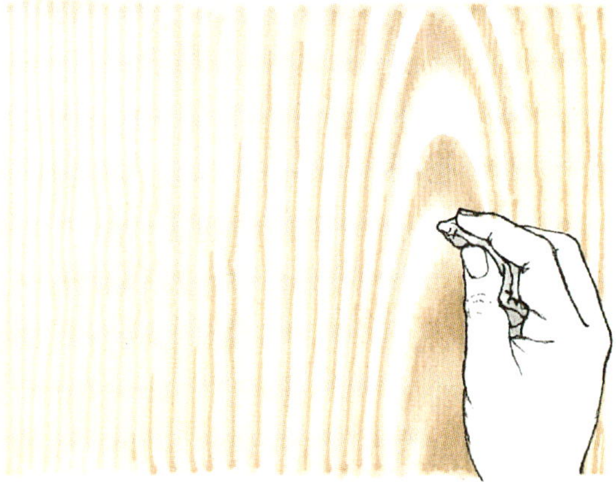

**Enlevés**

Si, après blaireautage, la ronce ne ressort pas assez nettement, réalisez des "enlevés" entre les anneaux. À l'aide d'un chiffon doux enroulé autour de l'index, dépouillez le glacis pour retrouver la couleur de fond. Adoucissez l'ensemble ou achevez par un léger battage.

# VEINAGE AU PEIGNE

Idéal pour simuler les essences à pores larges, le peigne autorise en outre de multiples effets, évoquant le fil entrecroisé et tourmenté des plus beaux placages ou une maille large et apparente très ressemblante à celle du chêne soyeux. Peu à peu, vous apprendrez à improviser sur la technique de base du "ratissage" pour diversifier les motifs, rompre la linéarité, estomper une ronce et souligner la profondeur d'un bois de fil.

Le peigne réagit mieux sur un glacis très fluide ; ajoutez un peu de white spirit au mélange pour éviter les empâtements ponctuels.

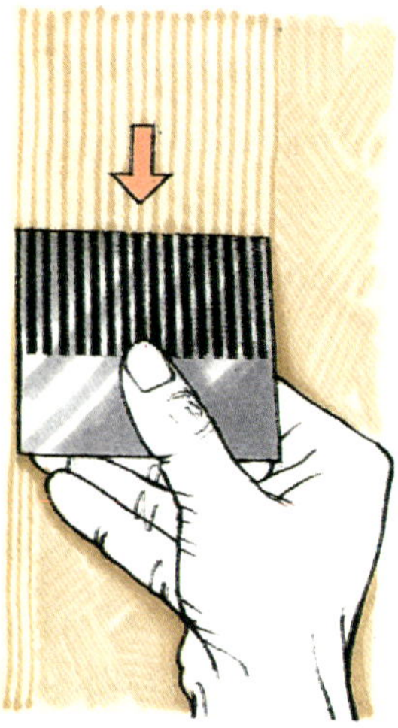

**1 Appliquez un glacis dilué** en le tirant à la brosse dans toutes les directions, puis à l'aide d'un peigne d'acier moyen de 100 mm de large, rayez-le de haut en bas. Travaillez par bandes verticales, en recouvrant légèrement la passe précédente. Déviez de temps à autre le trait, sans sacrifier au parallélisme d'ensemble des stries. Après chaque passage, essuyez les dents du peigne sur un chiffon propre.

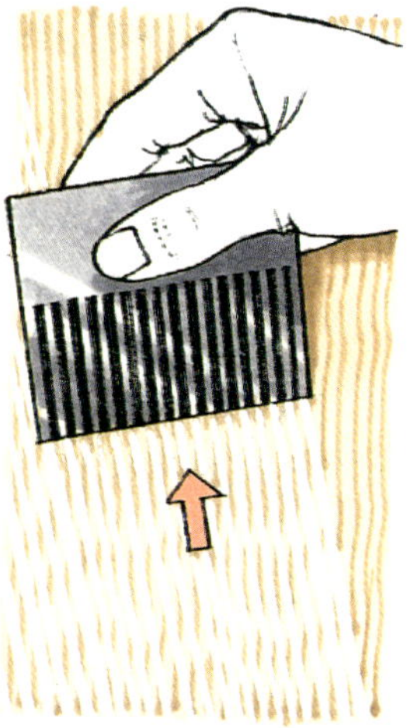

**2 Brisez le graphisme linéaire** en tirant un peigne fin selon un angle dévié d'environ 10° par rapport aux premières rayures. Fondez la couleur accumulée aux extrémités du panneau en tamponnant le bout d'un pinceau sifflet. Pour resserrer la texture, redonnez un coup de peigne fin en inversant l'angle oblique, ou chiquetez délicatement au blaireau.

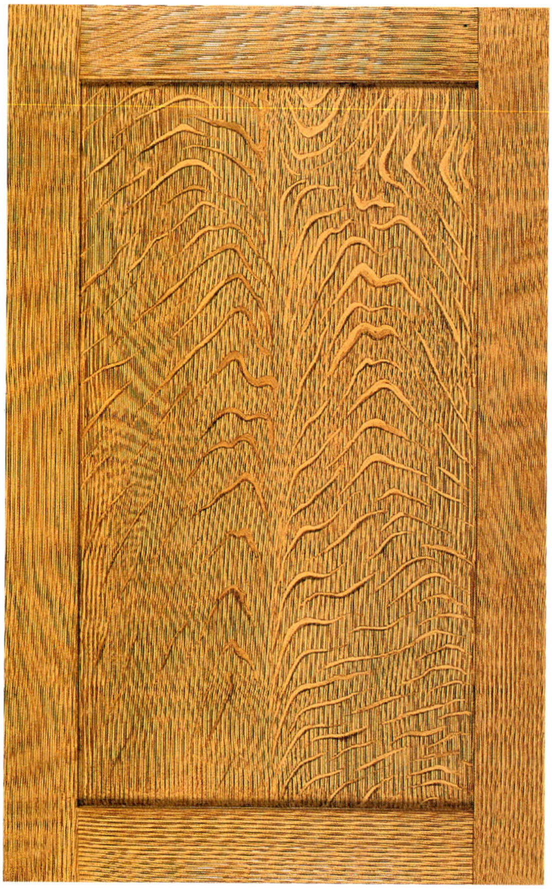

Faux chêne réalisé aux peignes d'acier.

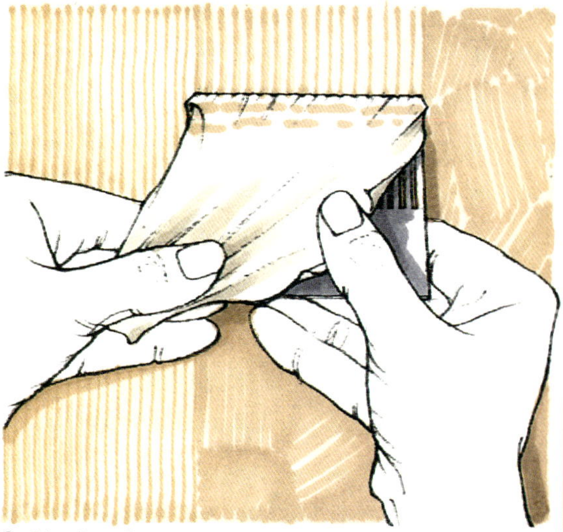

**Strié adouci**
Les dents du peigne métallique dessinent un motif contrasté. Pour atténuer cet effet, recouvrez d'un chiffon absorbant la tranche dentelée d'un peigne moyen. Après chaque passe verticale, tirez 1 cm de chiffon, de sorte que la surface de contact soit toujours propre. Rayez l'ouvrage sur toute sa largeur, puis repassez à l'oblique un peigne fin nu, comme précédemment.

# TRAVAIL AU TAMPON

L'unique vocation d'un tampon à faux bois est de reproduire le dessin du bois de cœur. Une semelle gravée d'anneaux finement espacés se prête volontiers à l'imitation d'une ronce de sapin, alors qu'un relief plus lâche conviendra davantage à la réalisation du motif central d'un faux chêne.

Comme les peignes, les tampons se tirent sur le glacis frais pour dépouiller la couleur et laisser une empreinte contrastée, mais la forme convexe de leur surface de contact permet de varier à l'infini la pression et les angles d'attaque, et par là-même les motifs.

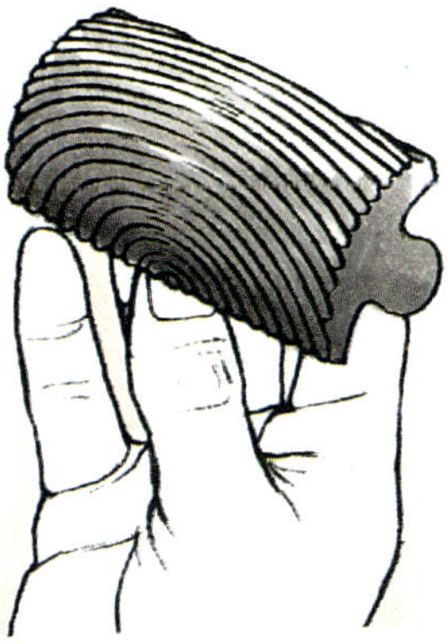

**Maniement du tampon**
Saisissez le bourrelet supérieur entre le pouce et les autres doigts, les anneaux concentriques étant orientés vers le bas.

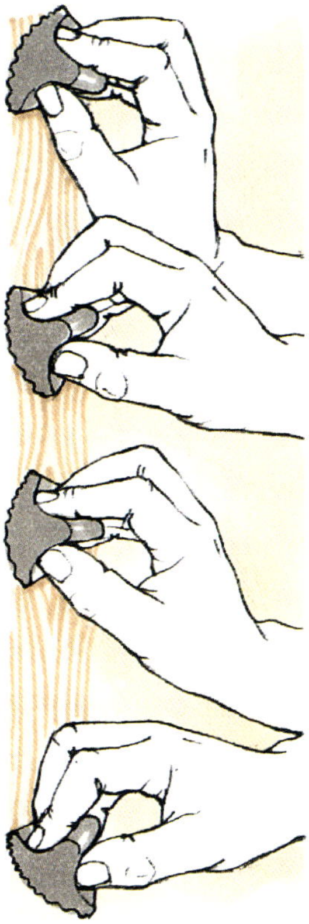

**1 Posez la tranche inférieure** de la semelle sur la partie haute de la surface glacée, et tenez l'outil sans bloquer le poignet.

**2 D'un geste souple et continu,** descendez à la verticale en faisant pivoter progressivement la semelle vers le bas, puis vers le haut, de façon à moduler le dessin de la ronce.

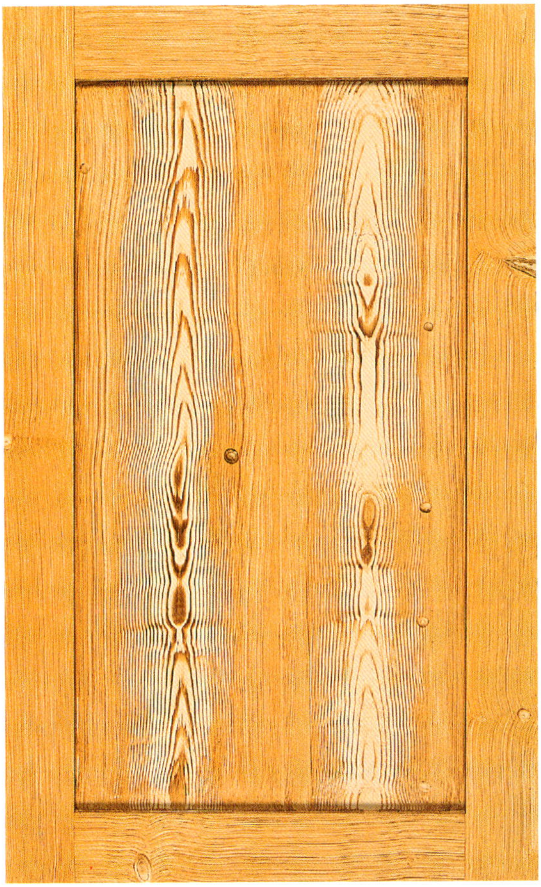

Porte en pin décoré à l'aide d'un tampon et d'une brosse à sec.

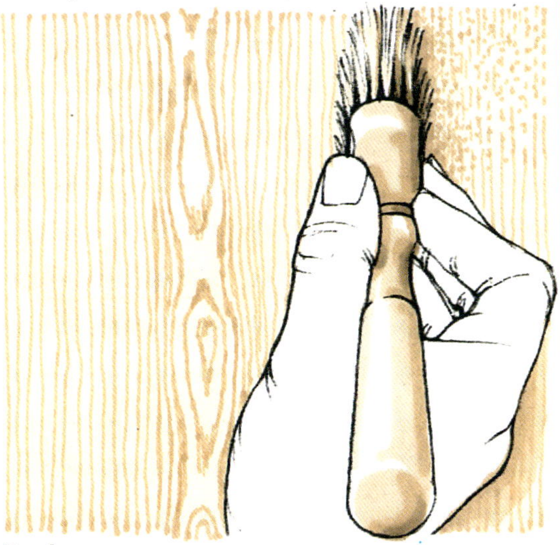

**Bordures**
Réalisez le droit fil des bordures, de part et d'autre, à la brosse ou au peigne, sans trop mordre sur le motif central. Adoucissez et donnez du fondu à l'ensemble (cf. pages 114-115). Un léger battage ou un chiquetage au blaireau rehausse mieux encore le caractère du grain.

# EFFETS DE VEINAGE

Au-delà de sa texture et des incidents de croissance qui, par endroits, dévient la fibre, chaque essence se distingue par d'infimes détails qui font l'originalité de son veinage. Pour apporter un effet réaliste à votre travail, observez les différentes coupes d'une planche ou d'un placage et relevez les irrégularités de fil, l'aspect des nœuds, le mouvement des mailles...

En les reproduisant, respectez le caractère aléatoire de ces fioritures, sans surcharger le motif. Quelques touches habilement posées suffisent à faire danser des reflets sur l'imitation la plus élémentaire.

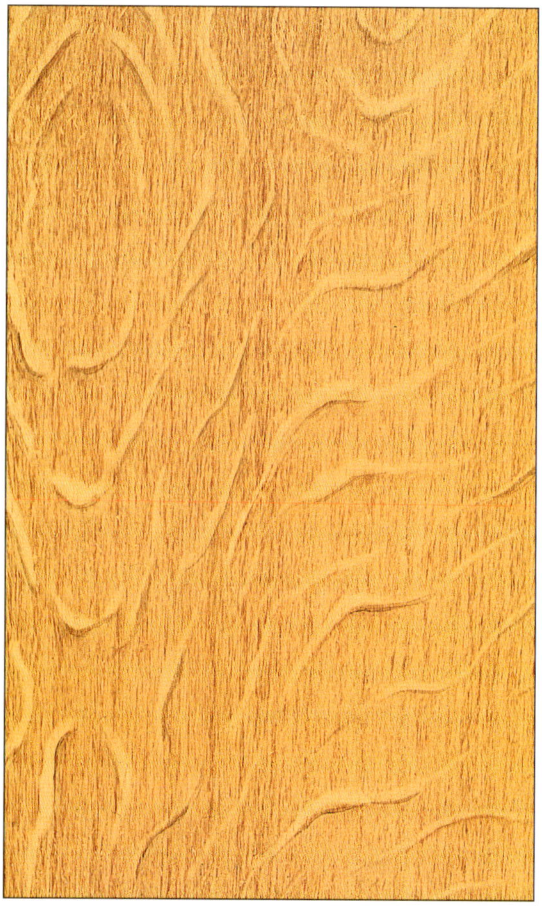

**Chêne sur maille**
Sur certains bois durs, notamment le chêne, la coupe radiale du tronc met en évidence des rayons ligneux clairs courant en travers fil : ce sont les mailles. Ces petites vergetures longues et soyeuses révèlent un dessin moucheté très décoratif.

Sur un veinage texturé par un battage énergique, réalisez quelques enlevés qui figureront les mailles.

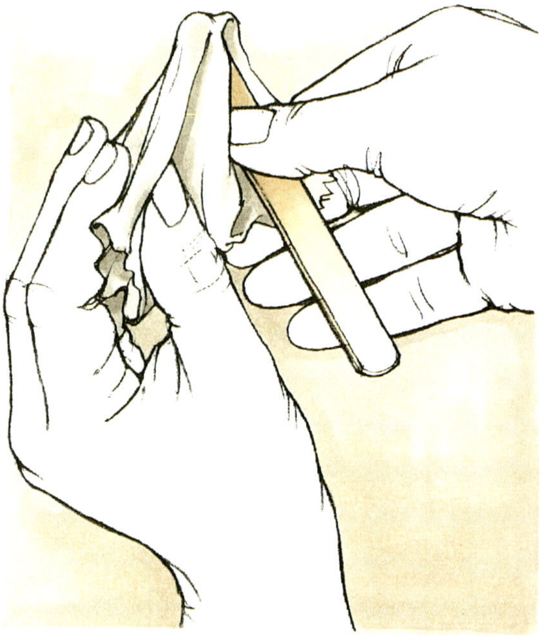

**Bouchon de maillage**
Pour creuser le contour des mailles sur le glacis frais, enveloppez dans un chiffon l'extrémité d'un bâtonnet ou d'une spatule. Certains peintres en décor dépouillent le glacis à l'aide d'une pièce, un peu plus difficile à manier. Tirez régulièrement le chiffon sur l'extrémité du bouchon, de sorte que la surface de contact de l'outil ne risque pas de tacher le glacis.

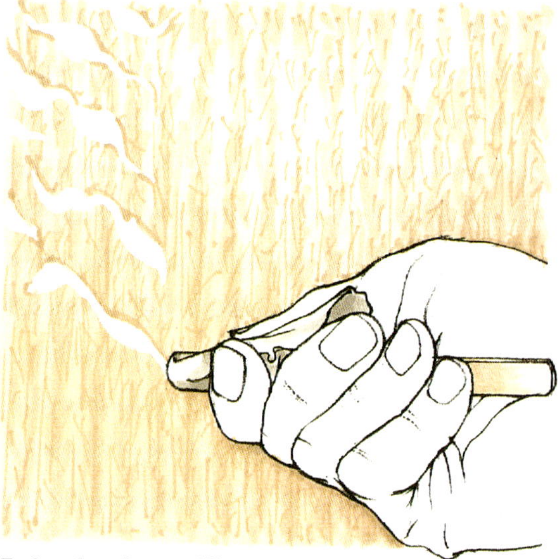

**Exécution des mailles**
Griffez le glacis à contre-fil en faisant légèrement pivoter la pointe du bouchon pour imprimer un mouvement ondulé et effilé au dessin. Les mailles sont des motifs capricieux, de forme et de taille différentes, mais sur une pièce donnée, toutes suivent rigoureusement la même orientation.

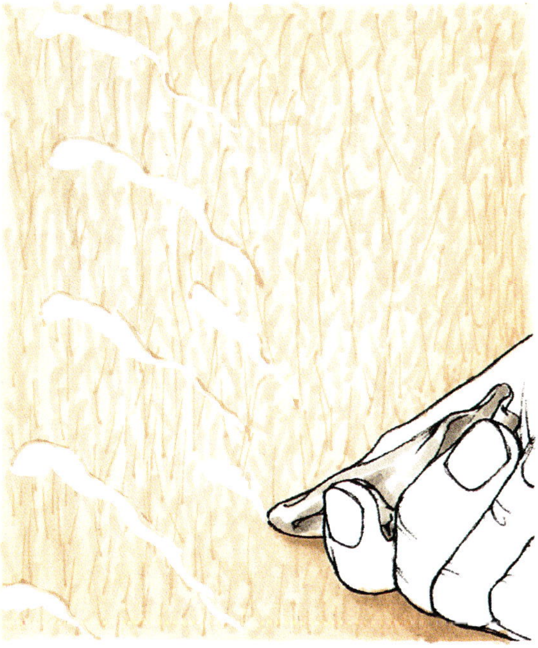

**Maillage du graphisme**
Figurez le dessin d'ensemble du maillage en traçant des "enlevés" en rangs décalés et de plus en plus discrets vers les bords du panneau. Estompez les effets à la brosse ou au peigne, sans fondre les contours.

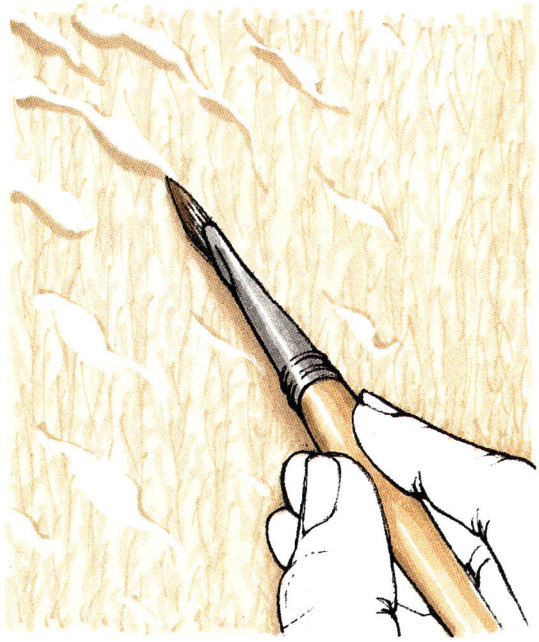

**Repiquage des mailles**
Sur les panneaux et lambris destinés à être vus de loin, apportez du relief au motif en soulignant les bords des mailles au glacis foncé. Passez la brosse plate sur les contours inférieurs des enlevés, en privilégiant certains groupes de mailles. Un repiquage trop systématique donnerait un air surfait à votre travail. Achevez en lissant ces ombrages ou en les chiquetant à main légère.

**Moirés**
Plusieurs techniques de trompe-l'œil permettent de simuler les ondulations chatoyantes qui, sur certaines essences tropicales, comme le citron de Ceylan et l'acajou, serpentent dans la largeur du veinage. La plus simple consiste à poser ces reflets au dernier moment, lors du vernissage. Foncez le vernis d'une noix de peinture à l'huile légèrement diluée, et passez-le au pinceau sur l'ensemble de la pièce. Un vernis gras séchant plus rapidement qu'un glacis à l'huile, n'hésitez pas à subdiviser votre travail en plusieurs sections.

**Ronce moirée de citron de Ceylan.**

**Exécution à la veinette...**
Inclinez la veinette sur la surface à un angle de 45° et frottant très délicatement le bout des soies de droite à gauche pour enlever le vernis sur d'étroites bandes verticales. Espacez les moirés pour former un motif aléatoire et essuyez régulièrement la tirure sur un chiffon absorbant.

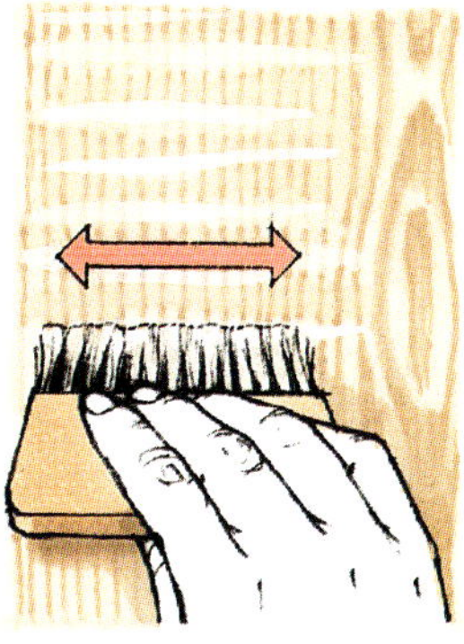

**... ou au spalter**
Pincez les soies entre le pouce et l'index pour former une touffe aplatie et légèrement sinueuse. Procédez par petites tamponnées horizontales et adoucissez l'effet en repassant au blaireau dans le sens des ondulations – et non à la verticale, sous peine de les fondre.

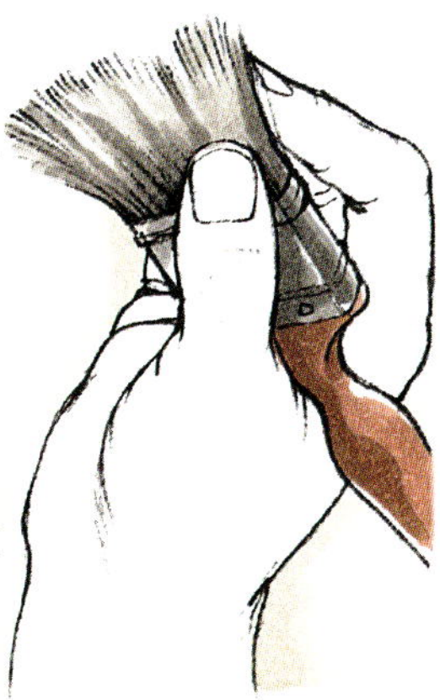

**Nœuds**

Ces petites excroissances se manifestent pratiquement sur tous les bois, et surtout sur les essences résineuses. Quelques petits nœuds judicieusement posés ajoutent à l'authenticité de l'imitation.

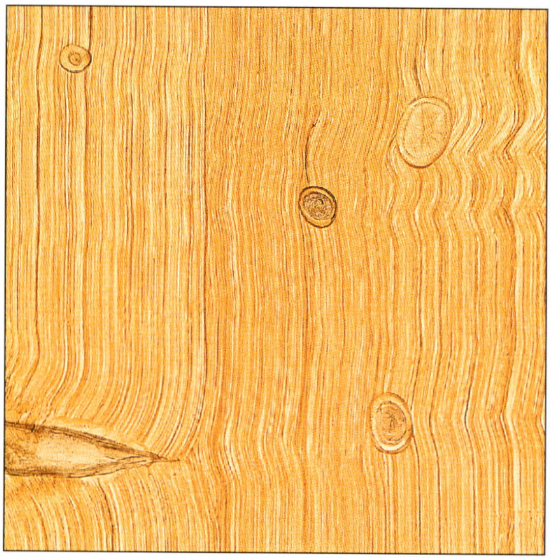

Incrustation de nœuds sur un panneau imitation sapin.

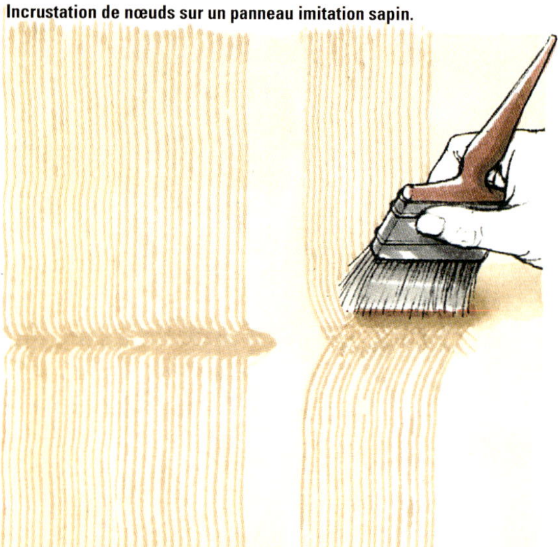

Qu'ils soient circulaires ou allongés, les nœuds déforment légèrement la fibre qui les entoure. Prévoyez donc leur emplacement dès l'ébauche et, à leur approche, pensez à dévier imperceptiblement le pinceau sur le glacis frais afin de les intégrer à la structure d'ensemble. L'effet sera plus spectaculaire si vous "cassez" le droit fil en arrêtant la brosse au milieu de la traînée : sur la passe descendante, relevez la touffe en balayant un peu le glacis sur le côté, puis reprenez la même technique pour retrouver la jonction dans la passe ascendante.

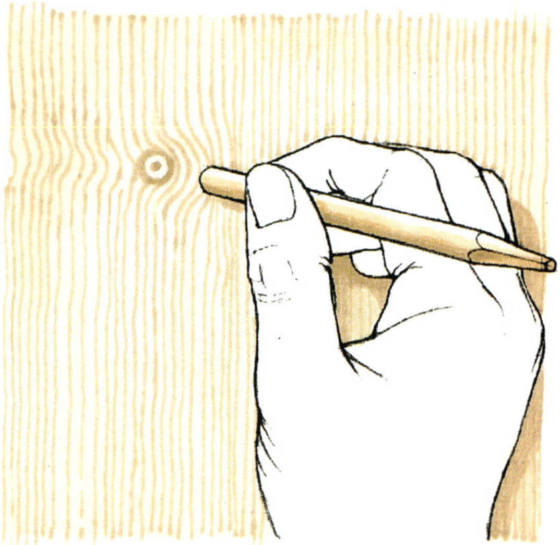

**Réalisation**

Aussi surprenant que cela paraisse, rien n'est plus facile que de simuler un nœud : posez simplement l'extrémité d'un crayon ou, si vous portez des gants, le bout du doigt sur le glacis frais. Au moindre contact, la couleur se disperse, formant un anneau pâle cerné de brun, parfois piqué en son centre d'un point sombre.

Au besoin, repiquez au pinceau fin ce motif simple ou dessinez à main levée des petits cercles plus ou moins concentriques, puis chiquetez pour estomper les lignes trop franches. Variez les formes et les effets sans surcharger l'ouvrage.

## IMITATION D'UN GRAIN GROSSIER

*La méthode de débitage révèle sur certains bois un grain allongé, creusant des sillons profonds dans le fil. La roulette à plaques permet de texturer de la sorte un veinage de droit fil.*

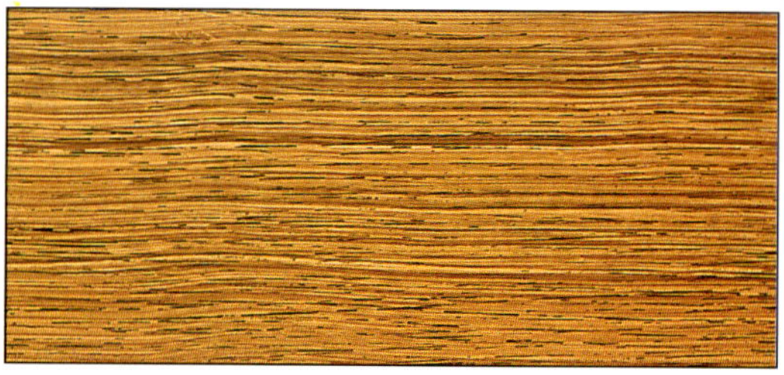

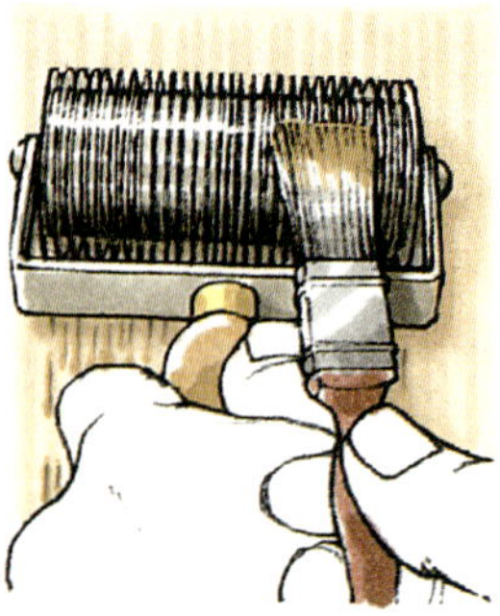

Chargez de glacis une queue-de-morue et posez la tirure sur le dessus des plaques dentées. Poussez la roulette en déviant légèrement son angle d'attaque par rapport au fil, et déplacez le pinceau sur la largeur de l'outil.

# IMITATION D'ANCIEN

CHAPITRE 11

Si le restaurateur s'évertue à rendre sa fraîcheur à une vénérable antiquité, le facteur de copies d'anciens s'ingénie au contraire à simuler les privilèges de l'âge sur des pièces neuves, ce qui représente une gageure, tant il est délicat de reproduire une patine polie par le temps. Mais s'il manque encore d'assurance, l'amateur pourra s'essayer à d'autres techniques, aussi simples qu'audacieuses, pour créer l'illusion du vieux et donner un air d'autrefois à des meubles fraîchement sortis d'usine !

# FINITION ANTIQUAIRE

Le passage du temps dégrade inévitablement les objets anciens : les moulures s'encrassent, l'usure dégarnit les arêtes, les parties les plus exposées aux chocs et aux frottements s'éclaircissent et une douce patine enveloppe la pièce... Autant de caractères que l'artisan s'efforce de restituer pour conférer à un meuble neuf un aspect ancien aussi convaincant que possible.

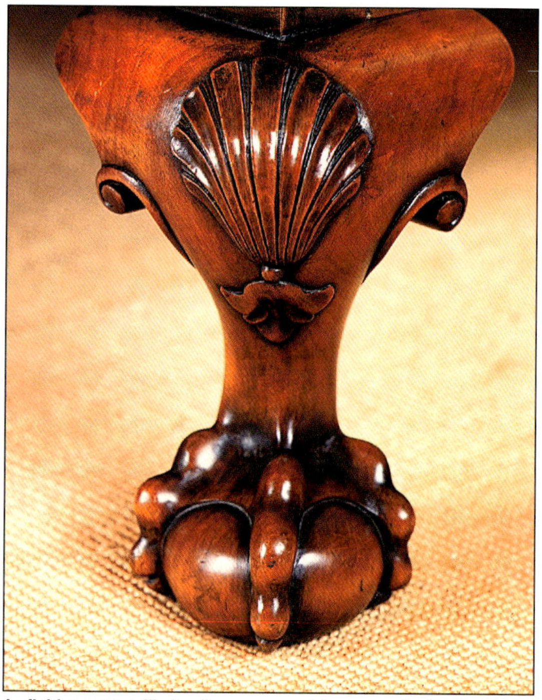

**La finition permet d'imiter l'encrassement des creux et rainures.**

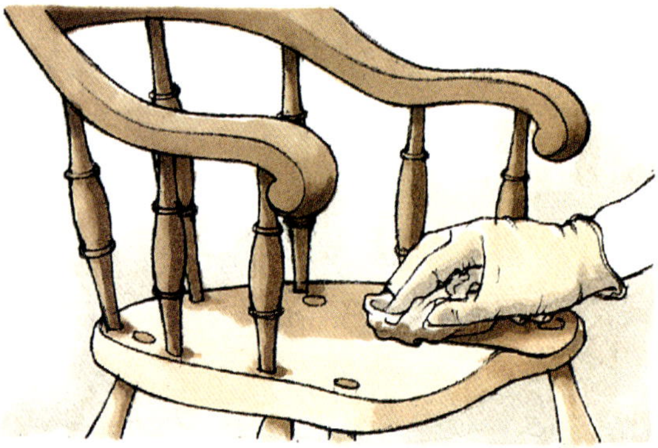

**1 Préparez le support** et poncez-le sans trop insister sur les petits défauts qui ajouteront à son "authenticité", puis appliquez-lui une teinte à bois (cf. pages 42 à 46). Choisissez un ton un peu plus soutenu que le résultat escompté, car vous serez appelé à éclaircir la teinte.

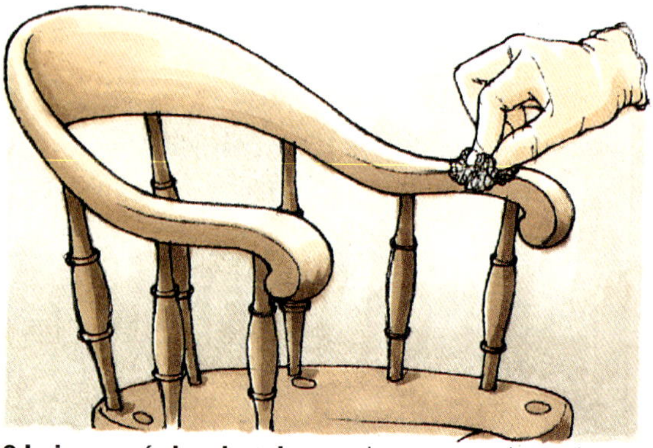

**2 Laissez sécher la teinte,** puis estompez la couleur par endroits : frottez à la laine d'acier fine (n° 000) les surfaces de contact, telles que les dossiers, accoudoirs et assises des chaises, et dégarnissez les arêtes vives des traverses. De même, dépouillez légèrement les arrondis et les saillies des moulures, chants et parties sculptées.

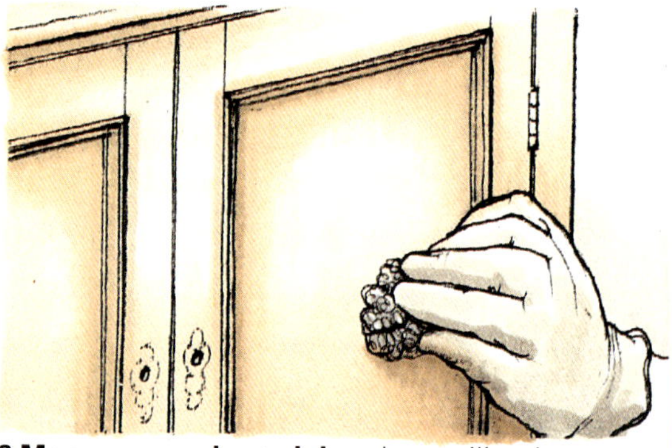

**3 Marquez un rehaut clair** au beau milieu des panneaux de porte. Frottez dans le sens du fil, en diminuant progressivement la pression du centre vers les bords, afin de fondre en douceur la transition entre zones claires et foncées.

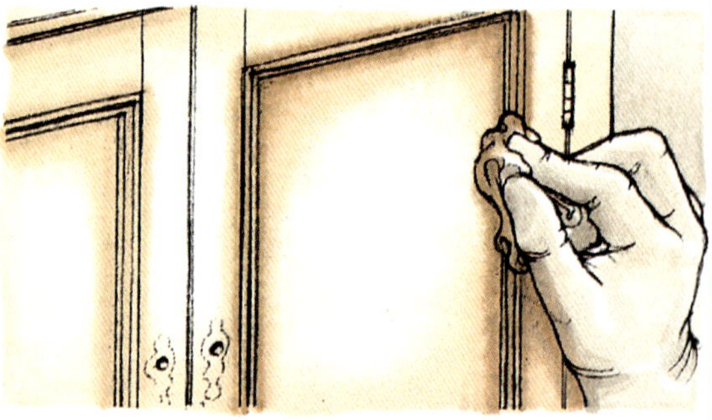

**4 Essuyez au chiffon doux** imprégné de solvant pour éliminer les restes de sciure et les filaments de laine d'acier. Si vous souhaitez accentuer l'encrassement des parties moulées et sculptées, appliquez un vernis gomme-laque teinté dans les cavités (cf. page 48). Si votre imitation manque un peu de chaleur, parachevez-la avec une pâte à encaustiquer foncée, de façon à patiner les ombrages et rehauts.

# VIEILLISSEMENT

Exploitez les cires teintantes ou les glacis à l'huile pour élimer le fini trop parfait d'une peinture rutilante, puis rabattez impitoyablement son brillant sous une peinture mate ou "coquille d'œuf". Ne mettez pas trop de zèle à soigner la finition : les petites irrégularités, aspérités, enfoncements et rayures feront encore mieux illusion.

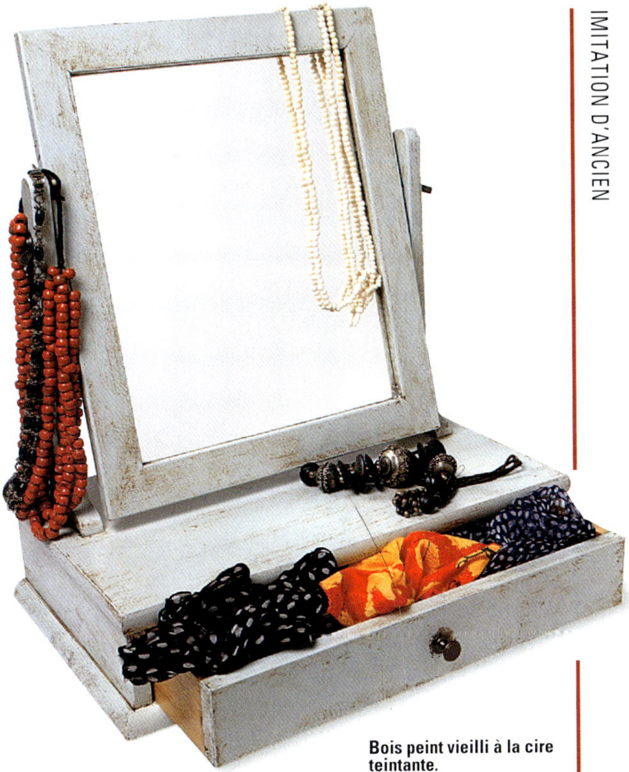

Bois peint vieilli à la cire teintante.

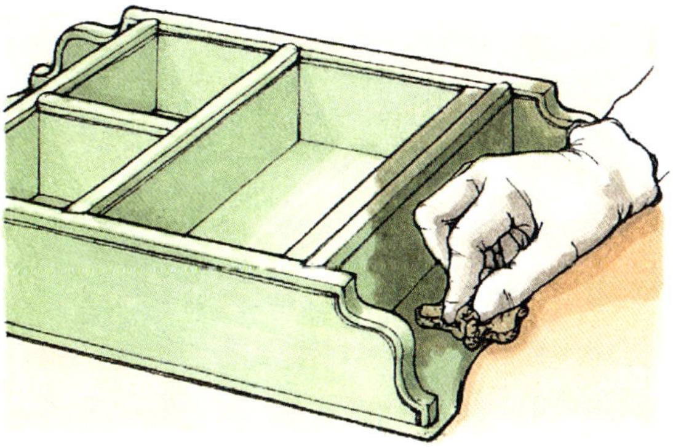

**1 Frottez la peinture parfaitement sèche** à l'aide d'un tampon abrasif souple chargé d'une noix de cire teintante. Alternez les passes circulaires, croisées et en long pour faire pénétrer la pâte jusque dans les moindres recoins et garnir les rayures et autres défauts. Veillez cependant à ne pas découvrir le bâti. Vous obtiendrez un effet plus original en mêlant deux cires de teintes différentes.

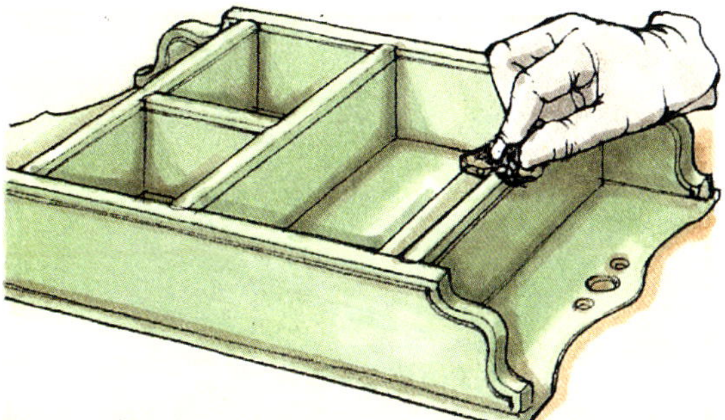

**2 Laissez durcir la cire,** puis chargez un autre tampon souple d'encaustique incolore pour enlever un peu de couleur sur les ressauts et les parties exposées à l'usure. Estompez le centre des panneaux et laissez des ombrages sur les rebords et les angles, plus vulnérables à l'accumulation de poussières. Si vous dégarnissez par mégarde une arête vive ou une saillie, n'essayez pas de rattraper cette bévue qui donnera plus de véracité à votre œuvre. Ressuyez le surplus de cire au chiffon doux. Le lendemain, lustrez à main légère pour obtenir des reflets discrets.

## VIEILLISSEMENT AU GLACIS À L'HUILE

*Si vous préférez donner un aspect diaphane à votre ouvrage, remplacez la cire teintante par un glacis à la peinture à l'huile extra-fine (cf. page 111). Posez tout d'abord une peinture "coquille d'œuf" en impression, puis appliquez le de glacis toutes les surfaces à traiter.*

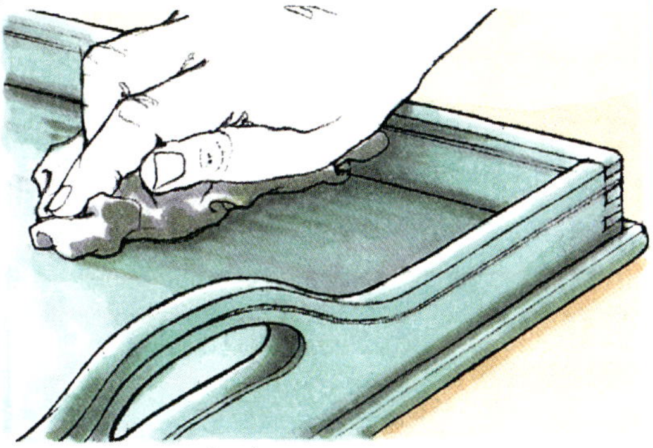

**Dépouiller un glacis**

Attendez cinq minutes avant d'éponger superficiellement le glacis au chiffon absorbant, en laissant le restant de liquide s'écouler dans les angles et enfoncements. Si le résultat ne vous convient pas, retirez entièrement la couleur encore humide à l'aide d'un chiffon imbibé de white spirit.

Lorsque la première couche est sèche, ajoutez quelques touches de glacis pour souligner les zones trop claires. Protégez la finition sous un vernis incolore.

# VERNIS CRAQUELÉ

Pour obtenir cet effet de faïençage, il vous faudra déroger à la règle d'or du vernissage et, exceptionnellement, vous résoudre à superposer des produits incompatibles ! Le vernis à craqueler est en effet conditionné en deux flacons : le premier contient un vernis gras, dit "à vieillir", l'autre un vernis à l'eau, appelé "vernis craquelures". La différence des temps de séchage crée une tension entre les deux pellicules qui finissent par s'émailler. Faites quelques essais préalables sur une chute de bois pour tirer le meilleur parti de ces réactions.

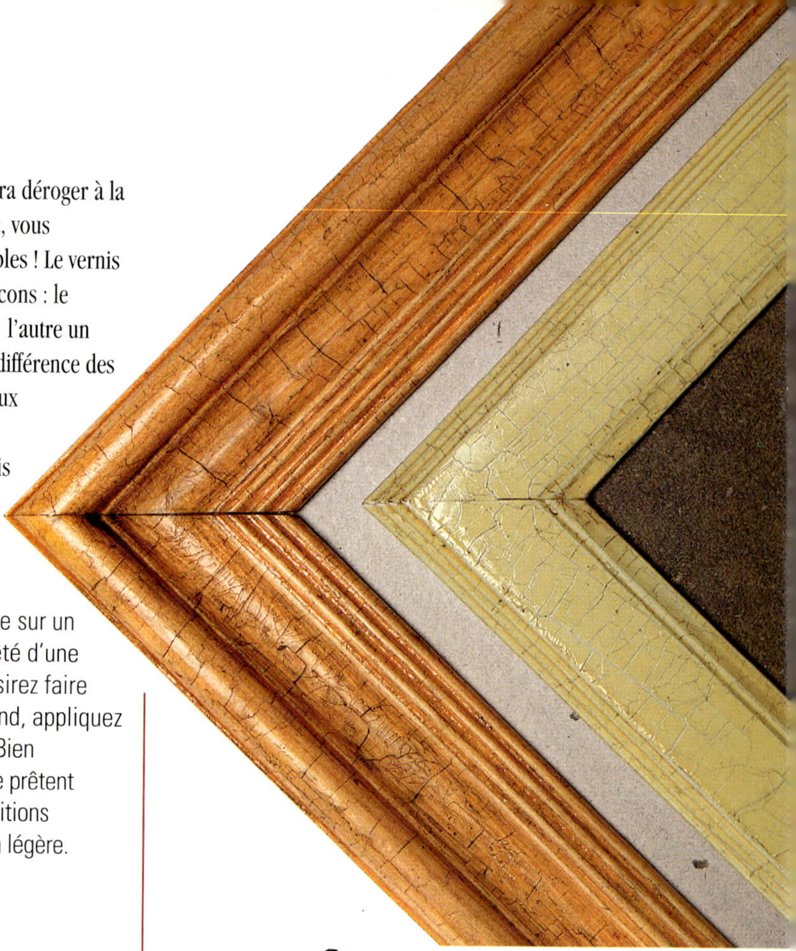

**Préparation**

La finition craquelée n'est convaincante que sur un support méticuleusement préparé et apprêté d'une couche de vernis acrylique mat. Si vous désirez faire trancher la mosaïque sur une couleur de fond, appliquez tout d'abord une teinte à bois compatible. Bien dégraissés et dépoussiérés, les bois peints se prêtent également à cette technique. Rabattez les finitions brillantes en passant un papier à l'eau à main légère.

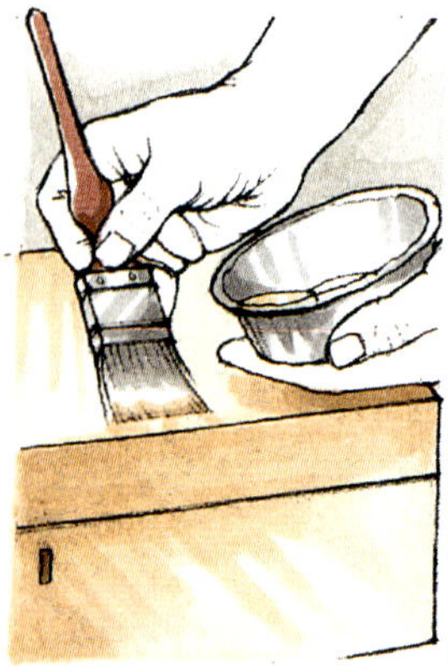

**1 Passez une couche de vernis gras** sur le bois peint ou apprêté. Plus cette pellicule est généreuse, plus le vernis craquelures se fendille. Diminuez son épaisseur si vous désirez des motifs plus petits sur les pièces étroites que sur les surfaces planes.

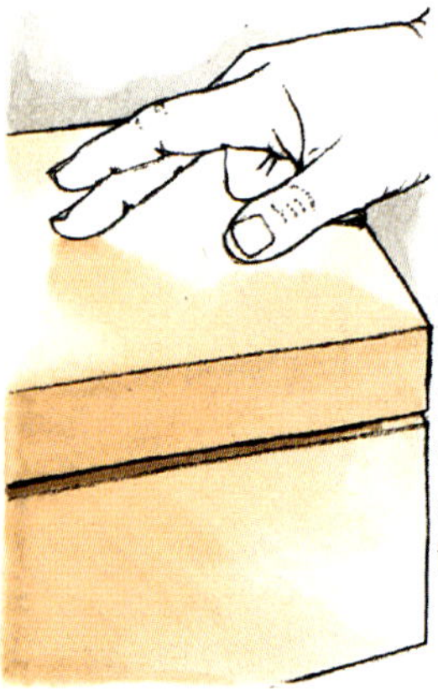

**2 Disposez la pièce** dans un local chaud et laissez sécher jusqu'à ce que le vernis soit sec à l'effleurement mais encore un peu collant sous la pression du doigt. Ne superposez pas le second composant trop tôt, sous peine de voir apparaître des vaguelettes et des ridules en lieu et place du faïençage attendu.

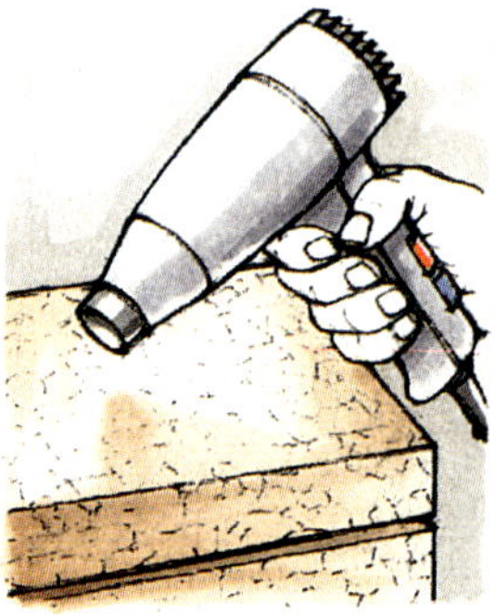

**3 Étendez uniformément le vernis craquelures.** Accélérez sa prise à l'aide d'un sèche-cheveux réglé en position tiède. Dès que les premières fissures apparaissent, remisez l'ouvrage dans une pièce maintenue à plus de 18° C et laissez tirer le vernis.

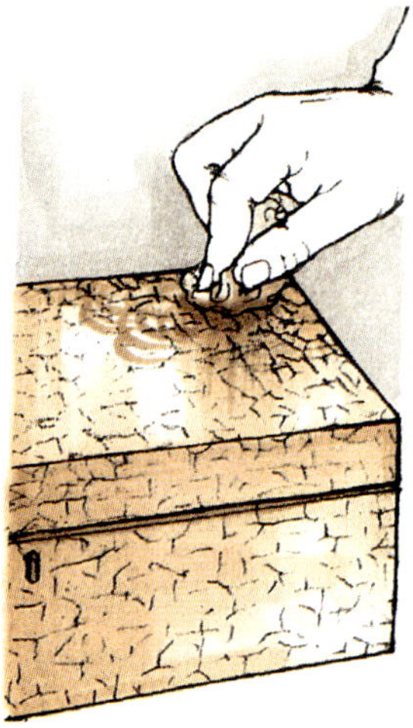

**4 Chargez un chiffon d'un mélange d'huiles** extra-fines noir et brun foncé. Faites pénétrer la couleur dans les fendillements afin d'accentuer le vieillissement. Ressuyez délicatement sans dégarnir les craquelures fines. Laissez la peinture sécher et le vernis tirer. Si, en service, la pièce est soumise à des frottements ou à l'usure, protégez le fini sous un vernis gras.

# SÉCURITÉ

La plupart des produits de finition du bois contiennent des matières caustiques, et certains sont très inflammables. Protégez-vous pour prévenir les risques d'intoxication et d'incendie et redoublez de prudence lorsque vous manipulez des produits dangereux. Lisez attentivement le mode d'emploi et respectez scrupuleusement les consignes du fabricant.

**Émanations toxiques**

Ne négligez pas les dangers liés aux solvants, qui dégagent des vapeurs toxiques : si vous êtes pris de maux de tête, de vertiges, d'étourdissements ou de sensations de fatigue, quittez immédiatement la pièce. Si quelqu'un s'évanouit dans l'atelier, transportez-le à l'extérieur et laissez-le se reposer sous une couverture. Ne lui donnez rien à boire ni à manger avant qu'il n'ait totalement retrouvé ses esprits. S'il est inconscient, allongez-le sur le côté et appelez un médecin au plus vite. S'il a du mal à respirer, pratiquez le bouche-à-bouche.

• Lorsque vous manipulez des produits constitués de solvants à base d'hydrocarbures, ventilez correctement l'atelier. Équipez impérativement la cabine de pistolettage d'un extracteur efficace.

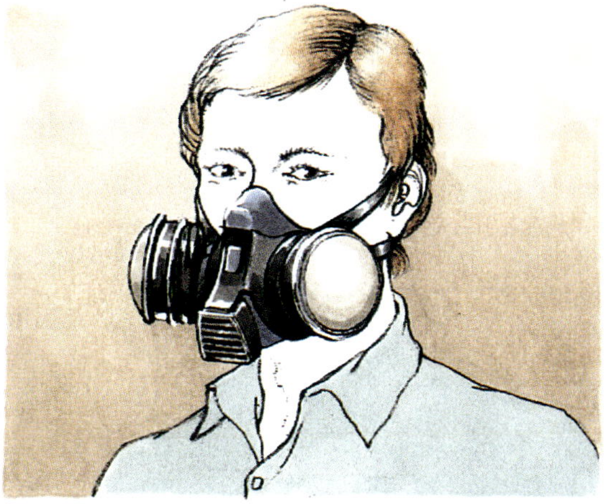

• Si la cabine est insuffisamment aérée, portez un demi-masque respiratoire muni d'une galette de charbon actif pour filtrer les particules toxiques. Pour les travaux de ponçage, prévoyez au moins un filtre en fibre non tissée.

**Protection des yeux**

Portez des lunettes de protection pour éviter les projections de liquides caustiques.

• Si vous recevez des éclaboussures de diluant ou de produit corrosif, lavez-vous les yeux à grande eau au moins 10 minutes en écartant grand les paupières. Le cas échéant, retirez d'abord vos lentilles de contact et consultez au plus vite un ophtalmologue.

**Protection des mains**

La manipulation de certains diluants et produits de finition peut, à la longue, provoquer des inflammations de la peau. Travaillez de préférence avec des gants jetables en polyéthylène ou en néoprène.

• Lavez les éclaboussures à l'eau savonneuse ou avec un savon dermatologique. Ne frottez jamais un diluant sur la peau pour retirer les taches de peintures ou de vernis !

**Ingestion de produits toxiques**

Si un enfant a porté à la bouche ou avalé un produit de finition, ne le faites surtout pas vomir. Calmez-le et appelez immédiatement un médecin.

**Prévention des risques d'incendie**

Prenez toutes les précautions d'usage pour manipuler et stocker les matières inflammables et travaillez dans un local bien ventilé.

• Ne tolérez pas la moindre cigarette aux abords de l'atelier et éteignez les flammes nues près des pièces en cours d'exécution ou de séchage.

• La pulvérisation de produits à base de solvants dégage un brouillard très inflammable. Le groupe extracteur doit être muni d'un dispositif antidéflagrant, au même titre que les ampoules et autres installations électriques de la cabine.

• Balayez régulièrement la sciure et poussières de l'atelier. Plongez tous les chiffons imprégnés d'huile ou de solvants dans un seau d'eau.

• Équipez l'atelier d'un extincteur et disposez des couvertures ignifuges à portée de main.

**Stockage des produits**

Rangez les produits caustiques dans une armoire ou une remise fermant à clé. Si vous les transvasez, étiquetez clairement le nouvel emballage et évitez scrupuleusement les récipients à usage alimentaire qui risqueraient de porter à confusion. Après usage, refermez hermétiquement les pots, flacons et boîtes.

**Évacuation des déchets**

Ne jetez jamais les restes de produit liquides dans les toilettes, éviers ou égouts. Enfouissez les éclaboussures sous une pelletée de sable, de terre, ou autre matériau absorbant et ininflammable.

• Renseignez-vous auprès de votre mairie pour connaître les conditions de récupération des déchets.

Voir aussi :
Ponçage mécanique, page 24
Décapants chimiques, page 32
Blanchiment, page 38

## Q - R



## S



## T



## V



## W